基金项目：本著作得到教育部人文社会科学规划基金项目"经济增长、收入分配与农村贫困——以甘肃为例"（项目编号：10XJA790007）资助；兰州大学中央高校基本科研业务费专项资金资助（Supported by the Fundamental Research Funds for the Center Universities）（项目编号：12LZUJBWZZ002；13LZUJBWZD008），同时也是以上项目的阶段性成果。

区域发展能力研究丛书

西部地区自我发展能力研究

—— 基于问题地区和对外开放的视角

汪晓文　康玲芬　韩雪梅　著
祝　伟　张华筠　谢　强

中国社会科学出版社

图书在版编目(CIP)数据

西部地区自我发展能力研究：基于问题地区和对外开放的视角 / 汪晓文，康玲芬，韩雪梅等著 . —北京：中国社会科学出版社，2014.12

（区域发展能力研究丛书）

ISBN 978-7-5161-3904-2

Ⅰ.①西… Ⅱ.①汪…②康…③韩… Ⅲ.①区域经济发展-研究-西南地区②区域经济发展-研究-西北地区 Ⅳ.①F127

中国版本图书馆 CIP 数据核字（2014）第 016440 号

出 版 人	赵剑英	
责任编辑	任　明	
特约编辑	乔继堂	
责任校对	李　楠	
责任印制	何　艳	

出　　版	中国社会科学出版社	
社　　址	北京鼓楼西大街甲 158 号（邮编 100720）	
网　　址	http：//www.csspw.cn	
发 行 部	010-84083685	
门 市 部	010-84029450	
经　　销	新华书店及其他书店	

印刷装订	北京市兴怀印刷厂
版　　次	2014 年 12 月第 1 版
印　　次	2014 年 12 月第 1 次印刷

开　　本	710×1000　1/16
印　　张	20
插　　页	2
字　　数	329 千字
定　　价	65.00 元

凡购买中国社会科学出版社图书，如有质量问题请与本社联系调换
电话：010-84083683
版权所有　侵权必究

主　　　编　　汪晓文　康玲芬　韩雪梅
副 主 编　　祝　伟　张华筠　谢　强

主要参编人员（排名不分先后）

　　　　　　　汪晓文　康玲芬　韩雪梅　韩春梅
　　　　　　　祝　伟　张华筠　万永坤　杜　欣
　　　　　　　杨志龙　杨光宇　马润平　谢　强
　　　　　　　王　巍　王莉莉　马增超　杨树华
　　　　　　　马晓锦　倪鲲鹏　蔡建荣　张云晟

《区域发展能力研究丛书》总序

兰州大学经济学院长期致力于区域经济学相关理论问题的研究，在区域经济学领域开展了诸多具有创新性的研究和探索工作。怎样进一步提高学院的学术创新能力和研究水平，培育科研创新团队和高水平研究人才，打造研究区域经济问题的高层次学术平台，一直是我思考的一个主要问题。

西部大开发战略实施以来，学术界对区域发展能力的高度关注为我所思考的问题提供了一个可能的答案。我国西部地区幅员辽阔，资源丰富，具有良好的发展前景。但是由于多种因素的约束，西部地区社会经济发展水平长期滞后于国内其他地区。怎样加速发展，缩小区域差距，不但是西部地区社会各界，同时也是全国人民和中央政府关注的问题。从20世纪90年代末期开始，在西部大开发浪潮的推动下，西部地区社会经济发展取得了巨大成就，经济实力显著提升，社会事业长足发展，生态环境有所改善。可以认为，西部大开发已经取得了阶段性的成功。但是，由于多种因素的影响，西部大开发战略在具体实施过程中客观上也存在着一些问题。学术界在对此进行深入反思的基础上，从不同角度和不同层面出发，就相关理论问题进行了日趋系统的研究，普遍的观点是：西部地区的经济增长，客观上存在对中央政府投资的高度依赖，一旦政府投资减少甚至停止，西部地区能否依然保持现有增长速度值得商榷。而之所以如此，根本原因在于西部地区区域发展能力不强。

决策层关于西部地区经济社会发展显著滞后的主要原因在于自我发展能力不强的认识亦越来越明确。2002年党的十六大报告提出"西部地区要进一步解放思想，增强自我发展能力，在改革开放中走出一条加快发展的新路"；2004年《国务院关于进一步推进西部大开发的若干意见》明确提出"坚持把西部地区自力更生、艰苦奋斗与国家政策支持结合起来，……不断增强西部地区的自我发展能力"；2011年我国《国民经济和社会发展十二五规划纲要》中进一步指出："坚持把深入实施西部大开发战略放在区域发展总体战略优先位置，给予特殊政策支持。……大力发展科技教育，增强自我发展能力。"

可以认为，加快西部地区经济社会发展，不断缩小区域发展差距，必须以增强西部地区自我发展能力为主线，已经是社会各界的共同认识。所以，从区域发展能力的角度，系统审视西部地区经济社会发展中出现的新现象和新问题，提炼和总结西部地区经济社会发展的内在规律，寻求破解西部地区发展瓶颈的对策措施，不但是促进区域经济协调发展、让西部地区人民更好地分享改革开放成果的内在要求，而且也是区域经济学理论发展的逻辑必然。

正是在这样一种背景下，从 21 世纪初期开始，我校有一大批青年学者聚焦区域发展能力，从不同角度和不同层面，围绕区域发展能力相关问题展开了日趋深入的理论研究工作。特别是在国家社会科学基金项目、教育部人文社会科学研究规划基金项目、教育部人文社会科学研究青年基金项目、中央高校基本科研业务费专项资金重点项目和重大项目（人文社科类）、甘肃省哲学社会科学规划项目等的资助和支持下，相关学者对"统筹区域发展战略背景下西部区域发展自生能力研究"、"区域功能完善与西部自我发展能力培育"、"西部欠发达地区自我发展能力研究"、"空间管制下区域自我发展能力研究"、"定西模式的经济学解析"、"中国贫困地区自我发展能力研究"、"提升区域发展能力：继续推进西部大开发战略的路径选择与对策研究"等，进行了专题性的研究，并公开发表了上百篇学术论文。这些前期研究工作，为这套《区域发展能力研究丛书》的研究和出版工作奠定了坚实的基础。

《区域发展能力研究丛书》的具体组织和协调工作，由曹子坚负责。由于多种因素的限制，该丛书将分期出版。作为丛书的先期四本著作，分别是曹子坚著《区域自我发展能力研究：兼论中国区域经济转型与路径分异》、姜安印等著《区域发展能力理论：推进新一轮西部大开发的理论创新》、汪晓文等著《中国西部地区区域发展能力研究：基于问题地区和对外开放的视角》、闫磊等著《西部发展的忖量：基于区域自我发展能力的理论框架与实践探索》。

通过对国内外相关研究成果的系统梳理，我认为该丛书在关于区域发展能力的理论研究方面具有一定程度的创新，部分研究成果取得了突破性进展。集中体现在：提出了区域发展能力理论研究的主体范式和客体范式，并对区域发展能力的科学内涵、构成要素、评估体系、生成机理以及提升路径等进行了系统和全面的论述，为后续研究工作奠定了良好基础；构建了衡量区域发展能力的指标体系和评估模型，并利用面板数据，从纵向和横向两个维度，对我国不同区域发展能力的演变进行了实证考察；从制度设计和政策措施两个方面，探讨了提升我国特别是西部地区区域发展能力的基本路径。

  作为一种探索，该丛书的研究成果仍然比较单薄，并且存在诸多不足或欠缺之处。丛书研究的视野应当进一步拓展，研究的深度应当进一步挖掘。特别是，区域发展能力研究的两种范式，在分析方法和研究内容等方面还没有完全成熟，同时丛书相互之间的衔接和协调尚需进一步改进。我本人希望有关人员在现有研究基础上，继续《区域发展能力研究丛书》系列性专著的研究、写作和出版等工作，并且能够在以下几个方面有所突破：区域功能定位与区域发展能力之间的关系、区域资源开发与区域发展能力之间的关系、区域发展能力之间的耦合和协调增进、典型地区能力建设的微观透析、区域发展能力评估模型的进一步完善、对区域发展能力指数动态变动情况的长期跟踪观察等。

  我希望《区域发展能力研究丛书》的出版，能够对学术界在区域经济理论的研究方面发挥促进作用。同时，我希望丛书的后续工作，研究方法不断改进，研究领域不断拓宽，研究内容不断完善，研究质量不断提高。我本人对此抱有足够的信心。

  是为序。

高新才

2013 年 11 月 18 日

前　言

中国西部地域广袤、民族众多，在长期的历史变迁中孕育了灿烂的文化。西部地区自然资源丰富、市场潜力巨大、战略位置重要，是我国工业化发展的能源基地。但由于自然、历史、社会等原因，人口密度较低、经济发展动力不足、观念落后、社会秩序混乱、生态环境恶化等问题普遍存在于广大西部地区。

西部大开发是中央政府协调区域发展，改善民生，推动社会主义现代化建设的一项重要政策。依据《中华人民共和国国民经济和社会发展第十个五年计划纲要》中关于西部大开发的总体规划，2001年到2010年是西部大开发的奠定基础阶段，重点是调整结构，搞好基础设施、生态环境、科技教育等基础建设，建立和完善市场体制，培育特色产业增长点，使西部地区投资环境初步改善，生态和环境恶化得到初步遏制，经济运行步入良性循环，增长速度达到全国平均增长水平。截至2012年，西部大开发累计开工重点工程187项，投资总规模高达3.68万亿元，有效地促进了西部地区的经济社会发展。在党和政府各项促进西部发展的政策支持下，西部大开发在应对全球气候变暖的融合与冲突、金融危机的机遇与挑战、自然灾害与边疆安全问题的凸显等方面取得了有目共睹的成就。然而东西部虽然相对差距缩小但绝对差距在诸多领域依然在扩大，在外界的有力支持下，西部地区并没有完全摆脱相对贫困落后的境况。

笔者根据在兰州大学执教和在区域经济学领域研究的长期实践，发现西部地区目前存在的主要问题突出表现在经济发展能力、社会发展能力、技术创新和制度创新能力、特别是地方政府财富积累与社会资源动员能力较中东部而言处于一个相对较弱的状态。在《区域经济开发模式比较及我国西部开发模式的再选择》一文中，笔者曾提出西部大开发的开发模式应以增长极和点轴开发模式为主，辅之以综合体模式与网络开发模式，这样点、线、面相结合，促进西部地区经济的快速发展。在《欠发达地区经济增长的动力机制：人力资本投资》一文中，笔者提出快速提高人力资本的存量和水平，是经济增长方式从"粗放型"向"集约型"转变、实现跨越式发展、缩小区域差距的重要动力和途径。在《中国省际间农村居民收入结构和收入差距分析》一文中研究发现，工资性收入是目前中国省际间农村居民收入差距扩大最重要的原因，而家庭经营性收入起着差距促减的作用，转移性收入和财产性收入的不平等程度较高，以此获得启示来反观西部农民收入问题。另外笔者也进行了大量针对区域发展能力的研究，这些研究是笔者从事教学科研工作多年的一些心得，也是笔者撰写本书的经验基础。

开发西部关系中国现代化全局，中国现代化的困难之处不在东部，而在西部；中国现代化的落脚点最终可能也是在西部地区。2002年11月，党的"十六大"从中央层面首次提出要增强西部的自我发展能力，通过自我发展能力的培育与提升促进西部开发顺利推进。2006年国家"十一五"规划在关于推进西部大开发中明确指出，西部地区要加快改革开放的步伐，通过国家支持、自身努力和区域合作，增强自我发展能力。从2011年到2030年，是西部大开发加速发展阶段，在这一重要的发展阶段，笔者认为西部大开发的成功与否关键在于自身，提升西部地区的自我发展能力对于坚定不移地推进西部大开发至关重要。因此本研究根据国内外研究的新进展以及改革的具体实践，运用了规范分析与实证分析相结合、定性分析与定量分析相结合、静态分析与动态分析相结合、案例分析与比较分析相结合的方法，从一些新的角度、新的视野进行了初步的尝试。

本书弥补了理论界和实际工作部门就培育与提升西部地区的自我发展能力研究之不足部分，即对增强西部地区自我发展能力的对策建议和实践层面研究得多，而对区域自我发展能力的理论构建和提升区域自我发展能力模式研究得较少。本书的突出特色主要体现在，一是对西部区域发展能力和自我发展能力这两个核心概念的提出和研究；二是分别从问题地区和对外开放的视角架构西部地区提升自我发展能力模式的新格局，这与国家向西开放战略和习近平总书记最近提出的欧亚共建"丝绸之路经济带"相吻合。与已有的研究不同之处是本书研究视角新颖，不是就西部大开发政策论述增强西部地区自我发展能力的路径选择，而是从区域经济学和发展经济学中关于处于非均衡态势下的欠发达地区经济实现跨越式发展的理论出发，发掘西部地区具有不同资源禀赋和处于不同发展阶段地区的经济成长轨迹、演进机理，建立评价指标体系，客观评价落后地区的自我发展能力，为西部通过自我发展能力培育与提升摆脱"经济边缘化"提出具体发展模式，这在国内外是少有的。以增强西部地区自我发展能力为例所作的大胆探索是运用有关理论并进行系统研究所获得的成果。这是富有创新研究的成果，在国内也是少有的，特别是所提出的更有效的、可供操作的增强西部地区自我发展能力的财政、金融支持政策和产业政策。

笔者是从两个视角去思考西部的发展问题，一是西部问题地区的区域发展能力，二是西部地区对外开放与自我发展能力的相互作用，本书大致上就是按照这两个脉络展开论述。关于西部问题地区的区域发展能力的阐述，本书首先介绍了区域经济理论，内（外）生增长理论，贫困和反贫困理论，后发优势理论以及区域发展能力理论，勾勒出一个完整的理论框架；其次将西部问题地区划分为贫困地区，民族地区，资源枯竭型城市，并分别加以研究；再次基于对甘肃省通渭县、甘南州、兰州市红古区进行实地调研，理论联系实际，探讨提升西部问题地区的区域发展能力的有效模式，最后依据相关结论提出政策建议。关于西部地区对外开放与自我发展能力的分析，本书首先从理论分析入手，介绍对外开放、区域自我发展能力、区域经济合作的相关理论，然后深入探讨了西部地区对外开放的内涵和特征，以及内外部环境条件，重点分析对外开放与区域自我发展能力的作用机理，在此基础上，提出西部地区对外开放新格局的架构，最后以新疆和云南为例，运用案例分析法，介绍当地提升区域自我发展能力的模式选择，以期对其他西部地区的发展能有所借鉴和参考。

随着区域经济发展中的"落后病"、"萧条病"、"膨胀病"等区域问题的日益凸显，区域经济发展中出现了各种"问题地区"，这些"问题地区"的经济发展能力关系到区域发展的整体质量和水平。西部问题地区作为统筹城乡发展、缩短地区差距、实现成功转型和推动经济跨越式发展的特殊区域，其自我发展能力的提升对于缩小东西部发展差距，实现西部地区经济健康可持续发展具有重要的现实意义。本书将区域发展能力定义为一种根据周围环境变化不断适应和进化的能力，将区域自我发展能力划分为个体群隐性进化能力和显性进化能力，体现为区域经济发展的自身基础和自我造血功能，也不排斥外部力量对区域经济发展的推动作用。西部问题地区自身缺乏持续的发展动力，仅仅依靠外力支持无法完成跳出贫困循环的陷阱，亟须培养和提升自我发展能力，完成初始资本积累和建立现代市场经济。

对外开放是我国一项长期基本国策，是指在独立自主、自力更生的基础上，遵循平等互利、互守信用的原则，同世界各国发展经济合作和技术交流。我国的对外开放历程，在经历全面开放阶段和体制全面接轨阶段之后，目前已进入互利共赢阶段。西部地区的对外开放有起步早、规模小、发展缓慢的特点，各省份开放度普遍不高，且相互之间也存在差距。但是西部地区拥有中国85%的陆地边境线，拥有中亚地区广阔的腹地，在发展边境贸易上具有得天独厚的条件，亚欧第二大陆桥和设想中的亚欧第三大陆桥为西部地区向西开放提供了有利的环境。近年来，随着西部地区对外贸易总额不断攀升，对外开放在我国西部地区已成为不可逆转的趋势，加大对外开放力度已成为西部地区经济发展的重要"引擎"。

在探明了西部地区自我发展能力和对外开放进程对于西部地区发展的重要性后，笔者又提出"对外开放与一个地区的发展能力在一定程度上相互作用，相互影"的观点。一方面，对外开放对区域发展能力有着正反两方面的影响，既可能增强区域的自我发展能力，也可能使一个区域在对外开放中处于劣势。另一方面，区域自我发展能力的强弱也会影响当地的对外开放水平。一般来说，自我发展能力较强的地区，有能力也有意愿进行对外开放，往往开放水平较高。笔者在本书中，尽可能地探明两者相互作用的机理，积极发挥两者的正面作用，限制发挥两者的负面作用，努力构建"自我发展能力不断提高、对开放程度不断加深、经济效益明显改善"的西部发展模式。

本书是笔者多年从事区域经济学相关学术领域研究的结晶，在这里，要感谢经济学院高新才教授、郭爱君教授、姜安印教授、曹子坚教授、岳立教授、任海军教授、王晓鸿副教授对撰写书稿的多次有益谈论和相关建议；感谢为撰写书稿付出辛勤劳动的团队全体成员；感谢中国社会科学出版社编辑们为本书的最终出版所作出的一切努力；感谢给予我们调研工作大力支持的所有部门和人员！他们都为本书最后的完稿和出版做出了莫大的贡献，为西部的发展奉献了自己的力量。

目 录

第一篇 西部问题地区提升区域自我发展能力模式研究

第一章 导论 (3)
  第一节 概念界定 (3)
    一 西部地区 (3)
    二 问题地区 (3)
    三 区域自我发展能力 (4)
  第二节 研究背景及意义 (5)
  第三节 文献综述 (6)
    一 国外文献综述 (6)
    二 国内文献综述 (8)

第二章 相关理论分析 (13)
  第一节 区域经济理论 (13)
    一 区域均衡发展理论 (13)
    二 区域非均衡发展理论 (16)
    三 点轴开发理论 (19)
  第二节 经济增长理论 (19)
  第三节 后发优势理论 (23)
  第四节 贫困与反贫困相关理论 (26)
  第五节 区域自我发展能力理论 (29)
    一 自身能力理论 (29)
    二 能力建设研究 (32)

第三章 西部问题地区研究 (36)
  第一节 西部贫困地区研究 (36)
    一 贫困的概念、标准、成因、类型 (36)
    二 西部贫困地区贫困现状与问题 (41)

三　西部贫困地区自我发展能力评估 …………………………… (44)
　第二节　西部民族地区研究 …………………………………………… (45)
　　　一　西部民族地区概论 ………………………………………… (45)
　　　二　西部民族地区经济社会发展现状与问题 ………………… (47)
　　　三　西部民族地区自我发展能力评估 ………………………… (53)
　第三节　西部资源枯竭型城市研究 …………………………………… (57)
　　　一　资源枯竭型城市的概念、分类与特征 …………………… (57)
　　　二　我国资源枯竭型城市经济社会发展现状与问题 ………… (61)
　　　三　西部资源枯竭型城市经济社会发展现状与问题 ………… (71)
　　　四　西部资源枯竭型城市区域自我发展能力评估 …………… (83)
　　　五　甘肃省资源枯竭型城市转型比较研究 …………………… (92)
第四章　贫困地区提升区域自我发展能力模式——以甘肃省通渭县
　　　　为例 ……………………………………………………………… (102)
　第一节　通渭县发展现状 ……………………………………………… (102)
　　　一　通渭县经济社会发展现状 ………………………………… (102)
　　　二　通渭县贫困现状 …………………………………………… (103)
　第二节　通渭县反贫困模式定性评述 ………………………………… (105)
　　　一　坚持项目扶贫，着力改善基础条件 ……………………… (105)
　　　二　坚持产业扶贫，着力促进农民增收 ……………………… (106)
　　　三　坚持智力扶贫，着力提高农民素质 ……………………… (106)
　　　四　坚持政策扶贫，着力提升民生保障水平 ………………… (107)
　　　五　坚持社会扶贫，着力形成扶贫开发合力 ………………… (107)
　第三节　通渭县不同扶贫模式下扶贫投资效率的定量分析 ……… (108)
　　　一　不同扶贫模式下扶贫投资效率的回归分析 ……………… (108)
　　　二　不同扶贫模式下项目前后社会发展指标的变化 ………… (110)
　　　三　小结 ………………………………………………………… (112)
　第四节　通渭县发展能力评价 ………………………………………… (113)
　　　一　综合评价模型 ……………………………………………… (113)
　　　二　数据处理 …………………………………………………… (114)
　　　三　小结 ………………………………………………………… (116)
　第五节　反贫困与提升通渭县发展能力模式选择 …………………… (116)
　　　一　加大财政金融支持力度 …………………………………… (116)

二　加大对生态环境建设的支持力度 …………………………… (116)
　　三　加大对基础设施建设的支持力度 …………………………… (117)
　　四　加大对社会事业发展的支持力度 …………………………… (117)
　　五　加大对特色产业开发的支持力度 …………………………… (117)
　　六　加大专项扶贫资金的投入力度 ……………………………… (118)
　　七　加大对民生保障的支持力度 ………………………………… (118)
　　八　加大对优势资源开发的支持力度 …………………………… (118)

第五章　西部民族地区提升区域自我发展能力模式——以甘南州为例 ……………………………………………………………… (119)
　第一节　甘南州基本情况与发展现状 ……………………………… (119)
　　一　甘南州经济社会发展现状 …………………………………… (119)
　　二　甘南州"三农"发展现状 …………………………………… (120)
　第二节　甘南州可开发利用资源现状 ……………………………… (121)
　　一　农牧业资源 …………………………………………………… (121)
　　二　旅游资源 ……………………………………………………… (123)
　　三　矿产资源 ……………………………………………………… (124)
　第三节　甘南州资源利用的相对效率分析 ………………………… (124)
　　一　DEA 模型介绍 ……………………………………………… (125)
　　二　DEA 有效性分析 …………………………………………… (126)
　　三　小结 …………………………………………………………… (132)
　第四节　提升甘南州发展能力的模式选择 ………………………… (132)
　　一　经济带动模式 ………………………………………………… (132)
　　二　特色优势产业培育模式 ……………………………………… (133)
　　三　区域发展与扶贫联动模式 …………………………………… (134)
　　四　跨区域合作式发展模式 ……………………………………… (134)

第六章　资源枯竭型城市提升区域自我发展能力模式——以兰州市红古区为例 ……………………………………………………… (136)
　第一节　红古区发展现状 …………………………………………… (136)
　　一　红古区经济社会发展现状 …………………………………… (136)
　　二　红古区资源开采及其他可开发利用资源现状 …………… (138)
　第二节　红古区资源枯竭型城市转型的必要性 ………………… (138)
　第三节　提升红古区发展能力的模式选择 ……………………… (139)

一　承接产业转移 …………………………………………（139）
　　二　资源开发与资源加工并举 ……………………………（140）
　　三　农业集约化与市场化 …………………………………（141）
　　四　以第一、第二产业带动第三产业发展 ………………（142）
　　五　将发展金融业与城市转型及城乡一体化相结合 ……（143）
第七章　结语 ……………………………………………………（146）
　第一节　研究归纳与建议 ……………………………………（146）
　　一　研究总结 ………………………………………………（146）
　　二　研究建议 ………………………………………………（147）
　第二节　研究展望 ……………………………………………（150）

第二篇　对外开放与区域自我发展能力研究

第一章　引言 ……………………………………………………（155）
　第一节　研究背景和意义 ……………………………………（155）
　　一　研究背景 ………………………………………………（155）
　　二　研究意义 ………………………………………………（156）
　第二节　国内外相关研究 ……………………………………（157）
　　一　对外开放的相关研究 …………………………………（157）
　　二　区域自我发展能力的相关研究 ………………………（158）
　　三　对外开放与区域自我发展能力结合的相关研究 ……（158）
第二章　相关理论分析 …………………………………………（159）
　第一节　对外开放的相关理论 ………………………………（159）
　　一　"发展极"理论 ………………………………………（159）
　　二　梯度理论 ………………………………………………（162）
　　三　输出基础理论 …………………………………………（164）
　第二节　区域自我发展能力的相关理论 ……………………（165）
　　一　竞争优势理论 …………………………………………（165）
　　二　区域创新理论 …………………………………………（166）
　第三节　区域经济合作的相关理论 …………………………（167）
　　一　绝对成本优势理论 ……………………………………（167）

二　比较成本优势理论 …………………………………（168）
　　三　要素禀赋理论 ………………………………………（169）
　　四　共同市场理论 ………………………………………（170）
　　五　地域分工理论 ………………………………………（171）
第三章　西部地区对外开放的内涵及其特点 …………………（172）
　第一节　对外开放的含义和特点 …………………………（172）
　　一　对外开放的含义 ……………………………………（172）
　　二　对外开放的特点 ……………………………………（174）
　第二节　对外开放战略的回顾和总结 ……………………（180）
　　一　全国对外开放的历程 ………………………………（180）
　　二　西部地区对外开放的历程 …………………………（185）
　第三节　对外开放的现状及其分析 ………………………（190）
　　一　对外开放的现状介绍 ………………………………（190）
　　二　西部地区对外开放程度评价 ………………………（194）
　第四节　西部对外开放的战略意义 ………………………（198）
　　一　对外开放有利于西部地区自身经济的发展 ………（198）
　　二　西部地区对外开放有利于提高我国的整体开放水平 …（200）
　第五节　对外开放模式的比较分析 ………………………（202）
　　一　政府政策主导型和国际规则约束型 ………………（202）
　　二　据点型和区域型以及全国型 ………………………（203）
　　三　实验探索模式 ………………………………………（204）
　　四　全面开放模式 ………………………………………（205）
　　五　体制接轨模式 ………………………………………（207）
　　六　互利共赢模式 ………………………………………（207）
第四章　西部地区对外开放环境分析 …………………………（209）
　第一节　对外开放的国际环境分析 ………………………（209）
　　一　中国对外开放的有利国际环境 ……………………（209）
　　二　中国对外开放的不利国际环境 ……………………（210）
　第二节　向西开放的环境分析 ……………………………（211）
　　一　向西开放的有利环境 ………………………………（211）
　　二　向西开放的不利环境 ………………………………（213）
　第三节　沿边开放环境分析 ………………………………（213）

一　沿边开放的有利环境 ……………………………………… (213)
　　二　沿边开放的不利环境 ……………………………………… (216)
　第四节　内陆开放环境分析 …………………………………… (218)
　　一　内陆开放的有利环境 ……………………………………… (218)
　　二　内陆开放的不利环境 ……………………………………… (219)

第五章　对外开放与区域自我发展能力的作用机理分析 ………… (221)
　第一节　我国对外开放的主要内容 …………………………… (221)
　　一　货物贸易 …………………………………………………… (221)
　　二　服务贸易 …………………………………………………… (222)
　　三　利用外资 …………………………………………………… (223)
　　四　"走出去"以及对外经济合作 …………………………… (224)
　第二节　西部地区对外开放的主要内容 ……………………… (225)
　　一　对外贸易 …………………………………………………… (226)
　　二　吸引外资 …………………………………………………… (227)
　　三　创新对外开放内容及形式 ………………………………… (227)
　第三节　西部地区自我发展能力的现状分析 ………………… (228)
　　一　区域自我发展能力内涵 …………………………………… (228)
　　二　西部地区自我发展能力现状 ……………………………… (229)
　第四节　对外开放与区域自我发展能力的相互作用机理分析 … (232)
　　一　对外开放对区域自我发展能力的作用机理 ……………… (233)
　　二　区域自我发展能力对对外开放的作用机制 ……………… (237)
　　三　总结 ………………………………………………………… (239)

第六章　架构西部地区对外开放新格局 ……………………………… (240)
　第一节　对外开放目标任务定位 ……………………………… (240)
　　一　向西开放与向东开放并举 ………………………………… (240)
　　二　内陆开放与沿边开放并举 ………………………………… (241)
　　三　全面开放与重点开放并举 ………………………………… (242)
　第二节　对外开放重点 ………………………………………… (243)
　　一　西北地区 …………………………………………………… (243)
　　二　西南地区 …………………………………………………… (246)
　　三　其他地区 …………………………………………………… (247)
　第三节　对外开放格局 ………………………………………… (249)

一　极点开放 …………………………………………… (249)
　　二　点轴开放 …………………………………………… (250)
　　三　网络开放 …………………………………………… (252)
第七章　实例分析：提升区域自我发展能力模式选择 ………… (253)
　第一节　西北地区提升自我发展能力模式选择——以新疆
　　　　　为例 ……………………………………………… (253)
　　一　新疆基本情况 ……………………………………… (253)
　　二　新疆对外开放历程回顾 …………………………… (254)
　　三　新疆对外开放发展现状 …………………………… (256)
　　四　新疆对外开放度测算与分析 ……………………… (262)
　　五　提升新疆自我发展能力模式选择 ………………… (267)
　第二节　西南地区提升自我发展能力模式选择——以云南
　　　　　为例 ……………………………………………… (269)
　　一　云南基本情况 ……………………………………… (269)
　　二　云南对外开放历程回顾 …………………………… (270)
　　三　云南对外开放发展现状 …………………………… (272)
　　四　云南对外开放度测算与分析 ……………………… (277)
　　五　提升云南自我发展能力模式选择 ………………… (283)
参考文献 ……………………………………………………… (287)

第一篇

西部问题地区提升
区域自我发展能力模式研究

第一章 导论

第一节 概念界定

一 西部地区

按西部大开发战略界定以及国务院西部地区开发领导小组办公室协调的范围，西部由12个省、直辖市、自治区及3个自治州构成，包括：重庆市、四川省、云南省、贵州省、陕西省、甘肃省、青海省、宁夏回族自治区、新疆维吾尔自治区、西藏自治区、广西壮族自治区、内蒙古自治区，以及吉林省延边朝鲜族自治州、湖南省湘西土家族苗族自治州、湖北省恩施土家族苗族自治州。土地面积为672万平方公里，占中国国土面积的70%，人口约3.3亿，约占全国总人口的25%。

二 问题地区

在经济全球化背景下，区域问题日益凸显，形成了区域经济发展中的"落后病"、"萧条病"、"膨胀病"，区域问题如同区域"病症"一样影响着区域经济的稳定发展。由于区域问题的出现，在区域经济发展中出现了各种"问题区域"或"问题地区"。张可云曾将问题地区界定为："中央政府区域经济管理机构依据一定的规则和程序确定的受援对象，是患有一种或者多种区域病，而且若无中央政府援助则难依靠自身力量医治这些病症的区域。"[①] 同时将问题区域划分为受援地区、困难地区、危机地区、落后地区、欠发达地区、缺乏优势地区、萧条地区、膨胀地区、拥挤地区和边远地区等。问题区域是一国区域经济发展中的难点，一国区域经济发展是否稳定和繁荣，在一定程度上取决于"问题区域"的解决，这也将是未来区域经济学研究的新关注点。

作为一个发展中大国，我国一直面临东强西弱的经济大格局，东西部地区在技术经济势能上存在较大的落差，而这一发展态势不仅表明西部落

---

① 张可云：《中国区域经济政策问题研究》（上），《理论研究》1997年第2期。

后地区实施追赶战略的必要性和紧迫性，而且也必然促使技术、经济要素不断从高势位地区向低势位地区流动，从而为西部欠发达地区以时间上的压缩形式或幅度上的跨越形式实现追赶目标提供有利的条件和赋予发展的巨大潜力。

西部地区在经济、社会、环境三个层面存在着经济发展落后、城市化建设滞后、生态环境恶劣等问题，在此基础上，分别从西部地区发展的这三个共性问题出发，本书提出了西部问题地区的概念，分别针对包括贫困、少数民族、资源枯竭三类问题的西部地区进行案例分析，从而尝试归纳西部地区的发展问题症结所在，并为进一步破解西部地区区域发展困境、提升区域自我发展能力作出有益探索。

三 区域自我发展能力

人类社会内部的发展从来都不是平等的。发展的成果被少部分人独享，更多的人依旧生存在贫困和疾病之中，无法享受到人类智能进步带来的巨大物质和精神文明。这种不平等最重要的表现之一就是区域发展的极度不平衡。造成这种不平等的，一方面是地理分割因素，位置偏远，气候恶劣，自古以来远离文明中心；另一方面则是人类社会本身的制度结构和文化狭隘性所致。随着现代科技文明的极大进步，后者的影响将越来越重要。欠发达地区如今面临一个严峻的问题，由于历史上未能形成具有竞争力的社会制度和智慧成果，也不能奢望发达地区基于极大的同情心和慷慨美德来给予巨大的帮助和支援来彻底改变现状。最根本的希望来自提高欠发达地区本身的发展能力，即区域自我发展能力。当我们从人类社会区域发展不平衡来看待发展问题时，区域自我发展能力这一重大课题便被自然而然地提出。

据此，本书将区域自我发展能力定义为一种根据周围环境变化不断适应和进化的能力。根据客体世界的划分，结合经济变迁中各种因素的影响机制，区域自我发展能力划分为个体群隐性进化能力和显性进化能力，必须指出的是隐性与显性是基于不同层面的划分。显性进化能力是能够通过客观指标进行评估的能力，主要表现为自然资源环境限制下的个体群的主体进化能力，包括市场经济中经济活动的主体，即个人、企业、政府、非政府组织适应自然环境和社会环境变化，进行学习和革新的能力。隐性进化能力是深层次影响显性进化能力提升的关键性因素，主要表现为个体群的文化进化能力，包括现代市场经济体系下的良好市场秩序必需的合作精神、法治精神、市场意识以及适应市场变化的学习能力等。

对于西部欠发达地区而言，通常认为需要借助一定的外力才能完成原始的资本积累，跳出贫困循环的陷阱。经过若干年的经验证明，仅仅依靠外力支持却无法完成这项使命，该类地区自身缺乏持续可靠的发展动力支撑，一旦外力支持停止，经济发展也陷入停滞乃至倒退的景象。因此，欠发达地区亟须培养自我发展能力，其前提是自我发展的内在动力的形成，其结果是自身初始资本积累的完成和现代市场经济秩序的建立。

第二节 研究背景及意义

西部问题地区作为统筹城乡发展、缩短地区差距和推动经济跨越式发展的特殊区域，其经济发展能力关系到西部地区区域发展的整体质量和水平。学习贯彻十八大精神，面对新一轮西部大开发的战略机遇，以及国际国内产业分工深刻调整的大背景，西部地区尤其是西部问题地区如何提升区域自我发展能力，对于缩小地区差距，实现区域经济整体协调发展具有重要意义。

"十二五"期间，面对巨大的改革红利和新一轮西部大开发的战略机遇，以及国际国内产业分工深刻调整的大背景，如何加速深度转化，破解发展难题，创新发展模式，提升发展能力，实现突破发展，实现区域经济整体协调发展，将是西部地区亟待解决的一项重要课题。因此，当前深入探讨西部问题地区提升自我发展能力的基本路径，具有重要的理论和现实意义。

首先，这是提升地区竞争力，实现经济突破发展的现实选择。作为欠发达地区，要实现对先进地区的赶超或经济的跨越式发展，应充分利用特色资源丰富、要素成本低、市场潜力大的优势，积极采用高新技术，通过产业化运作，加速资源优势向经济优势的转化，以提升产品附加值和市场竞争力，才能增强区域自我发展能力，实现经济的腾飞和突破。

其次，这是转变经济发展方式，调整和优化产业结构的必然要求。产业结构的合理化是以第二、第三产业的发展水平以及农业结构的优化来衡量的。农业结构优化过程具体表现为，在农林牧渔业中，农业（即种植业）的比重逐步下降，在种植业结构中，粮食作物比重下降，经济作物比重逐步上升，即第二、第三产业的比重应大力提高，农业结构也有待优化。这种状况的改变有赖于统筹规划"突破发展"战略，明确目标，逐步优化农业结构，提高工业发展水平和效益，加快转变经济增长方式，调整经济结构，以形成农民增收、企业增效、多业并举的繁荣局面。

最后，这也是深入实施新一轮西部大开发战略，促进区域协调发展的内在要求。新一轮西部大开发的重点是充分发挥区域比较优势，《西部大开发"十二五"规划》明确提出要深入实施以市场为导向的优势资源转化战略，坚持走新型工业化道路，大力提升产业层次和核心竞争力，建设国家能源、资源深加工、装备制造业和战略性新兴产业基地，适应国内外产业转移趋势。这决定了西部经济的发展既要保护青山绿水，又要注重资源与环境的可持续开发。西部地区必须通过科学统筹经济、社会与环境的关系，提升自我发展能力，以提高质量和效益为目标，加强资源节约和环境保护。

作为西部问题地区，同时又是我国最重要的生态屏障，决定了经济的发展不能走传统工业化道路，必须注重经济发展与资源、环境相协调，通过采用先进技术，发展绿色经济，推行低碳环保，努力提升自主创新和自我发展能力，追求一种速度与效率并重、当前发展与长远发展兼顾的发展模式。

第三节　文献综述

一　国外文献综述

（一）贫困地区反贫困方面的研究

西方经济学观点有马尔萨斯（T. R. Malthus）的土地报酬递减理论、纳克斯（R. Nurkse）的贫困恶性循环理论、纳尔逊（P. R. Nelson）的低水平均衡陷阱理论、罗森斯坦·罗丹（Paul Rosenstein - Rodan）的大推进理论、莱宾斯坦（H. Leibonstein）的临界最小努力理论、舒尔茨（T. W. Schultz）的人力资本理论以及关于小农贫穷但有效率的观点。许多经济学家认为，发展中国家之所以存在"贫困恶性循环"、"低水平均衡陷阱"，其根本原因是资本匮乏。资本是经济发展的主要障碍及关键所在，要克服资本约束，促使资本形成，启动经济发展。罗森斯坦·罗丹提出了大推进理论，该理论的核心是：发展中国家要摆脱贫困，实现工业化，必须全面地、大规模地在多个工业部门尤其是基础设施的建设方面投入资本，通过这种投资来冲破经济贫穷落后和停滞的困境与束缚，推进整个工业部门全面迅速发展。美国著名经济学家纳克斯在《不发达国家的资本形成》一书中提出了贫困恶性循环理论，纳尔逊发表的《低水平陷阱理论》一文，提出了与纳克斯相近的理论。纳克斯的贫困恶性循环理论认为，发展中国家长期陷于持续贫困封闭圈的原因在于：这些国家经济中存在着收入水平低、生活贫困、经济停滞、生产效率低、市场容量有限等若干个互相联系和相互作用的"恶性循环原则"，而在这个恶性循环系列中，主要是"贫困恶性循环"。其产生的原因在于资本缺乏，资本形成不足。舒尔茨把个人和社会为了获得收益而在劳动力的教育培训等方面所作的各种投入，统称为人力资本投资。根据这一理论，个人之间、群体之间的收入差距，很大程度上是由在人力资本投资上的差异造成的，贫困的主要根源就在于人类资本投资的不足。因此，解决贫困问题的关键在于提高贫困者的人力资本投入水平。在反贫困干预方式上，舒尔茨指出，通过采用最低工资和农产品价格保护的制度，加大对贫困人口的公共投资，进而达到减贫的目的。1990年，世界银行提出既要为贫困人口提供生存的机会，也要增加人力资本的投入，提高贫困人口的生存能力。盖哈（Ra. Gaiha）认为，反贫困干预有四种手段：实施最低工资、注重基础设施建设工程、加大信贷干预、采用政府保险计划。[①]

（二）资源枯竭型城市转型问题的研究方面

20世纪30年代，加拿大著名经济史学家和经济地理学家英尼斯（Innis）在其著作《加拿大的毛皮贸易》（1930）和《加拿大的原料生产问题》（1933）中对资源型城镇做出了开创性的研究。此后，许多专家学者开始对资源型城镇进行系统研究。罗宾逊（Robinson）于1962年在《加拿大资源富集边缘区的新兴工业镇》一书中首次对加拿大资源型社区进行全面的评估。20世纪70年代中期以后，对资源型城镇的研究从注重个体研究转变为对群体的实证与规范研究。卢卡斯（Lucas）则在《采矿、磨坊、铁路城镇、加拿大单一工业社区的生活》（1971）一书中提出了单

---

① ［美］盖哈：《农村脱贫战略的设计》，聂凤英译，中国农业科技出版社2000年版。

产业城镇或地区的四个发展阶段理论。1976年，赛门斯（Siemens）在《加拿大资源边缘区的单一企业社区》中提出了通过规划来改善资源型社区的生活质量。波特斯（Porteons）提到了矿业资本的国际化以及随之产生的相对于某一具体生产中心的"地方忠诚"的缺乏，强调澳大利亚北部资源地区与全国工业之间本质上是剥削关系。美国经济学家马西（Marci）对美国宾夕法尼亚州东北部的煤炭社区的居民归属感进行了深入研究。20世纪80年代中期以后，国外学者对资源型城镇的研究，逐渐转向了经济结构、劳动力市场结构、环境治理、城市规划以及世界经济一体化对资源型城市的影响等方面。

二 国内文献综述

（一）贫困地区反贫困方面的研究

1. 中国农村扶贫模式

随着扶贫攻坚的深入，对我国农村扶贫模式的研究处于积极的探索之中。汪三贵较早地总结了贫困地区主要有资源依托型、资产积累型和技术驱动型的经济开发模式。[①] 朱凤岐等总结了我国主要有五种扶贫模式，分别为项目开发建设、直接扶持、组织社会力量、农民自愿组成经合互助组和东西合作帮扶模式。[②] 赵昌文、郭晓鸣认为，政府支持背景下的农户参与式扶贫模式是贫困地区扶贫活动的理想选择。[③] 中国（海南）改革发展研究院"反贫困研究"课题组在1998年经调查提出了我国具有普遍性的六种扶贫模式，分别为以工代赈、项目带动、山区综合开发、小额信贷扶贫、人力资源开发、"巾帼扶贫"行动的模式。卢淑华经过实证分析比较得出，农民提高收入、摆脱贫困的最佳路径是"公司+农户"的扶贫模式。[④] 2000年，国家统计局农村调查总队经实际走访，提出了三种适合农村扶贫开发的模式，分别是财政扶贫、以工代赈和贴息贷款。曹洪民从系统理论的角度出发，将中国农村扶贫开发模式

[①] 汪三贵：《反贫困与政府干预》，《管理世界》1994年第3期。
[②] 朱凤岐等：《中国反贫困研究》，中国计划出版社1996年版。
[③] 赵昌文、郭晓鸣：《贫困地区扶贫模式：比较与选择》，《中国农村观察》2000年第6期。
[④] 卢淑华：《科技扶贫社会支持系统的实现——比较扶贫模式的实证研究》，《北京大学学报》（哲学社会科学版）1999年第6期。

分为决策、传递、接受、控制四个内部组织系统,并分析了各子系统的结构和运行机理。①

2. 中国农村扶贫效率

伴随着我国扶贫攻坚的深入,贫困发生率逐年降低、脱贫速度不断减速,引起了人们对政府主导的扶贫效率问题的广泛关注。樊胜根等②、汪三贵等③均对我国政府扶贫资金使用效果作了不同样本区间的实证研究,整体结论趋于一致,即政府扶贫投入对缓解贫困确实起到了积极的作用。刘冬梅实证研究了1990—1997年期间国家级贫困县政府扶贫开发资金的投放效果,结果表明,政府扶贫资金对改善生产生活条件、促进贫困县经济发展均起到了显著作用。④ 庞守林、陈宝峰(2008)对甘肃和宁夏"三西"地区⑤的扶贫资金对农业产出的贡献进行了实证研究,提出了提高扶贫效率的建议。⑥ 郭宏宝、仇伟杰分析了农村财政投资对减贫的作用机理,指出当前农村减贫中财政投资在不同地区项目上的合理区间和运作方式。⑦ 赵珍、石延玲对新疆扶贫资金投入及使用的绩效进行了分析,并提出了相应的政策建议。⑧

(二) 民族地区经济发展方面的研究

1. 民族地区经济发展质量与方式

转变经济发展方式,实现国民经济又好又快发展,关键在民族地区,难点也在民族地区,这是由我国民族地区的战略区位、资源禀赋和发展阶

---

① 曹洪民:《中国农村开发式扶贫模式研究》,博士学位论文,中国农业大学,2003年,第13—14页。

② Shenggen Fan, Linxiu Zhang & Xiaobo Zhang, "Reforms, Investment, and Poverty in Rural China", *Economic Development and Cultural Change*, Vol. 52, No. 2, Jan. 2004, pp. 395 – 421, p. 27.

③ 汪三贵、李文、李芸:《我国扶贫资金投向及效果分析》,《农业技术经济》2004年第5期。

④ 刘冬梅:《中国政府开发式扶贫资金投放效果的实证研究》,《管理世界》2001年第6期。

⑤ "三西"地区是指甘肃河西地区19个县(市、区)、甘肃中部以定西为代表的干旱地区20个县(区)和宁夏西海固地区8个县,共计47个县(市、区),总面积38万平方公里,农业人口约1200万人。

⑥ 庞守林、陈宝峰:《农业扶贫资金使用效率分析》,《农业技术经济》2000年第2期。

⑦ 郭宏宝、仇伟杰:《财政投资对农村脱贫效应的边际递减趋势及对策》,《当代经济科学》2005年第27卷第5期。

⑧ 赵珍、石延玲:《新疆扶贫资金投入及使用的绩效分析》,《新疆财经》2006年第4期。

段所决定的。因此，众多学者对民族地区如何转变经济方式、提高经济发展质量展开研究，其中郑长德教授近年的研究成果具有代表性。郑长德（2009）从民族地区的需求结构、产业结构、要素投入等方面分析了民族地区经济发展方式的现状，从推进经济体制改革和区域创新、加快结构调整和升级、发展循环经济和低碳经济三个层面探讨了民族地区转变经济发展方式的路径和措施。① 郑长德（2011）基于包容性增长的视角分析民族地区的经济发展方式，研究指出民族地区的经济增长主要是由资源密集型产业和政府投资驱动的增长，贫困发生率高，与全国水平相比，存在着较大的差距，这种差距的存在扩大了民族地区与其他地区居民抓住机会的能力，文章建议要通过高速、有效以及可持续的经济增长最大限度地创造就业与发展机会，要完善社会保障制度，为贫困人口提供最低经济福利。② 郑长德（2011）指出发展质量是一个涉及经济效率、社会公平、卫生保健、教育、居住条件、安全保证、人口发展、环境质量、增长的可持续性和稳定性等方面的综合性很强的概念，进而主要从经济增长的效率和稳定性、社会公平、卫生保健、教育发展、环境质量等方面讨论民族地区自西部大开发以来经济发展质量特征，探讨了民族地区实现国民经济又好又快发展的路径和措施。③ 郑长德（2011）指出提高自我发展能力是民族地区转变经济发展方式的中心环节，他提出了一个分析自我发展能力的框架，基于这一分析框架对民族地区自我发展能力进行了评估，认为民族地区自我发展能力尽管已有较大幅度提升，但发展不足，自我发展能力低、自生能力弱，依然是民族地区经济社会发展面临的重要的内源性制约因素，提出了增强民族地区自我发展能力的战略措施和相关政策建议。④

2. 民族地区经济增长的影响因素

一些学者从不同视角分析了影响民族地区经济增长的因素。在民族文化、社会发育程度、道德规范等非经济因素对民族地区经济增长的影响研究中，吕俊彪（2003）研究民族经济发展中的文化调适问题，指出文化"不适"是民族经济欠发达的深层原因，民族文化的发展往往仅表现为对

---

① 郑长德：《中国少数民族地区经济发展方式转变研究》，《西南民族大学学报》（人文社科版）2009年第10期。
② 郑长德：《中国少数民族地区包容性发展研究》，《西南民族大学学报》（人文社科版）2011年第6期。
③ 郑长德：《中国少数民族地区经济发展质量研究》，《民族学刊》2011年第1期。
④ 郑长德：《中国民族地区自我发展能力构建研究》，《民族研究》2011年第4期。

强势文化的简单模仿，创新不足且缺乏竞争意识，对经济发展起阻碍作用；① 易永清（2006）指出非经济因素既是民族经济运行所必不可少外部环境，也是社会生产的一个重要环节，需要重视和借助包括人文教育、政府职能、社会保障、历史文化、道德规范等非经济因素发展民族经济；② 在资源、环境对民族地区经济影响的研究中，王玉芳和祁永安（2011）使用西部民族7个省份面板数据，研究民族地区经济增长与环境污染的关系，研究发现宁夏、青海、新疆、广西、云南和贵州省6个省区二氧化碳污染物排放量与经济增长呈正相关，而内蒙古二氧化碳排放量与经济增长呈负相关，并针对不同民族地区经济发展和环境问题提出了差异化的解决措施；③ 张千友和王兴华（2011）运用加入自然资源的CD生产函数，使用省级面板数据，分析民族地区自然资源的开发利用对地区经济增长贡献率，研究发现民族地区自然资源的开发利用对本地区经济增长的贡献率普遍偏低，现阶段民族地区"资源诅咒"效应依然存在，指出民族地区的传统经济增长方式不可持续，建议从调整产业结构并扶植区域主导产业、加快资源税改革并完善资源价格形成机制两方面促进民族地区经济增长方式的转变。④

（三）资源枯竭型城市转型发展方面的研究

1. 资源枯竭型城市产业转型方式

于立、姜春海和于左（2008）以与原来资源型产业有无直接产业关联为依据，将资源枯竭型城市产业转型分为"小转型"和"大转型"两种基本方式。他们认为"小转型"是指在原有资源型产业基础上，延伸产业链，又称为"产业延伸"模式；而"大转型"是指彻底摆脱对原有耗竭性自然资源的依赖，发展与原有资源型产业没有直接相关的替代产业，又称为"产业嵌入"模式。高峰、张建、王学定和孙成权（2004）以白银市为例，利用综合评价值法计算了白银市的主导产业和优势产业，然后用特尔斐对白银市的接续主导产业进行了选择。他们认为，资源型城

---

① 吕俊彪：《民族经济发展中的文化调适问题》，《广西民族学院学报》2003年第2期。
② 易永清：《非经济因素与民族地区可持续发展》，《边疆经济与文化》2006年第12期。
③ 王玉芳、祁永安：《西部民族地区经济增长和环境污染的实证研究——基于CO_2排放量的面板数据测度》，《淮海工学院学报》2011年第2期。
④ 张千友、王兴华：《民族地区：自然资源、经济增长与经济发展方式的转变研究——基于2000—2009省际面板数据的实证分析》，《中央民族大学学报》2011年第7期。

市接续主导产业选择应坚持可持续发展原则、需求收入弹性系数和生产率上升原则、关联效应原则、知识技术密集型原则等。李森（2008）主张对衰退工业区产业进行"内部挖潜"，用新技术、新工艺、新流程改造传统工业。对资源开发开始衰减的城市，应加强资源综合评价，拓宽资源开发领域，开发利用各种半生资源，重视开发利用区外、境外资源，为本地资源型企业寻找后备基地。对于资源已经或濒临枯竭的城市，要选择好产业转型方向，重点用高新技术、先进适用技术改造传统产业，因地制宜，形成新的主导产业。

2. 工业区位及开发区理论

李森（2008）认为开发区及各类园区建设须立足于国家战略和地方发展目标，结合自身实际，因地制宜，形成具有自身特色的产业体系。从区域不平衡的现实出发，资源型城市重点搞好资源开发，提高运行质量，利用比较优势推动产业发展由大而全、小而全向集中发展特色产业、接续产业转变。从实际出发，明确更加细分的产业定位，瞄准某一产业，提高支柱产业的规模和份额，营造良好的产业配套环境，加快形成产业特色，展现集群效应。

3. 区域经济发展理论

林毅夫（2012）认为现代发展经济学中以提升产业和技术结构为直接目标的发展思路不但没有实现发展的目标，反而导致更多问题。原因在于硬性提升的产业结构违背了当时的要素禀赋结构，造成了各种扭曲和效率下降。因此，要想在转变产业结构的同时保证效率的最大化，就要基于比较优势，从改变外生的要素禀赋结构入手。

第二章 相关理论分析

第一节 区域经济理论

区域经济学是由经济地理学逐步演化而来，从区域经济学的未来发展趋势看，区域经济学以空间资源配置的合理性为基础，形成了日益规范的空间分析经济学。

一 区域均衡发展理论

均衡发展理论，是以哈罗德－多马新古典经济增长模型为理论基础发展起来的，为区域经济的发展、摆脱经济发展瓶颈提供了一种理论模式。所谓平衡增长是指在整个工业或整个国民经济各个部门同时进行大规模投资，使工业或国民经济各部门按同一比率或不同比率得到全面发展，从而摆脱贫穷落后的状况，实现工业化或经济发展。这一理论强调了大规模投资的重要性和合理配置有限资源的必要性，合理有效地安排投资项目，调整投资结构，为区域经济发展寻找突破口。平衡发展理论认为，各经济要素之间存在相互的依赖性和互补性，只侧重于某一个部门或地区的投资会影响相关部门和地区的发展，由于落后的部门和地区的阻碍作用，所有的部门和地区都不会得到发展。因此所有的经济部门和地区应该齐头并进，共同发展。主要包括以下内容。

1. 莱宾斯坦的临界最小努力理论。主张发展中国家应努力使经济达到一定水平，冲破低水平均衡状态，以取得长期的持续增长。不发达经济中，人均收入提高或下降的刺激力量并存，如果经济发展的努力达不到一定水平，提高人均收入的刺激小于临界规模，那就不能克服发展障碍，冲破低水平均衡状态。为使一国经济取得长期持续增长，就必须在一定时期受到大于临界最小规模的增长刺激。

2. 纳尔逊的低水平陷阱理论。以马尔萨斯理论为基础，说明发展中国家存在低水平人均收入反复轮回的现象。不发达经济的痼疾表现为人均实际收入处于仅够糊口或接近于维持生命的低水平均衡状态；很低的居民收入使储蓄和投资受到极大局限；如果以增大国民收入来提高储蓄和投资，又通常导致人口增长，从而又将人均收入退回到低水平均衡状态中，这是不发达经济难以逾越的一个陷阱。在外界条件不变的情况下，要走出陷阱，就必须使人均收入增长率超过人口增长率。

3. 罗森斯坦·罗丹的大推进理论。该理论的核心是在发展中国家或地区对国民经济的各个部门同时进行大规模投资，以促进这些部门的平衡增长，从而推动整个国家和地区经济的高速增长和全面发展。

大推进理论基于生产函数、需求、储蓄供给的三个不可分性上。一是生产函数的不可分性。罗森斯坦认为，投入产出过程中的不可分性会产生规模经济，产生递增收益。在基础设施的供给方面，"社会分摊资本"具有过程上的不可分性和时序上的不可逆性。比如基础设施建设周期长，能源、交通、信息等基础设施就必须先于直接生产性投资，这是促进外部经济产生的前提，也是发展中国家工业化过程中最为常见的"瓶颈"。二是需求的不可分性。市场需求的不可分性使得一个国家或地区的各个产业是关联互补的，相互为对方提供要素投入的能力和需求市场的容量。为了共同突破市场瓶颈，降低市场风险，就必须使各产业的资源配置在空间上同时形成有一定规模、有保障的市场。三是储蓄供给的不可分性。储蓄的增长是有阶段性的、跳跃性的。由于发展中国家人均国民收入较低，造成居民储蓄水平低下，而最小规模的投资也需要大量的储蓄。为了打破储蓄不足与基础设施投资需求之间所形成的"储蓄缺口"，就必须使居民收入的增长超过一定的限度，使边际储蓄率高于平均储蓄率，引起储蓄急剧、大幅度的上升，让所吸纳的资金投向基础设施建设，这样大规模投资才会成为可能。

4. 纳克斯的贫困恶性循环理论和平衡发展理论。该理论是由美国经济学家拉格纳·纳克斯于1953年在其著作《不发达国家资本的形成》一书中提出的关于资本与经济发展关系的理论，系统地论述了欠发达国家地区和经济长期停滞不前的原因。他认为发展中国家长期贫困的原因，并非国内资源不足，而是因为经济中存在若干相互联系、互相作用的恶性循环。

欠发达国家和地区存在两种恶性循环，即供给不足的恶性循环和需求不足的恶性循环。从供给方面看，发展中国家经济落后，资本短缺，从而造成劳动生产率低。因此，人均收入水平也就低，而低收入意味着人们把大部分收入用于生活消费，很少用于储蓄，从而导致储蓄水平低下，低储蓄水平引起资本稀缺，使生产规模难易扩大，生产率难易提高；低生产率又造成低产出，进而造成低收入。从需求方面看，发展中国家经济不发达，人均收入水平低，这就意味着人们只有较低的购买力和消费能力，低购买力导致投资引诱不足，进而会造成资本形成不足，资本形成不足又会使得生产规模难以扩大，生产率难以提高，较低生产率又带来低产出和低收入水平。

解决这两种恶性循环的关键是实施平衡发展战略，平衡发展理论强调产业间和地区间的关联互补性，主张在各产业、各地区之间均衡部署生产力，即同时大规模地投资于工业、农业、消费品生产、资本品生产等各个国民经济部门，形成广阔且充分的市场，改善供给状况，促进各产业、各部门协调发展，同时在各产业、各地区之间形成相互支持性投资的格局，不断扩大需求，产生足够的投资引诱，为扩大投资规模促进经济增长创造条件，实现产业和区域经济的协调发展。

上述理论应用在区域经济中就形成了区域均衡发展理论，它不仅强调部门或产业间的平衡发展、同步发展，而且强调区域间或区域内部的平衡（同步）发展，即空间的均衡化。认为随着生产要素的区际流动，各区域的经济发展水平将趋于收敛（平衡），因此主张在区域内均衡布局生产力，空间上均衡投资，各产业均衡发展，齐头并进，最终实现区域经济的均衡发展。

均衡发展理论的缺陷之一在于忽略了一个基本的事实，即对于一般区域特别是不发达区域来说，不可能具备推动所有产业和区域均衡发展的资本和其他资源，在经济发展初期很难做到均衡发展。缺陷之二，忽略了规模效应和技术进步因素，似乎完全竞争市场中的供求关系就能决定劳动和资本的流动，就能决定工资报酬率和资本收益率的高低。但事实上，市场力量的作用通常趋向增加而不是减少区域差异。发达区域由于具有更好的基础设施、服务和更大的市场，必然对资本和劳动具有更强的吸引力，从而产生极化效应，形成规模经济，虽然也有发达区域向周围区域的扩展效应，但在完全市场中，极化效应往往超过扩展效应，使区际差异加大。另外，技术条件不同也会使资本收益率大不相同，此时的资本要素流动会造成不发达区域资本要素更加稀缺，经济发展更加困难。缺陷之三，区域均衡发展理论从理性观念出发，采用静态分析方法，把问题过分简单化了，与发展中国家的客观现实距离太大，无法解释现实的经济增长过程，无法为区域发展问题找到出路。在经济发展的初级阶段，非均衡发展理论对发展中国家更有合理性和现实指导意义。

新古典主义区域均衡发展理论提出以后，在一些欠发达国家和地区的区域开发中，受到了一定程度的重视；对工业化过程中片面强调工业化，忽视地区之间、部门之间的均衡协调发展的倾向有所影响；强调均衡的、大规模投资和有效配置稀缺资源的重要性以及市场机制的局限性，实行宏观经济计划的必要性，为欠发达国家和地区的工业化和区域开发提供了一种理论模式，产生了一些积极的作用。该理论构建了一个庞大而严格的逻辑体系结构，认为经济发展动力来源于"报酬递减"、"比较优势"等，然而该理论是建立在一系列与现实相去甚远的假设条件之上的，不但把技术进步视作外生因素，没有纳入其分析框架之中，而且丢掉了区域（空间）的一个重要特征，即克服空间距离会发生运输费用。所有这一切，都与新古典主义所讲的前提条件相抵触。

二　区域非均衡发展理论

非均衡发展理论，以阿尔伯特·赫希曼为代表提出。该理论强调经济部门或产业的不平衡发展，并强调关联效应和资源优化配置效应。他认为，经济增长过程是不平衡的，发展中国家应集中有限的资源和资本，优先发展少数"主导部门"，尤其是"直接生产性活动"部门。

按发展阶段的适用性，非均衡发展理论大体可分为无时间变量、有时间变量两类。

1. 冈纳·缪尔达尔的循环累积因果关系理论。该理论认为，经济发展过程在空间上并不是同时产生和均匀扩散的，而是从一些条件较好的地区开始，一旦这些区域由于初始优势而比其他区域超前发展，则由于既得优势，这些区域就通过累积因果过程，不断积累有利因素继续超前发展，从而进一步强化和加剧区域间的不平衡，导致增长区域和滞后区域之间发生空间相互作用，由此产生两种相反的效应：一是回流效应，表现为各生产要素从不发达区域向发达区域流动，使区域经济差异不断扩大；二是扩散效应，表现为各生产要素从发达区域向不发达区域流动，使区域发展差异得到缩小。在市场机制的作用下，回流效应远大于扩散效应，即发达区域更发达，落后区域更落后。

缪尔达尔认为社会经济发展过程是一个动态的各种因素（产出与收入，生产和生活水平，制度和政策等六大因素）相互作用、互为因果、循环积累的非均衡发展过程。由于极化效应，劳动力、资本、技术等要素由落后地区向发达地区流动，经济发展中落后地区受到发达地区的不利影响后，地区经济差距扩大。当发达地区发展到一定程度后，由于人口稠密、资源枯竭、资本过剩、交通拥堵等原因，发达地区生产成本上升，外部经济效益减小，从而使经济增长的势头逐渐减弱。在这种情况下，资本、劳动力、技术等就会向不发达地区扩散出去，带动了落后地区的经济发展。基于此，缪尔达尔提出了区域经济发展的政策主张：在经济发展初期，政府应当优先发展条件较好的地区，以寻求较好的投资效率和较快的经济增长速度，通过扩散效应带动其他地区的发展，但当经济发展到一定水平时，也要防止累积循环因果造成贫富差距的无限扩大，政府必须制定一系列特殊政策来刺激落后地区的发展，以缩小经济差异。

2. 阿尔伯特·赫希曼的不平衡增长论。该理论认为，经济进步并不同时出现在每一处，经济进步的巨大推动力将使经济增长围绕最初的出发点集中，增长极的出现必然意味着增长在区域间的不平等是经济增长不可避免的伴生物，是经济发展的前提条件。他提出了与回流效应和扩散效应相对应的"极化效应"和"涓滴效应"。在经济发展的初期阶段，"极化效应"占主导地位，因此区域差异会逐渐扩大；但从长期看，"涓滴效应"将缩小区域差异。

3. 佩鲁的增长极理论。法国经济学家佩鲁首次提出的增长极概念的出发点是抽象的经济空间，是以部门分工所决定的产业联系为主要内容，所关心的是各种经济单元之间的联系。他认为增长并非同时出现在各部门，而是以不同的强度首先出现在一些增长部门，然后通过不同渠道向外扩散，并对整个经济产生不同的终极影响。显然，他主要强调规模大、创新能力高、增长快速、居支配地位的且能促进其他部门发展的推进型单元即主导产业部门，着重强调产业间的关联推动效应。布代维尔从理论上将增长极概念的经济空间推广到地理空间，认为经济空间不仅包含了经济变量之间的结构关系，也包括了经济现象的区位关系或地域结构关系。因此，增长极概念有两种含义：一是在经济意义上特指推进型主导产业部门；二是地理意义上特指区位条件优越的地区。应指出的是，点轴开发理论可看作增长极和生长轴理论的延伸，它不仅强调"点"（城市或优区位地区）的开发，而且强调"轴"（点与点之间的交通干线）的开发，以点带轴，点轴贯通，形成点轴系统。

4. 劳尔·普雷维什的"中心—外围"理论。该理论在考虑区际不平衡较长期的演变趋势基础上，将经济系统空间结构划分为中心和外围两部分，二者共同构成一个完整的二元空间结构。中心区发展条件较优越，经济效益较高，处于支配地位，而外围区发展条件较差，经济效益较低，处于被支配地位，因此，经济发展必然伴随着各生产要素从外围区向中心区的净转移。在经济发展初始阶段，二元结构十分明显，最初表现为一种单核结构，随着经济进入起飞阶段，单核结构逐渐为多核结构替代，当经济进入持续增长阶段，随着政府政策干预，中心和外围界限会逐渐消失，经济在全国范围内实现一体化，各区域优势充分发挥，经济获得全面发展。该理论对制定区域发展政策具有指导意义，但其关于二元区域结构随经济进入持续增长阶段而消失的观点是值得商榷的。

5. 威廉姆逊的倒"U"形理论。威廉姆逊把库兹涅茨的收入分配倒"U"形假说应用到分析区域经济发展方面，提出了区域经济差异的倒"U"形理论。他通过实证分析指出，无论是截面分析还是时间序列分析，结果都表明，发展阶段与区域差异之间存在着倒"U"形关系。这一理论将时序问题引入了区域空间结构变动分析。由此可见，倒"U"形理论的特征在于均衡与增长之间的替代关系依时间的推移而呈非线性变化。

综观无时间变量和有时间变量两类非均衡发展理论，其共同的特点是，二元经济条件下的区域经济发展轨迹必然是非均衡的，但随着发展水平的提高，二元经济必然会向更高层次的一元经济即区域经济一体化过渡。其区别主要在于，它们分别从不同的角度来论述均衡与增长的替代关系，因而各有适用范围。在关于增长是否不论所处发展阶段如何都存在对非均衡的依赖性问题上，这两类理论之间是相互冲突的。增长极理论、不平衡增长论和梯度转移理论倾向于认为无论处在经济发展的哪个阶段，进一步的增长总要求打破原有的均衡。而倒"U"形理论则强调经济发展程度较高时期增长对均衡的依赖。

不平衡发展理论遵循了经济非均衡发展的规律，突出了重点产业和重点地区，有利于提高资源配置的效率。这个理论出来以后，被许多国家和地区所采纳，并在此基础上形成了一些新的区域发展理论。

区域经济差异一直是区域经济学研究的核心问题之一，也是世界各国经济发展过程中的一个普遍性问题。其中的非均衡发展理论，最初是发展中国家实现经济发展目标的一种理论选择。但由于区域与国家在许多方面的相似性，使得该理论与均衡发展理论在区域开发与规划时，经常被引用和借鉴，成为区域经济发展战略选择的理论基础。

区域均衡发展理论与发展中国家的客观现实距离太大，不能解释现实的经济增长过程，无法为区域发展问题找到出路。在经济发展的初级阶段，非均衡发展理论对发展中国家更有合理性和现实指导意义。

三　点轴开发理论

点轴开发理论，最早由波兰经济学家萨伦巴和马利士提出。点轴开发理论是增长极理论的延伸，但在重视"点"（中心城镇或经济发展条件较好的区域）增长极作用的同时，还强调"点"与"点"之间的"轴"即交通干线的作用，认为随着重要交通干线如铁路、公路、河流航线的建立，连接地区的人流和物流迅速增加，生产和运输成本降低，形成了有利的区位条件和投资环境。产业和人口向交通干线聚集，使交通干线连接的地区成为经济增长点，沿线成为经济增长轴。在国家或区域发展过程中，大部分生产要素在"点"上集聚，并由线状基础设施联系在一起而形成"轴"。

该理论十分看重地区发展的区位条件，强调交通条件对经济增长的作用，认为点轴开发对地区经济发展的推动作用要大于单纯的增长极开发，也更有利于区域经济的协调发展。改革开放以来，中国的生产力布局和区域经济开发基本上是按照点轴开发的战略模式逐步展开的。中国的点轴开发模式最初由中国科学院地理所陆大道提出并系统阐述，他主张中国应重点开发沿海轴线和长江沿岸轴线，以此形成"T"字形战略布局。

第二节　经济增长理论

对经济增长的研究，可以从不同的方面进行，从而形成各有侧重的经济增长理论。对现代经济增长理论的重新思考，源自所谓外生增长和内生增长之间的差别。外生经济增长理论认为经济增长是由经济理论不能预见的所谓外生的技术进步所推动。而内生经济增长理论认为经济增长不依赖经济外部的力量（如外生的技术进步、外资等）的推动，主要由经济的内在力量（如内生的技术变化、资本积累等）推动的长期经济增长。因此，现代经济增长理论的研究大体上可以作这样一个划分：一类是将技术当成外生变量的经济增长理论，以罗伯特·索洛（R. M. Solow）为代表；另一类是将技术当成内生变量的经济增长理论，主要以20世纪80年代以来保罗·罗默（P. Romer）等人的新经济增长理论为代表。

近半个世纪以来，经济增长理论经历了一条由外生增长到内生增长的演进道路。在20世纪80年代中期，以罗默、卢卡斯（Lucas. R.）等为代表的一批经济学家，在对新古典增长理论重新思考的基础上，发表了一组以"内生技术变化为核心"的论文，探讨了长期增长的可能前景，重新引起了人们对经济增长理论和问题的兴趣，掀起了一股"新增长理论"（New Growth Theory）的研究潮流。

（一）外生经济增长理论

自亚当·斯密以来，整个经济学界围绕着驱动经济增长的因素争论了长达200多年，最终形成的比较一致的观点是：一个相当长的时期里，一国的经济增长主要取决于下列三个要素（Tanzi and Zee, 1997：180）：（1）随着时间的推移，生产性资源的积累；（2）在一国的技术知识既定的情况下，现在资源存量的使用效率；（3）技术进步。但是，20世纪60年代以来最流行的新古典经济增长理论，依据以劳动投入量和物质资本投入量为自变量的柯布－道格拉斯生产函数建立的增长模型，把技术进步等作为外生因素来解释经济增长，因此就得到了当要素收益出现递减时长期经济增长停止的结论。

古典经济增长理论的古典增长模型和哈罗德－多马经济增长模型对影响经济增长的各种力量以及决定增长过程的机制作了许多研究，他们认为，经济增长取决于投资的规模和资本产出率的大小，而投资来源于储蓄，因而经济增长最终由一国的储蓄率与资本的投资效率决定。后来，索洛等人提出一种强调技术进步的经济增长论。他们区分经济增长的两种不同的来源：由要素数量增加而产生的"增长效应"（Growth Effect）和因要素技术水平提高而带来的经济增长。索洛把后者称为"水平效应"（Level Effect）。其含义是指在不增加要素投入的情况下，技术进步可以改变生产函数，从而使生产函数向上移动，达到经济增长的目的。所以，外生经济增长理论认为经济增长是由经济理论不能预见的所谓外生的技术进步所推动。

（二）内生经济增长理论（Endogenous growth theory）

内生经济增长理论产生于20世纪80年代中期的一个西方宏观经济理论分支，其核心思想是认为经济能够不依赖外力推动实现持续增长，内生的技术进步是保证经济持续增长的决定因素。也就是说，在劳动投入过程中包含着因正规教育、培训、在职学习等而形成的人力资本，在物质资本积累过程中包含着因研究与开发、发明、创新等活动而形成的技术进步，从而把技术进步等要素内生化，得到因技术进步的存在要素收益会递增而长期增长率是正的结论。这与20世纪60年代以来最流行的新古典经济增长理论，依据以劳动投入量和物质资本投入量为自变量的柯布－道格拉斯生产函数建立的增长模型，把技术进步等作为外生因素来解释经济增长而得到的当要素收益出现递减时长期经济增长停止的结论恰好相反。内生经济增长理论认为，经济增长取决于经济系统本身，而不是像新古典增长理论所认为的那样是由外生技术进步所推动的。正因如此，内生增长理论的基本框架和基本方法，仍然被近期理论分析所采用。

罗默模型、卢卡斯模型和格鲁斯曼－赫普曼模型只是最著名的内生增长模型，还有很多其他模型侧重不同的增长方面，诸如金和罗伯森（King and Robson, 1993：445－466）的知识传播内生增长模型、阿格赫恩和豪威特（Aghion and Howitt, 1992：323－351）的模仿与创造性消化内生增长模型以及杨（Young, 1991：369－405）的国际贸易内生增长模型。所有这些模型表达出来的一个重要思想是：企业是经济增长的最终推动力，特别是这些模型试图说明企业如何积累知识，这种知识广义地包括人力资本和技术变化（Rogers, 1997：43）。这种知识积累表示为增加人力资本、生产新产品和提高产品质量。这些模型表明，知识和积累过程会出现外部性或知识外溢效应，需要政府政策的干预：各种政策旨在扶持研究与开发、革新、人力资本形成，甚至关键性产业部门。

80年代以来，随着经济学家对于内生增长理论的研究不断深入，研究取得了新的进展，提出了许多包含外在收益递增和知识外溢的内生型经济增长模式，主要有罗默的"收益递增增长模式"、卢卡斯的"专业化人力资本积累增长模式"、普雷斯科特和鲍依德（E. Prescott and J. Boyd）的"动态联合体资本增长模式"、杨小凯和博兰（Yang Xiaokai and Borland. J.）的"劳动分工演进模式"、阿尔文·扬（Alwyn Young）的"创新与有限的边干边学模式"。原有的内生增长模型不断精致化。内生经济增长理论又以新增长理论为代表，罗默则是新增长理论的标志性人物。他的内生型生产函数模型是新增长理论中最主要、最有代表性的。

内生增长理论主要在完全竞争假设下考察长期增长率的决定因素。内生增长模型又包含两条具体的研究思路。第一条是罗默、卢卡斯等人用经济范围的收益递增、技术外部性解释经济增长的思路，代表性模型有罗默的知识溢出模型、卢卡斯的人力资本模型、巴罗模型等。第二条是用资本持续积累解释经济内生增长的思路，代表性模型是琼斯－真野模型、雷贝洛模型等。完全竞争条件下内生增长模型存在一定的缺陷：一是完全竞争假设条件过于严格，限制了模型的解释力和适用性；二是完全竞争假设无法较好地描述技术商品的特性、非竞争性和部分排他性，并使一些内生增长模型产生逻辑上的不一致。

近年来，我国提出了经济增长方式要从粗放型向集约型转变，而国际上衡量集约型增长方式的主要指标是全要素生产率（Total Factor Productivity，TFP），这也正是内生增长理论的核心问题。

（三）新增长理论

新增长理论最重要的突破是将知识、人力资本等内生技术变化因素引入经济增长模式中，提出要素收益递增假定，其结果是资本收益率可以不变或增长，人均产出可以无限增长，并且增长在长期内可以单独递增。技术内生化的引入，说明技术不再是外生的人类无法控制的东西，而是人类出于自身利益而进行投资的产物。新增长理论主要有以下五大研究思路：（1）知识外溢和边干边学的内生增长思路；（2）内生技术变化的增长思路；（3）线性技术内生的增长思路；（4）开放经济中的内生增长思路；（5）专业化和劳动分工的内生增长思路。

新增长理论将技术视为经济系统的内生变量，突破了新古典增长理论的研究框架，把技术纳入经济学的研究范围之内，其关于知识、技术是现代经济增长的决定因素的论证，有助于认识技术创新在现代经济中所具有的至关重要的作用。然而，新增长理论在强调知识、技术和人力资本的同时，忽略了制度、市场等因素。将制度演变引入经济增长的是诺斯（Douglass North），他重视制度因素的分析，把制度作为经济增长的内生变量加以考虑，运用现代产权理论说明制度变迁与经济增长的关系。

新增长理论的出现标志着新古典经济增长理论向经济发展理论的融合，它全力解决经济科学中一个重要且令人困惑的主题：增长的根本原因。这一融合的显著特点是，强调经济增长不是外部力量（如外生技术变化），而是经济体系的内部力量（如内生技术变化）作用的产物，重视对知识外溢、人力资本投资、研究和开发、收益递增、劳动分工和专业化、边干边学、开放经济和垄断化等新问题的研究，重新阐释了经济增长率和人均收入的广泛的跨国差异，为长期经济增比提供了一幅全新的图景。这一理论自20世纪80年代产生以来，迅速成为理论关注的焦点，对世界经济增长，尤其对发展中国家经济产生了重要的影响。

第三节 后发优势理论

后发优势是后起国家在推动工业化方面的特殊有利条件，这一条件在先发国家是不存在的，是与其经济的相对落后性共生的，是来自落后本身的优势。后发展是相对于先发展而言的，因而后发优势涉及的主要是时间维度，至于国家之间在人口规模、资源禀赋、国土面积等方面的差别则不属于后发优势范畴，而与传统的比较优势相关。

美国经济史学家亚历山大·格申克龙（Alexander Gerchenkron）在总结德国、意大利等国经济追赶成功经验的基础上，于1962年创立了后发优势理论。所谓"后发优势"，也常常被称作"落后得益"、"落后的优势"、"落后的有利性"等。格申克龙对19世纪德国、意大利、俄国等欧洲较为落后国家的工业化过程进行了分析，包含以下几个层次的含义。

第一个层次的含义即所谓"替代性"的广泛存在。替代性的意义不仅在于资源条件上的可选择性和时间上的节约，更重要的在于使后起国家能够也必须根据自身的实际，选择有别于先进国家的不同发展道路和不同发展模式。他强调了存在着多种途径达到同一种效果或者是从事相类似活动的可能性。因此，所谓替代性，实质上指的就是这样一种取得同样结果的手段或是器具的替代性。在制度安排上的多样性和可选择性，对先进技术的模仿和借用，使后发国家一开始就可以处在一个较高的起点，少走很多弯路。

第二个层次的含义是指后起国家引进先进国家的技术、设备和资金。格申克龙指出，引进技术是正在进入工业化国家获得高速发展的首要保障因素。后起国家引进先进国家的技术和设备可以节约科研费用和时间，快速培养本国人才，在一个较高的起点上推进工业化进程；资金的引进也可解决后起国家工业化中资本严重短缺的问题。

第三个层次的含义是指学习和借鉴先进国家的成功经验，汲取其失败的教训。在这方面，后发优势主要表现为后起国家在形成乃至设计工业化模式上的可选择性、多样性和创造性。后发国家可以借鉴先进国家的经验教训，避免或少走弯路，采取优化的赶超战略，从而有可能缩短初级工业化时间，较快进入较高的工业化阶段。

第四个层次的含义是指相对落后会造成社会的紧张状态。格申克龙指出，在一个相对落后的国家，会产生经济发展的承诺和停滞的现实之间的紧张状态，激起国民要求工业化的强烈愿望，以致形成一种社会压力。这种压力，一方面源于后起国家自身经济的相对落后性及对维护和增进本国利益的考虑；另一方面也是先进国家的经验刺激和歧视的结果。"落后就要挨打"，这在人类世界似乎永远要作为普遍法则而运行。因此，落后国家普遍提出要迅速实现工业化的要求。

美国社会学家 M. 列维从现代化的角度将后发优势理论具体化。列维认为后发优势有五点内容：（1）后发国家对现代化的认识要比先发国家在自己开始现代化时对现代化的认识丰富得多。（2）后发国家可以大量采用和借鉴先发国家成熟的计划、技术、设备以及与其相适应的组织结构。（3）后发国家可以跳过先发国家的一些必经发展阶段，特别是在技术方面。（4）由于先发国家的发展水平已达到较高阶段，可使后发国家对自己现代化前景有一定的预测。（5）先发国家可以在资本和技术上对后发国提供帮助，列维尤其提到资本积累问题。认为先发式现代化过程是一个逐步进化的过程，因而对资本的需求也是逐步增强的。后发式现代化因在很短的时间内迅速启动现代化，对资本的需求就会突然大量增加，因此后发国家需要特殊的资本积累形式。实行这种资本积累，也必然要有政府的介入。

继列维之后，1989 年阿伯拉莫维茨（Abramoitz）又提出了"追赶假说"，即无论是以劳动生产率还是以单位资本收入衡量，一国经济发展的初始水平与其经济增长速度都是呈反向关系的。阿伯拉莫维茨同时指出，这一假说的关键在于把握"潜在"与"现实"的区别，因为这一假说是潜在的而不是现实的，只有在一定的限制下才能成立。第一个限制因素是技术差距，即后发国家与先发国家之间存在着技术水平的差距，它是经济追赶的重要外在因素，正因为存在技术差距才使经济追赶成为可能。即生产率水平的落后，使经济的高速发展成为可能。第二个限制因素是社会能力，即通过教育等形成的不同的技术能力，以及不同的政治、商业、工业和财经制度，它是经济追赶的内在因素。即与其说是处于一般性的落后状态，不如说是处于技术落后但社会进步的状态，才使一个国家具有经济高速增长的强大潜力。

1993年，伯利兹（Brezis）、保罗·克鲁格曼（Paul Krugman）等在总结发展中国家成功发展经验的基础上提出了基于后发优势的技术发展的"蛙跳"（Leap-frogging）模型。它是指在技术发展到一定程度、本国已有一定的技术创新能力的前提下，后发国家可以直接选择和采用某些处于技术生命周期成熟前阶段的技术，以高新技术为起点，在某些领域、某些产业实施技术赶超。1995年，罗伯特·巴罗（Robert J·Barro）和萨拉·易·马丁（Sala-i-Martin）假定一国进行技术模仿的成本是该国过去已经模仿的技术种类占现有技术总数量比例的增函数，也就是说，一国过去模仿的技术越多，其继续实行技术模仿的相对成本就越高。1996年，范·艾肯（R. Van Elkan）在开放经济条件下建立了技术转移模仿和创新的一般均衡模型，他强调的是经济欠发达国家可以通过技术的模仿、引进或创新，最终实现技术和经济水平的赶超，转向技术的自我创新阶段。

格申克龙的后发优势理论，首次从理论高度展示了后发国家工业化存在着相对于先进国家而言取得更高时效的可能性，同时也强调了后发国家在工业化进程方面赶上乃至超过先发国家的可能性。列维则强调了现代化进程中，后发国家在认识、技术借鉴、预测等方面所具有的后发优势。阿伯拉莫维茨提出的"追赶假说"，伯利兹、克鲁格曼等提出的"蛙跳"模型，都指出后发国家具有技术性后发优势，并讨论了后发优势"潜在"与"现实"的问题。巴罗和萨拉·易·马丁以及范·艾肯等人又从计量经济学的角度，验证了经济欠发达国家可以通过技术的模仿、引进或创新，最终实现技术和经济水平的赶超。后发优势理论的提出和发展研究，为后发地区的加速发展提供了理论依据和现实途径。

马克思主义经济学家虽然没有专门论述后发优势问题，也没有使用后发优势的概念，但从他们的著作中，从不同的角度谈论了这一问题。在马克思和恩格斯看来，社会主义的成功相对于他们所批判的资本主义而言就是一种后发优势。马克思认为，共产主义是在吸收、继承发达资本主义国家所取得的一切文明成果基础上，社会物质文明和精神文明都达到高度均衡发展的社会。不发达国家不吸收资本主义的文明成果，是不可能过渡到社会主义的，也就难以实现跨越资本主义"卡夫丁峡谷"。列宁进一步发展了马克思和恩格斯的思想。他反复多次地强调要借鉴资本主义的宝贵经验，继承资本主义遗留下来的全部文化遗产，这些经验和遗产包括科学技术、知识和艺术、管理经验与各类人才。列宁认为，在俄国发动社会革命容易，但建设却比西欧发达国家困难得多，因为在俄国资本主义的发展明显不足，致使大工业生产力和商品经济发展程度低，广大群众的民主素质和科学文化素质不高，封建主义残余和影响较严重等。经典作家们的论述充分显示出他们对这一问题的敏锐观察。

我国学者结合中国实际，提出并阐述了"后发优势驱动假说"，指出后发地区通过引进、模仿、学习（包括技术和制度两方面），可获得后发利益（Late-developing Advantage），从而具有后发优势。由于其学习成本（Learning Cost）大大低于创新成本，使后发优势（包括技术性后发优势和制度性后发优势）不小于先发优势。这种由后发利益而具有的后发优势是后发地区追赶式高速增长的主要动因。

上述理论分析表明，作为后发地区存在着以有别于先发地区的方式或途径来达到与先发地区同样发展水平或状态的可能性，即后发地区也存在着因其相对落后所拥有的特殊利益。这种益处既不是先发地区所能拥有的，也不是后发地区通过自身努力创造的，而完全是与其经济的相对落后性共生的，这种特殊利益既有技术性的，也有制度性的。但是，这种后发优势是潜在的不是现实的，只有通过自身努力、创造条件，才能使潜在变为现实。就我国目前的现状而言，东部地区属于先发地区，西部地区则是后发地区。因此，西部地区在实现经济增长、经济赶超过程中，要从实际出发、创造条件，通过引进、模仿、学习，充分发挥技术性和制度性的后发优势，从而实现地区经济高速增长。

第四节 贫困与反贫困相关理论

贫困问题是经济学研究的永恒主题，而消除贫困则是世界各国努力的共同目标。贫困作为特定的社会经济现象为人们所重视，其被纳入理论研究的领域主要是从20世纪50—60年代开始，贫困理论主要研究的重点是"什么是贫困"，因此，具体的研究内容主要包括贫困线的测量、贫困人口的界定、贫困程度的度量以及反贫困政策的设计。因此，贫困理论和反贫困理论是相辅相成的，贫困理论的研究是制定反贫困政策的前提和基础，反贫困政策的设计和实施则是贫困研究的最终目的，二者不可或缺。

关于贫困研究比较有代表性的理论主要有空想社会主义者的贫困理论、马克思主义的贫困理论和西方经济学者的贫困理论，基于不同的历史时期以及不同的研究目的，他们分别从不同的角度对贫困理论进行了阐述。

空想社会主义的贫困理论主要是把贫困视为"资本主义制度违反理性原则的集中表现，贫困被看作私有制的产物：是在资本主义制度下由富裕产生的"，由此消灭贫困的根本途径在于消灭私有制。空想社会主义者对贫困的研究是从政治变革的立场出发的，除了对早期资本主义社会贫困现象进行较为详细的描述外，对贫困问题本身却并没有什么实质性的研究。

马克思主义理论中所涉及的贫困是早期资本主义发展中的贫困问题，马克思的贫困学说，是关于资本主义制度下无产阶级贫困化及其趋势的理论，他从制度层次上揭示了贫困产生的根源。他指出在资本私有制以及由此产生的"雇佣劳动制"存在的前提下，资本积累的增长给无产阶级带来的不是社会福音，而是贫困积累的厄运。资本积累的后果必然是：一极是资产阶级财富的积累；另一极是无产阶级贫困的积累。但无产阶级如何改善自己的贫困命运呢？制度是造成无产阶级贫困化的根源，必须从制度本身寻找答案，在改变旧制度、建立新制度中实现反贫困的目标。面对资本主义制度和无产阶级的贫困状况，他们预言：制度更迭将是彻底解决无产阶级贫困问题的唯一途径。马克思主义的贫困理论揭示了资本主义制度下无产阶级贫困化的本质和根源以及无产阶级贫困化增长的趋势，同时也指明了无产阶级摆脱贫困命运的根本出路——消灭私有制，消灭雇佣劳动制度。虽然马克思主义的贫困理论也涉及贫困研究的一些具体层次，如绝对贫困分析，但并不着意于贫困研究本身。马克思主义的贫困理论是服务其资本和剩余价值理论的，在于通过贫困的分析批判资本主义制度说明、论证其政治主张。并且这种贫困研究主要是以资本主义工业化过程中的无产阶级贫困化为主，并没有涉及落后的非资本主义国家或后来的发展中国家的贫困问题，更不用说20世纪90年代以来一些社会主义国家在转型中面临的贫困问题。现在看来，贫困是一个很复杂的社会经济问题，资本主义制度下的无产阶级贫困化，只是社会贫困中的一种存在形式，现代社会中贫困还有其他的表现形式。

在西方经济学者的贫困理论中,具有代表性的主要有马尔萨斯的贫困理论;发展经济学的贫困理论,以纳克斯的"贫困恶性循环理论"、纳尔逊的"低水平均衡陷阱理论"、莱宾斯坦的"临界最小努力理论"、缪尔达尔的"循环积累因果关系理论"以及劳尔·普雷维什的"中心—外围"理论等为代表;主流经济学的贫困理论,以阿瑟·奥肯的"漏桶理论"和保罗·A. 萨缪尔森提出的"收入可能性曲线"为代表;福利经济学的贫困理论以霍布森、阿瑟·庇古和阿玛蒂亚·森为标杆性人物。20 世纪 60 年代以来,福利经济学和发展经济学在贫困理论研究领域所取得的成就较为抢眼。

马尔萨斯认为贫困的产生不应归责于资本主义私有制,而是由贫困自身造成的,因为在食物供应允许的情况下,人口会最大限度地扩张,而人口的迅速增加将会导致劳动力供给的增加,从而对有限的土地资源形成压力,一旦此种状况趋于恶化,将导致饥荒和死亡的增加;而且,从长期来看,食物供给的增加滞后于人口的增长,因此贫困是不可避免的,它与私有制毫不相干。为了更好地减少贫困的发生,必须在增加食物供给的同时限制人口增长的速度。纳克斯认为发展中国家之所以会长期存在贫困,主要是:从供给方面来看,发展中国家的收入水平较低,从而意味着低水平的储蓄率,由此将造成资本形成不足,进而阻碍了劳动生产率的提高,低的生产能力导致低产出,同时低产出导致低收入;从需求方面来看,发展中国家的低收入会导致人们的购买力低下,从而造成投资不足。因此,从这个角度来看,为了走出"贫困的恶性循环",必须致力于提高人们的收入水平。纳尔逊以"贫困恶性循环理论"为基础,提出了"低水平均衡陷阱理论",他认为,只要实际人均收入水平低于人均收入的理论值,国民收入的增长就要被更快的人口增长所抵消,使人均收入回到维持生产的水平上,并且保持不变;当人均收入水平大于这一理论值时,国民收入超过人口增长时,人均收入相应增加,直到国民收入下降到与人口增长相等的水平。在这一点上,人口增长和国民收入达到新的均衡,因此在一个最低人均收入水平增长到与人口增长率相等的人均收入水平之间,存在一个"低水平均衡陷阱"。在这个陷阱中,任何超过最低水平人均国民收入的增长都将由人口增长所抵消。如果其他条件不变,这种均衡也是稳定的。发展中国家必须进行大规模的资本投资,使投资和产出的增长超过人口增长,才能冲出"低水平均衡陷阱"。尽管这些理论有其自身的侧重点,从而不可避免地造成了不同程度的片面性,但为人们从不同角度对贫困进行深入的分析提供了借鉴作用。另外,阿瑟·奥肯等主流经济学家从公平与效率的角度对贫困进行了理论解释,他从"既要注意解决一部分人的贫困问题,又要发挥好市场机制对效率的促进作用"的目的出发,还提出了"在平等中注入某些合理性,在效率中注入某些人性"的解决贫困问题原则方案,即在全球化的过程中,寻找廉价劳动力的富国资本应该流向穷国,而劳动力应该从低薪地区移往高薪地区。结果,在劳动力和资本,最终是收入方面,贫富国家最终将融合在一起。阿玛蒂亚·森从能力贫困的角度来关注隐藏在贫困背后的因素,指出,贫困的实质是能力的缺乏,人们如果拥有这种能力,就相当于拥有了发展和致富的机会。因此,"贫困不仅仅是收入的低下,而是基本可行能力的剥夺",他认为消除贫困的根本途径在于重建个人能力。

第五节 区域自我发展能力理论

一 自身能力理论

目前学术界对于落后区域自我发展能力还没有一个比较清晰的概念界定,但是很多学者对于与此相关的一些认识却富有洞察力,对本研究很有启发。在我国,每年都会出版年度区域竞争力报告、城市发展报告等,政府每年也会举行全国经济百强县、西部经济百强县评比活动等,这些报告、评比其实都是围绕着区域自我发展能力展开的。下面我们分别从微观和宏观的角度对有关"区域自我发展能力"的研究进行回顾。

(一) 微观个人和企业角度的解释

从微观角度来看,国内外关于区域自我发展能力的研究主要体现在两个方面:个人能力和企业自生能力。

1. 个人能力角度

亚当·斯密(1776)认为分工可以提高劳动效率,进而增强个人创造财富的能力。[①] 在讨论分工与专业化问题时,学术界有不同的研究思

---

① Smith, Adam, *An Inquiry into the Reprint*, edited by Cannan, Chicago: Nature and Causes of the Wealth of Nations, University of Chicago Press, 1976.

路：李嘉图（D. Ricardo, 1817）强调外生比较优势与分工的关系①；罗森（Rosen, 1982）、贝克尔（Becker, 1981）、杨小凯（2003）、博兰德（Borland, 1992）和黄有光（1997）等新兴古典经济学家采用"超边际分析"的方法探讨了这一问题。他们的研究有一个共同的结论——在不考虑时间因素时，分工可以使天生相同的人的真实收入不相等。他们认为这种差别的本源是个人能力出现了分异。②

田官平等（2001）认为自我发展能力就是自力更生的能力，即充分依靠和发挥自己的内在潜能来发展自己的能力。③ 周亚成等（2003）认为自我发展能力来源于自身本体，表现为与社会发展相吻合的内部推动力量，它包括两个方面的内容：一方面是对自身生产、生活的认识与操作能力；另一方面是与社会整体的联系与融合能力。④ 曾艳华（2006）还从内力、外力和综合能力三个维度对农民的发展能力进行了解构，探索了农民发展能力提升的途径。⑤

2. 企业自生能力角度

马歇尔、彭罗斯（Edith Penrose, 1959）以及理查德森（George B. Richardson, 1972）等新古典经济学家以企业为主要研究对象，发展了企业能力理论，成为 20 世纪后期经济学的一个研究热点。⑥

林毅夫（1999）从资源禀赋的角度提出了"企业自生能力"的概念。他认为在自由竞争的市场经济中，一个正常经营的企业在没有外部扶持的情况下，如果能够获得不低于社会可接受的正常利润水平，那么，这个企业就是有自生能力的。反之，如果一个正常经营的企业的预期利润低于社会可接受的水平，则不会有人投资于这样的企业，那么，我们就说这样的企业就是没有自生能力的，因为它只有靠政府的扶持才能够生存。⑦

---

① D. Ricardo（1817）, *The Principle of Political Economy and Taxation*, London: Gaemsey Press, 1973.

② 王科：《中国贫困地区自我发展能力研究》，博士学位论文，兰州大学，2008 年，第 59—70 页。

③ 田官平、张登巧：《增强民族地区自我发展能力的探讨》，《吉首大学学报》（社会科学版）2001 年第 2 期。

④ 周亚成、兰彩萍：《新疆牧区少数民族自我发展能力浅析》，《新疆大学学报》2003 年第 6 期。

⑤ 曾艳华：《农民发展能力的问题与对策》，《改革与战略》2006 年第 6 期。

⑥ 王科：《中国贫困地区区域自我发展能力解构与培育》，《甘肃社会科学》2008 年第 3 期。

⑦ 林毅夫：《自生能力、经济转型与新古典经济学的反思》，《经济研究》2002 年第 12 期。

赵建吉（2007）认为企业的发展是区域发展的根本，无论是居民的收入还是政府的财政收入，其主体都是来自具有"自生能力"的企业。①李庆春（2007）基于比较优势原则，认为如果一个区域推行与本地资源禀赋相一致的经济战略和政策，选择与本地资源禀赋相符的产业和技术，使本地企业在激烈的市场竞争中存活并发展起来，本地的企业就会是具备自生能力的，那么这样一个存在着大量具备自生能力企业的区域就是有"自生能力的区域"。②也尽管这些概念涉及区域的概念，由于他们都着眼于有自生能力的企业，所以本书将其归为企业的角度，这与我们下面即将要讨论的"宏观区域"的角度是有区别的。

（二）宏观区域角度的解释

姜安印（2005）认为区域自生能力是指一个区域的自然生产力和社会生产力的总和，是对一个区域的自然资本、物质资本、人力资本和社会资本积累状况的整体描述。③

李胜刚等（2006）认为自我发展是区域内部产生的发展，他是能够促进区域经济、社会和其他方面和谐、平衡、长效发展的一种自我能力，并且这种自我发展能力在诸要素中占据根本地位并发挥根本作用。④

罗晓梅等（2007）从哲学的角度研究了生存方式变革与自我发展能力，认为西部自我发展能力的现实性表现固然是经济学的，即以西部制度创新为基础的区域创新能力和竞争能力，但经济的自我发展能力还应该包括"人"，特别是个体的经济实践能力。⑤

吴传钧（1997）认为要增强西部地区自我发展的能力，不仅要对西部地区实施政策倾斜，还要增加财政支持，加强基础设施和农牧业商品性生产基地建设，加大扶持力度，实施科技扶贫，加强基础教育工程，提高全民素质，改善生活条件和投资环境，呼吁更多的产业资本投向西部

---

① 赵建吉：《基于区域自生能力的胶新铁路经济带构建》，《河南科学》2007年第6期。
② 李庆春：《基于区域自生能力的中部崛起战略》，《特区经济》2007年第2期。
③ 姜安印：《主体功能区：区域发展理论新境界和实践新格局》，《开发研究》2007年第2期。
④ 李胜刚、畅向丽：《西部民族地区农村自我发展问题研究》，《甘肃社会科学》2006年第6期。
⑤ 罗晓梅、何关银、陈纯柱：《从生存方式变革看待发展——西部生存方式变革与自我发展能力研究》，重庆出版集团2007年版，第261—298页。

地区。①

王科（2008）认为区域自我发展能力包括三个方面：（1）区域社会发展能力；（2）区域自然生态环境可持续发展能力；（3）区域经济集聚能力。在这个系统中，社会发展能力是形成区域自我发展能力的基础，自然生态环境可持续发展能力是形成区域自我发展能力的导向，经济集聚能力是形成区域自我发展能力的有力保障。②

综上所述，尽管学术界对区域自我发展能力从微观和宏观的层面进行了解读，但是对于区域自我发展能力提升的理论基础和获得方式的研究却并不多见，尤其是对承接产业转移这一司空见惯的现象与落后区域自我发展提升之间的关系研究就更稀少了。基于此，本书将从内生增长理论出发，探寻全球价值链分工背景下的落后区域承接产业转移与自我发展能力提升的相关问题。

二　能力建设研究

新一轮西部大开发政策定位于可持续发展，并从西部地区发展过程中的困难与挑战以及区域经济地理的特征出发，着眼于培育西部地区的"内生发展能力"的建设。具体表现在以下几个方面的研究。

1. 完善公共制度、基础设施与干预措施的多维框架。公共制度、基础设施与干预措施等一体化政策工具的适用性广，是重塑经济地理的重要手段。制定新一轮西部大开发政策，仍然需要继续完善公共制度、基础设施、干预措施的多维行动框架。就公共制度而言，首先，需要以西部地区内部的基础教育为重点，强化对人力资源的投资，完善可携带投资的公共制度；其次，需要削弱西部地区与东部地区之间财政能力与公共服务提供方面的不平等，完善公共服务的转移支付制度；最后，需要以纠正市场扭曲为重点，加快将东部地区放松管制政策推广到西部地区的进程，同时将放松管制政策扩大到户籍制度、国有垄断体系与地方保护主义等，加速促进国内市场一体化。运用连接性的基础设施促进边远地区与国内市场一体化是个漫长的过程，需要政策制定者的坚持不懈。尽管第一轮西部大开发政策非常重视西部地区内部基础设施的建设，且取得了突出的成绩，但从

---

① 吴传钧：《增强我国西部地区自我发展能力是根本》，《学会月刊》1997年第11期。
② 王科：《中国贫困地区自我发展能力研究》，博士学位论文，兰州大学，2008年，第59—70页。

横向比较来看,西部地区内部的基础设施仍然严重滞后于东部沿海地区。因此仍然需要在新一轮西部大开发中继续强化连接性的基础设施政策。不过,需要强调的是,基于日本边远地区发展政策的经验与教训,基础设施投资战略的选择需要协调好西部地区内部的社会规划与交通体系、通信系统、能源设施等物质基础设施的关系。通过干预措施促进边远地区的经济投资,是平衡区域经济发展最常见的方式,但结果常常并不尽如人意。事实上,干预措施的作用是弥补制度与基础设施方面的不足,干预措施必须尊重市场信号的作用,并妥善处理政府干预与市场选择的关系。借鉴日本与英国的经验与教训,在新一轮西部大开发中,针对西部地区的干预措施不但需要充分挖掘区域内部的自然地理优势,并针对这种地理优势因地制宜地出台干预措施,例如针对资源优势调整资源税以确保资源收益能够回归本地等;而且需要协调西部地区内部各级政府层面的干预措施与中央部委层面宏观政策之间的关系。

2. 推动外部援助、产业模式、开发主体的战略转型。基于对第一轮西部大开发政策的反思,新一轮西部大开发需要推动外部援助、产业模式与开发主体的战略转型。在第一轮西部大开发中,尽管以增加资金投入为重点的外部援助促进了西部经济总量的增长,但这种模式无法保证经济增长的持续,因此需要推动外部援助的战略转型。首先,要将外部援助的目标定位于培育西部地区自我发展的创造能力与可持续发展的竞争能力;其次,需要通过成立"西部地区发展基金"、"产业发展基金"等形式,确保新一轮西部大开发中外部援助资金的充裕与可持续性;再次,需要将政府的外部援助转换成能够调动区域政府的积极性并带动民间资本投资的引导资本;最后,外部援助不但需要强化对基础设施、生态环境等的援助,而且需要重视内生发展所需要的技术进步与中小企业成长等。产业是一个地区经济发展的核心与基础,西部地区的内生发展必须催生产业关联度高、附加值能回归本地的产业开发模式。在第一轮西部大开发过程中,区域内部丰富的资源优势并未给西部地区带来丰厚的经济利益。针对这种现状,新一轮西部大开发需要推动产业开发模式的战略转型。首先,要以西部地区的资源、能源优势为依托,将现有资源的简单开发向精深加工、加工制造环节推进,在拓展产业链条中实现资源开发价值回归本地;其次,需要因地制宜地发挥西部地区各省的地方特色,并将这种特色与新经济部门(如特色农业、特色旅游、新能源、新材料等)结合起来,在错位发展中构建具有区域特色的产业体系。最后，要以科技进步和自主创新为核心，积极发展战略性新兴产业，构建具有核心竞争力的现代产业集群。①区域发展是一个本地社会动员的过程，区域内部的居民应该是地区开发的主体。在新一轮西部大开发过程中，西部地区的开发主体应由国有企业，尤其是中央所属国有企业，向民营资本，尤其是西部地区内部民营企业转变。在这个过程中，政府需要通过优化民营经济的发展环境、放宽产业准入限制、加大对民营企业的扶持力度等方式，促使区域内部的民营企业成为西部地区经济发展的主角。

3. 重视人文发展、技术进步与中小企业的持续成长。新一轮西部大开发还需要重视区域内部的人文发展、技术进步与中小企业的持续成长，刺激西部地区形成自我发展的创新能力与持续发展的竞争能力，从而实现内生发展。由于人文发展的手段并不只局限于经济增长，教育、医疗卫生、社会保障、技术等相对于人的自由的实现与选择的扩大都是人文发展的手段。因此新一轮西部大开发首先需要从培养和提高地区居民的能力入手，这包括教育培训的投资和营养、健康方面的投资，充分挖掘区域内部的人力资本；其次，需要实现社会保障的广泛覆盖，强调居民生活的尊严与自信；最后，需要强调西部地区内部居民的政策参与以及参与能力，关注人的能动性在政策、社会制度变革中的作用。继续强化技术进步对西部内生发展的驱动作用，一方面需要加快西部地区技术进步的步伐，增加区域内部技术进步的总量规模；另一方面需要充分利用现有技术进步的成果，加速技术成果的产业化运作。这首先要求西部地区重视技术进步过程中企业的"主体"地位与市场的"导向"作用，通过建立价值最大化的企业制度与功能完善的市场体系，优化技术进步环境②；其次，通过财政税收等改善供给方的激励政策、政府采购等需求方的激励工具，促进西部地区的技术进步并帮助区域内企业进行技术升级；最后，需要加快科技成果向生产力转化，强化技术创新对区域经济发展的推动作用。尽管在落后地区挖掘中小企业的成长潜力对区域发展政策来说是一个巨大挑战，但新一轮西部大开发仍然需要高度重视中小企业的持续成长。这就需要整合国家层面与地方层面支持中小企

---

① 盛广耀：《新一轮西部大开发的战略思考》，《贵州社会科学》2011年第12期。
② 世界银行：《促进以企业为主体的技术创新》，2009年，世界银行官方网页（http://www.worldbank.org.cn）。

业的政策，一方面通过放宽市场准入、营造宽松环境等措施促进西部地区内部新企业的形成，从而扩大中小企业的数量；另一方面通过财政税收支持、完善资本市场服务等措施解决西部地区中小企业发展所面临的问题，充分挖掘中小企业的成长潜力。

第三章 西部问题地区研究

第一节 西部贫困地区研究[①]

一 贫困的概念、标准、成因、类型

（一）贫困的概念

关于贫困的概念，仁者见仁，智者见智，至今仍未形成统一的定义。如朗特里（1901）和劳埃德·雷诺兹、童星、林闽钢（1993）等主要从收入角度来对贫困概念进行阐述，认为贫困是指"总收入水平不足以获得仅仅维持身体正常功能所需的最低生活必需品"。世界银行在《1980年世界发展报告》中提到"贫困是指当某些人、某些家庭或某些群体没有足够的资源去获取他们在那个社会公认的，一般都能享受到的饮食、生活条件、舒适和参加某些活动的机会"。1990年的《世界发展报告》对传统的贫困定义进行了补充，加入了能力因素，即认为贫困是指"缺少达到最低生活水准的能力"。随着对贫困问题认识的不断深化，许多人开始尝试从人文角度来对贫困程度进行衡量，在《1997年人类发展报告》中首次提出了"人文贫困"的概念，认为贫困指的是"缺乏人类发展最基本的机会和选择——长寿、健康、体面的生活、自由、社会地位、自尊和他人的尊重等"。1998年阿玛蒂亚·森对贫困的概念进行了进一步的扩充，提出了能力贫困的概念。在《作为能力剥夺的贫困》一书中指出："贫困必须被视做一种对基本能力的剥夺，而不仅仅是收入的低下。"其后，贫困的内涵得到了更广泛的扩充，如世界银行在《2000/2001年世界发展报告》中指出贫困主要指"没有权力、没有发言权、脆弱性和恐惧感"。此外，其他学者如罗伯特·坎勒（1995）提出了脆弱性贫困的观点；詹姆斯·沃尔芬森等（2004）提出了权力性贫困；到20世纪末21世纪初，世界银行在1990年《世界发展报告》中提出的长期贫困的概念，也称为慢

[①] 据世界银行的估计，现阶段"无论是以收入贫困率还是消费贫困率来衡量，几乎所有（99%）的贫困人口都是在农村地区"。因此，本书中的贫困若无特别限定，均指农村贫困。

性贫困。

国内关于贫困的概念比较权威的主要有国家统计局（1989）年提出的"贫困一般是指物质生活困难，即一个人或一个家庭的生活水平达不到一个社会可接受的最低标准"。康小光（1995）、关信平（1999）和刘家强（2005）主要从社会地位差与获取资源能力低的角度来对贫困进行了界定。综上所述，关于贫困概念的研究范围十分广泛，不仅包括社会、文化等方面，随着研究的深入，对贫困定义的认识也不断从收入贫困过渡到能力贫困和权力贫困等方面。

（二）贫困的标准

20世纪初，朗特里在对英国约克郡工人家庭贫困问题进行研究的基础上提出了绝对贫困的概念，并通过制定贫困线来对贫困家庭进行衡量。随着绝对贫困不断受到质疑，20世纪60年代，蒂特马斯、史密斯等提出了相对贫困的概念。这两个概念都以贫困线为基础，国际上关于贫困线的测定主要有比例法、数学模型法、恩格尔系数法、基本需求法、马丁法等。随着人们对贫困概念认识的不断复杂化，贫困对象的衡量也逐渐由单维向多维过渡，莫里斯（1979）构建了生活质量指数（PQLI）；20世纪90年代初，联合国开发计划署提出了人类发展指数（HDI）。1996年提出了能力贫困度量指标，1997年在阿玛蒂亚·森"能力和权力缺失"的基础上提出了"人类贫困指数"的检测指标；近年来，许多学者对贫困脆弱性的度量方法也进行了不断的探索。

我国关于贫困识别的研究主要集中在区域瞄准和人口瞄准两个方面，因此，我国相对应地出现了地区贫困线和人口贫困线的确认标准。如1982年国家在"三西"地区①确定的28个重点扶持县，一直到2012年确定的592个国家扶贫开发工作重点县都属于区域瞄准。同时，从1996年提出扶贫到村和扶贫到户的要求后，我国的瞄准对象既包括"贫困县"和"贫困村"，还包括"贫困户"。汪三贵（2007）、里斯金（Riskin，1996）、洪名勇（2009）等意识到了以县为目标的瞄准机制的许多弊端，随后的学者逐渐建议将瞄准对象直接对准贫困人口，如李小云在对贫困人口分布状况进行研究的基础上提议要建立以贫困户为单位的瞄准机制。

---

① 三西地区：宁夏西海固、甘肃河西走廊、甘肃定西。

(三) 贫困的成因

目前关于贫困的成因主要是从经济学、社会学和综合角度来进行分析。如经济学角度比较有代表性的有马尔萨斯的人口挤压论、拉采尔的自然环境决定论、纳克斯的"贫困恶性循环"理论、舒尔茨的人力资本理论、阿玛蒂亚·森的能力贫困理论。社会学的主要观点有"个体主义的贫困观":一个人如果处于贫困,那么受责备的应该是他自己而不是这个社会;"贫困结构论":只要维持原有社会结构不变,贫困现象将无法避免;"功能主义贫困理论":以甘斯为代表的这一学派认为贫困的存在有其一定的合理性,在社会分层中发挥着某种必要的功能;"贫困文化论":以刘易斯为代表的许多学者认为一些人之所以贫困并难以从贫困状态中解放出来,主要是因为受长期生活在贫困状态下而形成其固定的生活、思维方式以及价值观的影响,这种观念体系还会代代相传,影响后代;还有"3M 理论"等。

国内学者也从自然环境、体制、人口素质以及文化的角度等多方面对贫困的成因进行了大量的研究。如张廷武(2003)把一个地区贫困的主要原因归结于外部环境的不利。孔祥智(2005)指出我国城乡二元经济结构是农村长期贫困的根源。李丰春(2007)研究发现一个地区的持续性贫困往往是由该地区长期固有的思维方式、价值观等文化因素所导致的,人们不愿从固有的、已经习惯的生活方式中解脱出来,对新事物采取抵制态度。

(四) 贫困的类型

当前国际上对贫困的界定和分类主要是从贫困程度和贫困范围考虑的,因此将贫困划分为绝对贫困和相对贫困、狭义贫困和广义贫困两大类。

1. 绝对贫困和相对贫困

绝对贫困是指人们不能满足最基本的生活需求的一种生活状况,在极端的情况下就是人们通常所说的食不果腹、衣不遮体、屋不蔽风雨,因此绝对贫困又称为生存贫困。绝对贫困最早由英国学者朗特里(S. Rowntree)和布什(Booth)提出,而西勃海姆在 1999 年所提出的绝对贫困的定义最具代表性,他认为,如果一个家庭的总收入不足以取得维持仅仅是物质生活所必备的需要,那么该家庭就处于贫困状况。[①] 绝对贫困的理论

[①] 钟鸣、王逸:《两极鸿沟——当代中国贫富阶层》,中国经济出版社 1999 年版。

是基于人的基本需求，即不能满足最低生存、生理需要的收入水准和物品量。它通常是通过一定的经济指标（如人均纯收入、家庭年收入等）来加以明确界定。其特征主要表现在两个方面：在生产方面，贫困人口或贫困户缺乏扩大再生产的物质基础，甚至难以维持简单再生产；在消费方面，贫困人口或贫困户的低收入难以满足衣食住行等人类疾病生存需要，生活得不到温饱，劳动本身的再生产难以维持。

相对贫困是指一个人或家庭的收入比社会平均收入水平低到一定程度时所维持的那种生活状态，它是根据低收入者与社会其他成员收入的差距来判定贫困的。相对贫困包括四个基本要素：其一，贫困是相对的，它是与一定的变化的参照系相比较而言的，比较的对象是处于相同社会经济环境下其他社会成员；其二，贫困是动态的，贫困的标准随着经济的发展、收入水平的变化以及社会环境的变化而不断变化；其三，贫困的不平等性，它描述的是社会不同成因的收入差距和分配上的不均等；其四，贫困的主观性，它依赖于一定的主观价值判断来加以确定。

2. 主观贫困和客观贫困

不论是绝对贫困还是相对贫困，贫困的定义及其贫困线都是由专家学者界定的，并不是由被研究对象决定的。然而，实际上每个社会成员都对贫困有自己的独特的认识和理解，但是他们对贫困的主观看法并没有影响到专家学者对贫困和贫困线的界定。从这个意义上来说，上述的绝对贫困和相对贫困又可以称为"客观贫困"，它是与"主观贫困"相对应的。

所谓"主观贫困"是指家庭或个人自我认定的一种生存状态。家庭或个人在判断其是否处于贫困状态时不免会带有人的主观色彩，因而依据个人主观判断而认定的贫困被认为是一种主观贫困。主观贫困概念的提出引发了人们对贫困的重新认识，也引发了一系列问题。对此，绝对贫困和相对贫困的研究基本上采取了否定的态度。而主观贫困的研究者则主张要充分考虑到个人的主观判断，认为只有公众自己最了解其生存状态。如果公众之间对贫困的判断存在差异，而差异又是来自其实际生活情况，那么这种差异就应该得到承认，并应该成为界定贫困的一个条件。

主观贫困的概念可以在主观贫困线的确定过程中得到充分体现。在确定主观贫困线之前，首先要知道公众对贫困是如何判断的。这方面的信息一般可以通过抽样调查的方法获得。在调查表中让被调查户回答有关维持最低生活水平所需要的收入额或消费支出额。这个问题通常被称为"最低收入问题"（MIQ）。① 根据调查户给出的答案，从而可以得到每户维持最低生活水平所需要的收入额 $Y_{\min}^i$。这里的 $Y_{\min}^i$ 是一种主观评价值，它会受到一系列因素的影响，特别是实际收入的影响。实际收入越高的家庭把最低生活水平理解得越高，因而给出的 $Y_{\min}^i$ 也就越高。对于实际收入水平较低的家庭而言，会出现相反的情况。鉴于 $Y_{\min}^i$ 与实际收入 Y^i 之间的这种关系，可以得到两者的方程式如下：

$$Y_{\min}^i = \alpha_0 + \alpha_1 Y^i \qquad (3.1)$$

该式表明实际收入越高的家庭给出的最低收入也就越高，但是对于其他条件完全相同，只是收入不同的家庭来说，贫困线应该是相同的。换而言之，实际收入不应成为确定贫困线的依据，实际收入与最低收入额相等的家庭给出的最低收入额是最可取的。这意味着 $Y_{\min}^i = Y^i$，依次条件可以将式（3.1）写为：

$$Y_{\min}^* = \alpha_0 / (1 - \alpha_1) \qquad (3.2)$$

这里的 $Y_{\min}^*$ 就是主观贫困线。只要知道了参数 α_0 和 α_1，就不难算出主观贫困线 $Y_{\min}^*$。如果抽样调查数据包括了每户给出的维持最低生活水平所需要的收入额 $Y_{\min}^i$ 和实际收入额 Y^i，利用式（3.1）作回归分析即可以估算出参数 α_0 和 α_1。

3. 狭义贫困和广义贫困

狭义贫困仅仅指物质上的贫困，反映维持贫困人口生活与生产的最低物质标准。处于这种贫困状况的人所追求的是物质生活上的满足，希望得到的是与社会其他成员相等的收入、食品、燃料、衣着、住房以及生存环境，他们注重这些东西在量上的满足。狭义贫困包括三个方面的要素：其一，贫困是直观的，可以用一定的实物量作为判断标准，主要反映生活水平而不是生活质量；其二，贫困是绝对与相对的复合概念，既表现为经济需求量的绝对数量，又表现为这种需求量与社会其他成员的比较及其增长变化情况；其三，贫困可以用一系列经济指标来衡量。对于广大发展中国家而言，所面临的最大问题首先是物质方面的贫困。因此，狭义贫困对发展中国家更具有现实意义。

广义贫困是指除了狭义贫困之外的包括社会、环境、精神文化方面的

---

① 例如，中国社会科学院经济研究所收入分配课题组自1999年起进行城镇居民抽样调查时，在调查户问卷中引入了这样一个问题，"按照您家的实际情况，您全家每月维持最低生活水平的费用大约是多少元？"

贫困，即贫困者享受不到作为一个正常的"社会人"所应该享受到的物质生活和精神生活。他们不仅处于收入分配最底层，而且在社会中所处的地位极其低下，他们无力控制自己所处的生活环境，面临着来自社会上的有权势群体的压力，受到社会的歧视和不尊敬；就业、教育、发展机会、健康、生育、精神等个人发展方面的权利也被"社会剥夺"。与狭义贫困相比，广义贫困更多的是强调精神贫困，而且这种贫困和物质贫困相比更痛苦、更难以忍受，同时也是最容易被人们所忽视的一种贫困。

4. 其他分类

除绝对贫困和相对贫困、狭义贫困和广义贫困外，还可以以其他的一些标准对贫困进行分类。如根据贫困的对象可将贫困分为群体贫困和个体贫困；根据贫困人口在社会经济发展某方面的短缺和相关因素，可以将贫困分为收入贫困、素质贫困、能力贫困、资源贫困、生态贫困和文化贫困；根据各级贫困人口的居住地，可以将贫困分为乡村贫困和城市贫困；根据贫困的效果可将贫困分为生存型贫困（危及生命的贫困）、半饥饿型贫困（妨碍人体健康的贫困）和温饱型贫困（影响社会安定的贫困）[1]；原华荣（1990）根据贫困人口生活质量的决定因素将贫困分为生产性贫困、社会性贫困和历史性贫困[2]；康晓光（1995）将贫困分为结构性贫困、区域性贫困、阶层性贫困[3]，等等。

二 西部贫困地区贫困现状与问题

改革开放以来，我国经济水平飞速发展，农村贫困人口数量大幅度减少，贫困状况显著改善。2004年在北京举办了联合国千年发展目标高层国际会议，此次会议发布了《中国实施千年发展目标进展情况2003》的报告，该报告高度赞赏了我国在减少贫困、教育、妇幼保健等方面取得的举世瞩目的成就。

近年来，党和政府大力开展的扶贫运动已经使得西部绝对贫困人数显著下降，但相对贫困问题更加凸显，尤其是西部农村人口贫困问题，已经到了迫在眉睫的境地。

西部地区是我国贫困人口相对集中地区，绝大部分集中在以下地区：

---

[1] 郭来喜、姜德华:《贫困与环境》,《经济开发论坛》1994年第5期。
[2] 原华荣:《生产性贫困与社会性贫困》,《社会学研究》1990年第6期。
[3] 康晓光:《中国贫困与反贫困理论》,广西人民出版社1995年版。

六盘山地区、武陵山区、秦巴山区、乌蒙山区、滇桂黔石漠化区、滇西边境山区等区域的连片特困地区和已明确实施特殊政策的西藏、四省藏区、新疆南疆三地州。① 尽管西部地区幅员辽阔，但大部分为高山、戈壁、沙漠、高寒等地区，自然条件恶劣，经济资源匮乏。长期以来，由于种种主观、客观原因，西部农村地区经济发展速度缓慢，人民生活水平低下，贫困问题极为严重。

（一）贫困覆盖面积大、人群广，贫困程度深

我国贫困地区主要集中在西部地区，根据2003年国务院扶贫办的调查，农村贫困人口有50%生活在西部，西部地区有366个国家级贫困县，占总数的35%。② 近年来，国家采取了中央单位和政府部门定点帮扶国家级贫困县的策略，全国共有325个国家级贫困县，西部地区11个省区市的171个国家级贫困县分别接受74个中央机构或政府部门的援助，占援助总数的47%。③ 据《中国统计年鉴（2006）》统计，2005年西部地区贫困发生率高达5.0%，而同期东部和中部仅为0.4%与2.4%。

甘肃、贵州、云南、陕西、西藏、内蒙古以及新疆等地的贫困率为5%—10%，青海地区高达10%以上。此外，2005年东中西部生活消费总支出也呈现出极大的差异，三个区域平均总支出分别为3428.97元、2276.9元、2022.88元，西部农村恩格尔系数显著高于45.5%的全国平均水平。2006年在中国居民收入分配年度报告统计中，西部12省区市农村绝对贫困人数占全国农村绝对贫困人口总数60.1%，为1421万，低收入人口占全国农村低收入的58.6%，为2384万。④

（二）绝对贫困人数减少，相对贫困人数增加

绝对贫困与相对贫困是根据不同的贫困线来确定的。实施西部大开发10年以来，西部地区经济持续发展，居民收入水平显著提高。尤其是民族地区贫困人口总计减少2500万以上，人均纯收入增长较快（年均增长8.5%），从1999年到2008年，年均收入从1622元增加到3389元，极大地缓解了贫困状况。⑤ 从2000年到2007年，贫困线不断上调，从625元

---

① 中共中央、国务院：《中国农村扶贫开发纲要（2011—2020年）》，人民出版社2012年版。
② 国务院扶贫办公室：《中国农村扶贫开发概要》，中国财政经济出版社2003年版。
③ 朱智文、雷兴长：《西部开发中的"三农"问题研究》，甘肃人民出版社2003年版。
④ 周茂春、邓鹏：《西部农村贫困陷阱反思及终结治理》，《云南经济学院报》2009年第2期。
⑤ 贾楠：《西部开发10年民族地区农村贫困人口减2500万》，《北京日报》2009年11月22日。

到 785 元。据国家统计局农调队的调查，2003 年的绝对贫困线为 637 元，在此标准下西部绝对贫困人口数为 1698 万，占全国的 58.6%；按人均年收入为 693 元的绝对贫困线，2006 年底有 1175 万人处于这一水平线下，占绝对贫困人口总数的 54.7%。在贫困标准提高的前提下，农村绝对贫困人数显著减少，相当大的一部分的赤贫者基本解决了温饱问题，相对贫困现象更加凸显。不过西部地区的减贫具有较强的脆弱性、不稳定性，重新陷入绝对贫困状态的情况经常发生。

（三）农村经济发展缓慢，农民收入水平低，生活艰难

由于自然资源缺乏、气候条件恶劣、特殊的地形、地貌对第一、第二产业发展极为不利，使得本来就以种植业为主的西部地区更缺乏招商引资的条件，经济发展缓慢，人均年收入水平较低。从纵向看，2008—2011 年，全国农民人均纯收入分别为 4716 元、5153 元、5919 元和 6977 元，而西部农民人均收入仅分别为 3028 元、3685 元、4418 元和 5246 元，分别占全国平均水平的 64%、72%、74%、75%；从横向看，东部、中部地区社会经济发展水平与农村生活水平都显著高于西部。以东部人均收入为基数，东部、中部、西部三个区域人均收入的比值分别为：1∶0.8∶0.62；西部地区的恩格尔系数高出东部 9 个百分点；在人均生活消费支出上，两者相差 25%；在年末储蓄存款和手持现金方面东部地区为西部的 4 倍。①

（四）物质贫困和精神贫困并存

在广大的西部地区，物质贫困和精神贫困状况并存。前者主要指的是"衣食住行"等方面，后者涉及精神、文化等需求。深受自然资源、地理环境、传统思想观念等各种原因的影响，西部地区沿袭千百年的农耕传统，靠种植业或畜牧业带来的微薄收入不能或者仅能勉强维持生活。文化贫乏也是西部贫困的一大问题。由于长期自我封闭，在西部，不少农民怀有安于现状的落后思想，小农意识严重，农村精神活动缺乏，这不仅进一步阻碍了经济生活的发展，而且严重危害了社会秩序，造成冲突和动荡。②

---

① 国家统计局农村社会经济调查总队：《中国西部农村统计资料》，中国统计出版社 2000 年版。

② 周茂春、邓鹏：《西部农村贫困陷阱反思及终结治理》，《云南经济学院报》2008 年第 2 期。

三 西部贫困地区自我发展能力评估

在反贫困战略评估原则的基础上，构建区域自我发展能力评估体系，该体系要尽可能全面客观地反映基于区域自我发展能力角度的反贫困战略实施成果，既要包括反贫困战略实施带来的直接成果，又要涵盖反贫困战略实施对贫困地区和贫苦人口发展的潜在作用。只有区域自我发展能力评估体系构建得全面科学，才能全面客观地衡量出反贫困工程的绩效，正确指导反贫困战略深入贯彻执行，不断纠正、弥补反贫困实践过程中的不足和缺陷，完善反贫困战略，进而保障区域发展取得理想的成效。

基于反贫困战略的内容，结合区域实际发展过程中出现的新问题、新现象，拟从以下四个层面构建区域发展战略评估体系。

（一）经济效益评估

西部贫困地区自我发展能力的经济效益评估是对反贫困战略所取得的直接成果的衡量，主要是指贫困居民收入水平的提高与贫困人口数量的减少，贫困人口数量的减少既包括绝对贫困人口数量的减少，也包括相对贫困人口（低收入阶层）数量的减少。反贫困的经济效益不仅体现在贫困地区贫困人口生活水平的改善，同时也体现在贫困地区整体发展环境的改善。有效的反贫困不仅能够改善贫困人口的生活状况，而且能促进贫困人口生产状况的改善，从而增强贫困人口的自我发展能力，使其能够通过自身的不断努力，逐渐摆脱贫困落后的状态，进而促进农村经济的快速健康发展。

（二）社会效益评估

西部贫困地区自我发展能力的社会效益评估主要涉及基础设施、科技水平、社会保障等内容。贫困地区的基础设施水平较低，严重限制了该地区的长远快速发展，同时也不利于该地区融入市场经济，在市场经济快速发展的今天，相对封闭的状况使得贫困地区与发达地区的差距日益扩大，只有改善贫困地区的基础设施状况，加大贫困地区与其他地区的信息交流和劳动力流动，促进贫困地区在市场经济中寻求发展的机遇，才能拓宽贫困地区贫困人口的收入途径，不断提高贫困人口的生活水平。科技水平是促进贫困地区发展的重要动力，贫困地区的生产方式相对落后，缺乏先进的耕作工具，不利于贫困地区生产效率的提高，因而，提高贫困地区的科技水平是反贫困的重要内容。

（三）环境效益评估

基于反贫困的可持续性原则，人类与自然环境需要和谐发展，贫困地区的生态环境是影响贫困人口发展的重要因素。西部贫困地区和环境恶劣地区有着很大的重叠，这种状况使得贫困地区的发展背负着更加沉重的包袱。过去部分贫困地区被经济效益冲昏头脑，片面追求贫困地区经济的快速发展，甚至以牺牲环境为代价来换取贫困状况的暂时改善。从长远来看，这种发展方式非但没有促进贫困地区发展和贫困人口生活水平的改善，反而加重了贫困人口的贫困程度。因而在新时期的反贫困实践中，人类要认真汲取"先污染后治理"的教训，要坚持维护生态环境的平衡，在改善人们生活水平的同时，致力于生态环境的改善，营造一个美好的生活环境，实现真正的可持续发展。

（四）人力资本评估

人力资本理论的创始者之一舒尔茨认为，人力资本的投资有五种形式：一是医疗和保健；二是在职培训；三是正规教育支出；四是技术推广项目；五是个人和家庭适应于变换就业机会的迁移。其中特别强调了教育在人力资本形成中的作用。贫困地区人力资本的匮乏是其落后的关键性因素，而人力资本的提升需要教育和医疗卫生事业的快速发展，只有教育和医疗卫生事业的不断发展，才能有效地提升贫困地区的人力资本水平，从而为贫困地区的长远发展和自我发展奠定良好的基础。

以反贫困战略的评估原则和内容为基础，结合指标选取的 SMART（Specific、Measurable、Attainable、Relevant、Time－based）原则，构建新一轮西部大开发背景下西部贫困地区自我发展能力的评估体系，综合反映新一轮西部大开发开展 10 年来西部贫困地区农村反贫困事业在经济、社会、生态环境和人力资本等方面所取得的成就。

第二节　西部民族地区研究

一　西部民族地区概论

我国自古以来就是一个统一的多民族国家。新中国成立后，经识别并报请中央人民政府确认的民族共计 56 个，其中汉族人口占绝大多数，因此习惯上将其余 55 个民族统称为"少数民族"。长期历史发展中的相互交往、交融，我国民族分布逐渐呈现大杂居、小聚居、交错杂居的特点，汉族地区有少数民族，少数民族地区也有汉族，正所谓"你中有我，我中有你"。

目前，我国少数民族主要集中分布在云南、贵州、四川、广西、西藏、甘肃、青海、宁夏、新疆和内蒙古等西部地区（见图3-1）。西部地区是大多数少数民族的发祥地和聚居地。据统计，共有46个少数民族世居于此，少数民族个数占全国少数民族个数的83.64%，人口占比超过70%。然而，西部地区生存和发展的自然生态环境相对恶劣，该区域一直以来都是我国经济社会发展最为落后的地区，人口贫困发生率和贫困程度相对较高，区域自我发展能力相对较低。

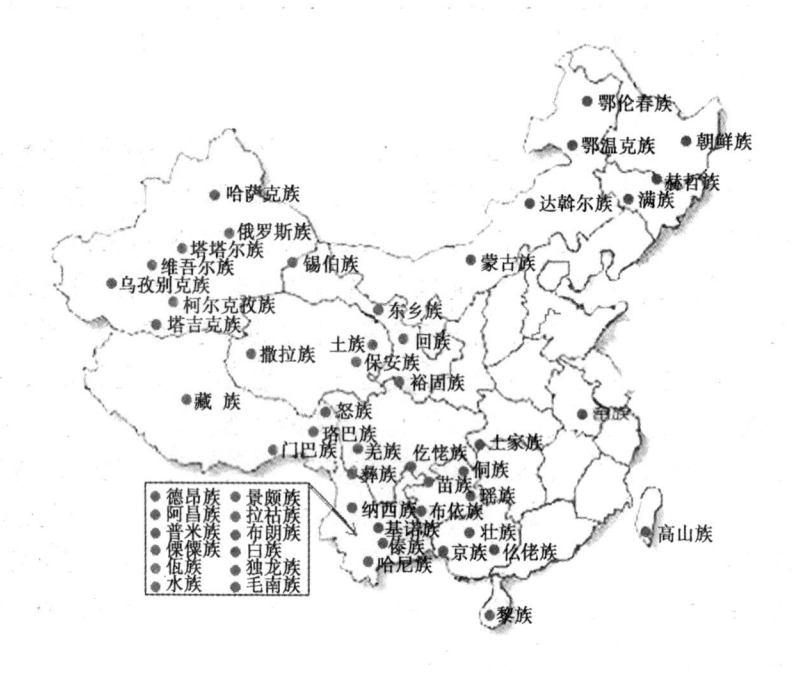

图3-1 我国少数民族分布

目前，西部民族地区主要包括西部12省区的内蒙古、新疆、西藏、宁夏、广西5个民族自治区和青海、云南、贵州3个多民族省份，简称八大民族省区，本书的西部民族地区主要是指该八个西部少数民族聚居地区。据第六次人口普查资料显示，截至2010年，西部民族地区人口数为1.88亿，占全国总人口的14%。

二　西部民族地区经济社会发展现状与问题

经济发展是一个多层次、动态的演进过程，即在经济增长推动基础上，实现经济结构、社会结构不断优化，经济质量不断改善与提高。经济发展既涉及物质产品的增长，也涉及非经济方面，如经济、社会制度等的价值演进。

改革开放30多年，尤其是启动实施新一轮西部大开发战略以来，我国西部民族地区充分利用资源优势，抓住有利时机，实现经济多年快速发展，人民生活水平较大幅度提高，城乡面貌焕然一新。然而，由于历史与现实因素，该区域依旧落后，不仅存在区域间的非均衡，在民族间也存在非均衡；同时，与其他区域相比，该区域总体依然呈现生产力水平低下、经济基础薄弱和可持续发展乏力等特征。

（一）自然资源优势明显，开发前景广阔

西部民族地区拥有丰富的自然资源，集中表现在能源矿产以及林牧业等土地资源上。首先，在能源矿产方面，根据已探明储量，西部地区的水能蕴藏量占全国的82.5%，其中西南地区理论蕴藏量是全国的70%，可开发蕴藏量占77%；而传统常规能源如煤炭占全国的36%、石油占12%、天然气占53%。此外，青藏高原、甘肃河西走廊、内蒙古以及新疆等地区亦蕴藏有丰富的太阳能、风能、地热能等新能源。

其次，在土地资源方面。西部民族地区土地辽阔，国土面积共计546.6万平方公里，占全国陆地国土面积的56.9%，不仅拥有广袤的土地资源，还拥有较高的人均耕地面积、林地面积和绝大部分草场资源，同时未利用土地面积广阔，后备资源总量大。以林牧业资源为例，西南地区、祁连山脉以及天山山脉等地，拥有浩瀚的林海，其中西南林区（包括云南、四川、西藏交界处的横断山区以及西藏东南部的喜马拉雅山脉南坡等地区）为我国第二大林区，林地面积2245万公顷，占全国的19.5%；森林蓄积量35.8亿立方米，占全国的39.7%；木材覆盖率为28.3%。西部地区亦拥有广阔的草场资源，是我国最主要的畜牧业产地，四大牧区（西藏、新疆、内蒙古、青海）全部在西部，而且集中分布在主要民族地区。可见，西部民族地区拥有发展经济的丰富自然资源，资源开发与利用潜力巨大，前景广阔。

然而，受城乡二元经济结构、市场化程度低及资源配置方式落后等因素影响，西部民族地区的资源优势尚未完全转化为经济优势，资源优势反而替别人做了嫁衣，拉大了本区域与其他区域的发展差距。

（二）产业结构不合理，产业层次较低

长期以来，西部民族地区农业占其国内生产总值（GDP）比重较大。随着国家启动实施新一轮西部大开发战略以来，西部民族地区产业结构朝着合理优化方向发展，但是与其他区域相比，其工业化、现代化程度和水平依然相对较低，产业结构急需调整。

由表3-1可知，尽管近年来西部民族地区产业结构在不断优化，第一产业占比稳步下降，第二、第三产业分别相对稳定在47%、38%左右，但是与全国及东部地区相比，第一产业占比明显较大，第三产业发展相对滞后。同时，从表3-2可以看出，西部民族地区内部产业结构亦存在较大的差异，新疆、西藏、广西、云南和贵州第一产业比重较大，其中新疆、广西和云南高于同时期西部民族地区第一产业占比均值；内蒙古、新疆、宁夏、广西以及青海第二产业占比较大，高于同时期西部民族地区第二产业占比均值，西藏、贵州相对滞后；西藏、宁夏、云南和贵州第三产业占比较高于同时期西部民族地区均值，其中西藏和贵州的第三产业占比相对较高，超过了48%，甚至高于同时期的全国及东部的平均水平。

表3-1　2007—2011年全国、东部、西部民族地区三次产业比重比较　　单位:%

指标 年份	全国			东部			西部民族地区		
	一产	二产	三产	一产	二产	三产	一产	二产	三产
2007	10.8	47.3	41.9	8.9	51.5	41.6	16.6	45.4	38.0
2008	10.7	47.4	41.8	6.8	51.7	41.5	16.0	47.3	36.7
2009	10.3	46.3	43.4	6.6	49.3	44.1	14.6	45.7	39.8
2010	10.2	46.8	43.0	6.4	49.7	43.9	14.2	48.2	37.6
2011	10.0	46.6	43.4	6.3	48.4	45.3	13.5	47.2	39.3

资料来源：各年份《中国统计年鉴》及各省区统计公报，部分数据取自罗洪群、田乐蒙等《西部民族地区产业发展的结构障碍及调整策略》，《软科学》2010年第8期。

表 3-2　　2011 年西部民族地区三次产业比重比较　　单位:%

省份\产业	一产	二产	三产
内蒙古	9.1	56.0	34.9
广西	17.5	48.4	34.1
贵州	12.7	38.5	48.8
云南	15.9	42.5	41.6
西藏	12.3	34.5	53.2
宁夏	8.8	50.2	41.0
青海	9.3	58.4	32.3
新疆	17.2	48.8	34.0

资料来源:《中国统计年鉴(2012)》。

与此同时,西部民族地区产业层次亦普遍较低。从第一产业来看,西部民族地区主要以粮食作物生产为主,如新疆、广西、云南、贵州,传统的畜牧业比重过高;如西藏,农牧业产品比重单一,再加上农业产业化进程缓慢,农产品市场化参与度较低,农牧产品附加值较低,严重影响了农牧民收入水平。从第二产业来看,西部民族地区第二产业大多依托当地丰富的自然资源开发而建立起来的,尤其是能源矿产资源,如内蒙古、新疆、青海等。以内蒙古为例,内蒙古的煤炭、稀土等资源的开采,造就了北方"金三角"(呼包鄂),实现内蒙古经济增速连续 11 年位居全国之首。然而,像贵州等地区,尽管素有"南方煤海"之称,但由于其复杂的地形地貌、落后的基础设施及生产力,资源优势并没有有效转化为经济优势;同时,西部民族地区资源开采、加工还大多处于初级阶段,工业深加工程度较低,技术含量和产业链条较短,资源利用效率较低,而与民生关系甚密的轻工业发展滞后。从第三产业来看,西部民族地区总体规模较小、现代服务业发展滞后,尽管西藏、贵州等地第三产业占比较大,但也主要得益于靠原始自然风光吸引游客的旅游业,但是近年来,随着游客数量的增加,当地保存较为完好的生态环境遭到破坏严重,旅游业对经济贡献的可持续性受到严重挑战。

总体来看,西部民族地区产业结构依旧不合理、轻重工业发展不均衡、产业层次依旧较低。

(三)基础设施落后,带动作用不强

基础设施是指"为社会生产和居民提供公共服务的物质工程设施,

是用于保证国家或地区社会经济活动正常进行的公共服务系统"①，它是整个经济社会赖以生存和发展的一般物质基础，不仅包括道路、通信、水煤电等公共设施，还包括科教文卫体等"社会性基础设施"（social infra-structure）。基础设施建设具有显著的"外部效应"和"乘数效应"，它能带来数倍于投资额的国民收入和社会总需求，有利于促进人民生活水平的改善。

近年来，西部民族地区基础设施建设已发生翻天覆地的变化，但总体而言，依旧比较落后，集中表现在两方面：一是交通基础设施发展滞后。以公路为例，西部民族地区公路网行车条件交差，公路技术等级水平低，通达水平低。由表3-3可知，西部民族省区等外公路占公路里程较大，除内蒙古和宁夏外，其余六个省区等外公路占比均高于全国平均水平（15.9%），贵州甚至达到49.5%；此外，从表3-3中亦可看出，如西藏，至今甚至没有高速公路和一级公路，西藏墨脱县是中国唯一不通公路的县，乡与乡、县与乡间仅靠山路、马道连通，路况条件极差。

表3-3　　　　　　　2011年西部民族地区公路线路长度　　　　　单位：公里

交通地区	公路					等外公路
	合计	等级公路				
		小计	高速	一级	二级	
全国	4106387	3453590	84946	68119	320536	652796
内蒙古	160995	147946	2874	3710	13689	13049
广西	104889	87296	2754	944	9132	17592
贵州	157820	79643	2022	164	3831	78177
云南	214524	165843	2746	842	9553	48681
西藏	63108	38911	—	—	956	24198
青海	64280	49971	1133	312	5289	14309
宁夏	24506	23875	1306	696	2567	631
新疆	155150	104336	1459	1433	11099	50814

资料来源：《中国统计年鉴（2012）》。

二是邮电通信基础设施生产成本高，服务任务繁重。近年来，西部民族地区邮电通信建设得到迅猛的发展，与2005年相比，2011年的邮电业

---

① 刘生龙等：《基础设施与经济发展》，清华大学出版社2011年版。

务总量、移动电话用户、互联网上网人数增长明显（见表3-4），分别增加1.21倍、3.06倍和5.62倍。纵向比较来看，成绩有目共睹，但是横向比较来看，与东部等其他区域相比仍有不小差距，西部民族地区邮电通信基础设施依旧落后，除经济条件限制外，还与西部民族地区自身的特点密不可分，由于特殊的自然地理条件，加上交通不便、游牧人口比重较大且居住离主干道较远等因素，客观上增加了邮电通信服务的生产成本和服务成本，使得该区域内邮电通信基础设施建设覆盖面受阻。

表3-4　　　　　　　　　西部民族地区通信发展情况

地区\指标	邮电业务总量（亿元）			移动电话用户（万户）			互联网上网人数（万人）		
	2005年	2011年	比例	2005年	2011年	比例	2005年	2011年	比例
内蒙古	197.16	245.1	1:1.24	712.3	2316.2	1:3.25	116	854	1:7.36
广西	323.78	327.5	1:1.01	1021.1	2532.7	1:2.48	330	1353	1:4.10
贵州	172.08	219.3	1:1.27	509.4	2044.3	1:4.01	109	840	1:7.71
云南	262.18	324.1	1:1.24	898.8	2589.5	1:2.88	241	1140	1:4.73
西藏	16.34	25.5	1:1.56	46.9	196.4	1:4.19	9	90	1:10.00
青海	32.06	48.3	1:1.51	131.6	463.5	1:3.52	29	208	1:7.17
宁夏	47.09	57.6	1:1.22	181.1	520.5	1:2.87	32	207	1:6.47
新疆	172.38	231.8	1:1.34	531.3	1670.9	1:3.15	126	882	1:7.00

资料来源：2006年、2012年《中国统计年鉴》。

落后的基础设施现状，阻碍了西部民族地区对外或之间的经济交往，致使供求结构失衡，市场化程度偏低，区域辐射带动作用未显现，严重制约着经济的发展和区域自身能力的增强。

（四）人口增长过快，人口素质较低，人才流失严重

人类已进入知识经济时代，人才的竞争在各地区、各行业正如火如荼地进行。教育具有较强的正外部性，即受到良好教育的个人对社会进步会产生积极的促进作用，教育投资可以实现社会总收益大于其个人总收益。美国经济学家舒尔茨指出人力资本是经济增长的源泉，也是最佳的投资策略，同时教育有助于实现财富的公平分配，最终实现社会平等；索洛模型也凸显了增加储蓄率、提高技术水平与降低人口出生率对于人均产出的作用。由此可见，对于教育的积极作用已得到了普遍的认可。

表 3-5　　　　八大民族地区第五次、第六次人口普查总数比较

指标 地区	总数（百万）		男（百万）		女（百万）		性别比（女=100）	
	第五次	第六次	第五次	第六次	第五次	第六次	第五次	第六次
全　国	1242.6	1332.8	640.3	682.3	602.3	650.5	106.30	104.90
内蒙古	23.3	24.7	12.1	12.8	11.2	11.9	107.10	108.17
广　西	43.9	46.0	23.2	23.9	20.7	22.1	112.73	108.26
贵　州	35.2	34.7	18.5	17.9	16.7	16.8	110.02	106.31
云　南	42.4	46.0	22.2	23.9	20.2	22.1	110.06	107.90
西　藏	2.6	3.0	1.4	1.6	1.2	1.4	102.67	105.70
青　海	4.8	5.6	2.5	2.9	2.3	2.7	106.69	107.40
宁　夏	5.5	6.3	2.8	3.2	2.7	3.1	105.26	104.99
新　疆	18.5	21.8	9.6	11.3	8.9	10.5	107.24	106.87

注：数据来源于中国统计局网站第五次、第六次人口普查数据，其中总数及男女人口统计单位为百万。

由表 3-5 可知，相比较第五次人口普查时的总人口数，第六次人口普查时，八大民族地区除贵州有所下降外，其余七个省区人口数普遍增加，其中云南、西藏、青海、宁夏、新疆分别同比增长 8.5%、15.4%、16.7%、14.5%、17.8%，明显高于全国的平均水平 7.3%。男女性别比，内蒙古、青海和西藏还有扩大趋势。

西部民族地区文盲人口较多，人口素质仍普遍较低。根据 2010 年第六次人口普查结果显示，西部八个民族地区 15 岁及以上文盲人口总数约为 1020 万，占全国 15 岁及以上文盲人口总数的 18.8%；从各民族地区来看，除内蒙古、广西和新疆外，其余六个省区文盲率普遍较高于全国平均水平（4.88%），其中贵州、西藏和青海文盲率超过 10%，尤其是西藏，文盲率更是达到 32.29%，远高于其他省区；同时，本书亦可发现西部民族地区农村文盲率、女性文盲率均远高于同时期的城市文盲率和男性文盲率，区域差距、性别差距显著。

由于历史、地理、经济等方面的原因，西部民族地区人才流失严重，教育资源积累难以增加。自 20 世纪 80 年代以来，西部民族地区人才属于净流出，流出量是流入量的 2 倍以上，尤其是中青年骨干人才外流现象尤为严峻，大多是选择经济条件较好的东部沿海和中心城市，西部民族地区高校的毕业生流失也非常严重。以青海省为例，青海省每年考入外地大中

院校学生人数约 5000 人，而毕业返回率却不足 20%。人才大量外流，直接导致了西部民族地区经济发展缺乏智力支持，可持续发展后劲不足。

三 西部民族地区自我发展能力评估

区域自我发展能力是一个地区在国家战略指导下，利用本地区的自然资源、社会资源以及人力资源等，通过有价值的生产或交换活动，实现区域发展要素的各种优化组合，提高区域综合竞争能力，这种能力包括三种情况：一是各地区拥有的比较优势资源；二是经济资源的利用能力，即资源利用效率；三是在现有资源基础上的区域创生能力，包括新产品、新技术、新理念、新的组织方式以及对外开放程度等。[①] 区域自我发展能力是一个动态的演化过程，其衡量标准应着眼于其区域主体能力的集体发挥。

（一）区域自我发展能力指标体系构建

区域主体一般包括个体（或群体）、企业、政府以及非政府组织。人是社会发展的主体，以个体方式存在，依靠个体和群体能力发挥作用，是推动区域发展的核心因素。个体能力是指个体通过获得更多的资源提升自身能力的能力，这种能力的实现一般包括获取新知识能力和抗风险能力，其中获取新知识能力体现在获取信息能力和受教育机会两个方面，用交通通信支出和成人识字率来衡量，抗风险能力可以用人均收入水平衡量。

企业是市场经济的主体，对整个经济社会的进步与发展起着不可替代的作用，也是区域经济活力的最主要来源和提升区域自我发展能力的最主要动力。企业能力是指"在一个开放、竞争的市场经济中，一个正常管理的企业，获得市场上投资者可以接受的预期利润率的能力"[②]，这种能力一般包括企业法人创新能力、运营能力、研发能力以及市场活力，其中创新能力可以用企业申请专利情况表示，运营能力可以用企业的资产负债率衡量，研发能力可以用企业 R&D 经费投入情况衡量，市场活力可以用私营企业数衡量。

政府是区域经济战略的制定者，对区域经济的发展发挥着重要作用。在当下中国，市场经济调节资源配置方式的主体地位尚未完全显现出来，政府仍是主导区域发展的主体，尤其在偏远或落后地区，政府决策对区域

[①] 闫磊、姜安印：《区域自我发展能力的内涵和现实基础——空间管制下区域自我发展能力研究》，《甘肃社会科学》2011 年第 2 期。

[②] 林毅夫：《自生能力与改革的深层次问题》，《经济社会体制比较》2002 年第 2 期。

经济发展甚至起着决定性作用。政府职能通常包括政治、经济、文化、社会四大职能,因此政府能力可以表述为政府利用其特有的权力或资源有效实施上述四大职能的能力。政府能力可以用经济发展、宏观调控、社会安全以及社会性基础设施建设等衡量。

非政府组织是协调社会矛盾、强化经济(社会)公平的润滑剂,对弥补市场、政府失灵,发挥公共事务功能具有重要的影响力。每个国家和地区对非政府组织分类有所不同,在国内,非政府组织一般可划分为社会团体、民办非企业单位以及各类公益性基金会三类。鉴于此,本书可以用各地区社会组织个数变化来衡量非政府组织能力发挥的强弱。

综合以上四个主体能力概念的界定及衡量,鉴于统计数据的可获得性,本书可以设计三级指标体系来对区域自我发展能力进行衡量(见表3-6)。

表3-6　　　　区域自我发展能力指标体系①

一级指标	二级指标	三级指标
个体能力	获取信息能力	交通通信支出
	受教育机会	成人识字率
	抗风险能力	人均收入
企业能力	创新能力	国内三种专利申请受理数
	运营能力	规模以上工业企业资产负债率
	研发能力	规模以上工业企业R&D支出
	市场活力	私营工业企业个数
政府能力	经济发展	人均GDP
	宏观调控	城镇失业率
	社会安全	新型农村社会养老保险参保人数
	社会性基础设施建设	科教文卫事业支出
非政府组织能力	社会组织情况	社会组织单位数

(二)西部民族地区自我发展能力评估

指标的选择是正确评估区域自我发展能力的一个基本前提,评价的目标不同,所选取的指标也不尽相同。本书取2001年、2006年、2012年

---

① 杨彬:《西北欠发达地区自我发展能力研究——以甘肃省定西市为例》,《兰州大学学报》2010年第1期。

《中国统计年鉴》以及各省区统计公报相关数据作为研究基础来分别衡量 2000 年、2005 年、2011 年各区域主体能力。

本书利用层次分析法进行分析，首先，通过两两比较的方法，构建对比矩阵；其次，对每一对比较矩阵计算最大特征值和特征向量，再作一致性检验，若检验通过，则特征向量为权向量，若不通过，需重新构造成对比矩阵；最后，计算组合权向量，组合权向量可作为决策的定量依据。通过层次分析法，可以减少指标权重设置的主观随意性，提高权重设置的科学性。计算公式如下：

$$Y_j = \sum X_{ij} \delta_{ij}$$

$$Z_1, \cdots, Z_3 = \sum Y_j^2 \delta_j$$

$$N = Z_1 \delta_{t+} + Z_2 \delta_t + Z_3 \delta_t (\delta_t = 0.33)$$

其中，X_{ij} 为第 j 个二级指标第 i 个三级指标赋值；δ_{ij} 为第 j 个二级指标第 i 个三级指标所被赋值的权重；$Z_1, \cdots, Z_3$ 为一级指标；Y_j 为第 j 个二级指标赋值；δ_j 为第 j 个二级指标所被赋值的权重；δ_t 为一级指标权重，该处约定为 0.33。N 为区域自我发展能力终值。

表 3-7   西部民族地区自我发展能力指标

一级指标	二级指标	三级指标	2000 年	2005 年	2011 年
个体能力	获取信息能力	交通通信支出（元）	1143	3081	7504
	受教育机会	成人识字率（%）	87	89	90
	抗风险能力	人均收入（元）	2782	4490	10463
企业能力	创新能力	国内三种专利申请受理数（件）	7227	11301	34258
	运营能力	规模以上工业企业资产负债率（%）	59	56	58
	研发能力	规模以上工业企业 R&D 支出（亿元）	10.1	17.4	148
	市场活力	私营工业企业个数（个）	2109	4875	8190
政府能力	经济发展	人均 GDP（元/人）	4687	9355	27269
	宏观调控	城镇失业率（%）	3	3.6	3.7
	社会安全	新型农村社会养老保险参保人数（万人）	988	1507	4130
	社会性基础设施建设	科教文卫事业支出（亿元）	44	100	489
非政府组织能力	社会组织情况	社会组织单位数（个）	—	—	7299

注：非政府组织能力数据缺乏，只能找到 2011 年的数据，故此处暂不考虑非政府组织能力。

根据以上分析，结合表3-7数据计算，结果如表3-8所示：

表3-8　　　　　　　西部民族地区自我发展能力变迁

一级指标	2000年	2005年	2011年
个体能力	0.07385	0.27452	1.53467
企业能力	0.08556	0.27504	1.69578
政府能力	0.10071	0.38176	3.24497
区域自我发展能力	0.08611	0.30841	2.15339

结合表3-8和图3-2可知，总体来说，西部民族地区自我发展能力近年来实现了快速增长，2000—2005年，增长2.58倍；2005—2011年，增长5.98，2000—2011年，增长24倍。具体来看，政府能力增长幅度最大，2000—2011年，增长31倍，较高于区域自我发展能力，其次是个体能力，增长20倍，最后是企业能力，增长19倍，政府能力增长远高于个体能力和企业能力。但是相比较于增长幅度，对区域自我发展能力贡献则是政府能力＞企业能力＞个体能力。

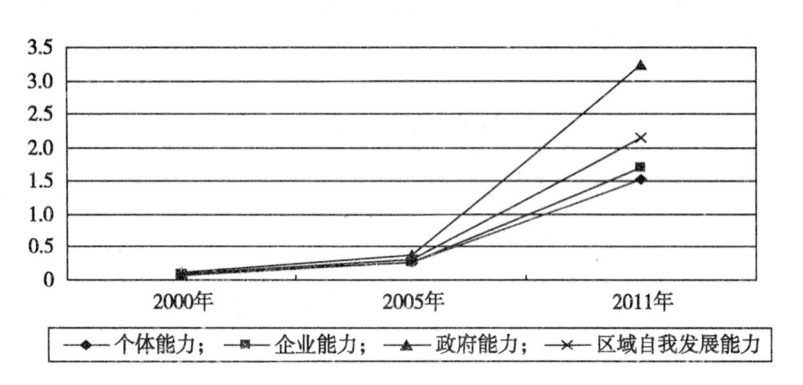

图3-2　西部民族地区自我发展能力变迁

从以上图表的分析不难看出，西部民族地区自我发展能力快速提升主要得益于政府能力的快速提升，即国家启动实施的新一轮西部大开发战略，国家战略、政策支持对于西部民族地区发展具有强烈的促进作用。同时也不难看出政府能力的强弱对于民族地区能力提升具有决定性作用，但是政府能力过强无形之中也挤出了企业和个人能力的发展，政府仍然是西部民族地区发展的主导力量，这虽然违背了市场经济原则，但符合当下的中国国情。西部民族地区产业层次较低，工业企业仍以能源矿产等资源型企业为主，而贴近民生的服务业发展相对滞后，带动辐射区域自我发展能力仍有待于提高。区域的主体是人，在一个合理的社会中，人的能力应该是区域发展的最大动力，但是西部民族地区人的能力提升仍较慢，这主要受限于欠发达的市场经济、交通通信等经济因素以及语言、宗教信仰等社会因素，致使西部民族地区生产要素流动缓慢，区域与外部，甚至区域之间接触、交往较少，人的获取新信息能力和提升思想观念发展受限。

第三节 西部资源枯竭型城市研究

一 资源枯竭型城市的概念、分类与特征

所谓资源型城市是指以本地区矿产、森林等自然资源开采、加工为主导产业的城市类型。矿产等自然资源在经济学上被称为不可再生资源，具有有限和不可逆转性，是一种缺乏供给弹性的物品。这类城市资源产业的产值占当地工业总产值的10%以上，是当地国民经济的基础，其兴衰往往与资源的可开发潜能、可开采的储量及其市场价格密切相关。随着部分城市资源的逐步枯竭，其累计采出量已达到可采储总量的70%以上或以当前技术水平及开采能力仅能维持开采时间五年，城市内出现经济严重衰退、贫困人口增多、生态环境恶化等问题，经济社会发展呈现不可持续趋势，经济学把这类资源型城市称之为资源枯竭型城市。目前，我国资源型城市共有118座，涉及人口1.54亿，其中已被国务院正式确立为资源枯竭型城市共有69座，约占全国城市总数近11%。随着我国经济社会的快速发展，对资源的需求不断上升，资源枯竭型城市呈逐步增多的动态变化趋势。未来的道路怎么走是摆在这些城市面前最为紧迫的问题，同样也是摆在国家和广大理论工作者面前最为紧迫的问题。

按资源类型划分，我国共有煤炭城市63座、森工城市21座、有色冶金城市13座、石油城市9座、黑色冶金城市8座、其他城市5座[①]，其中已有23座煤炭城市、8座有色冶金城市、7座森工城市、4座石油城市、3座黑色冶金城市、3座其他城市被确立为资源枯竭型城市，另外共有5个县和16个市辖区也分批次已被确立为资源枯竭型城市（见表3-9）。

---

① 国家计委宏观经济研究院课题组：《我国资源型城市的界定与分类》，《宏观经济研究》2002年第11期。

表 3-9　　　　　　　　我国资源枯竭型城市的分类

城市类型	城市名称			
	地级市	县级市	县	市辖区
煤炭城市	乌海市、阜新市、辽源市、抚顺市、鹤岗市、淮北市、焦作市、枣庄市、萍乡市、铜川市、七台河市、双鸭山市、石嘴山市	霍州市、孝义市、新泰市、北票市、资兴市、涟源市、合山市、松滋市、耒阳市、华蓥市		万盛区、红古区、下花园区、石拐区、二道江区、贾汪区、淄川区、井陉矿区、南川区
有色冶金城市	铜陵市、白银市、韶关市、黄石市	钟祥市、个旧市、常宁市、冷水江市	潼关县、大余县、易门县	东川区、鹰手营子矿区、杨家镇子、南票区
黑色冶金城市	新余市	大冶市、九台市	昌江县	弓长岭区
石油城市	盘锦市、濮阳市	潜江市、玉门市		
森工城市	白山市、伊春市、大兴安岭地区	阿尔山市、舒兰市、敦化市、五大连池	汪清县	
其他城市	泸州市、景德镇市	灵宝市		平桂管理区、万山特区

资料来源：中华人民共和国国家发展和改革委员会网站（http://www.ndrc.gov.cn/）。

目前来看，我国资源枯竭型城市主要呈现以下五大共性特征。

一是资源日趋枯竭，传统产业衰退。在建市之初就是依托矿产资源而立，一部分城市即将面临甚至已经面对着资源枯竭。一些城市富矿已近开采完，其余矿产的开采成本已经超出了开采矿产本身所得的经济价值，许多企业必须转产或者停产。例如，玉门油田累计探明石油地质储量17794.95万吨，其中可采储量4922.74万吨，截至2007年底，累计采出原油3281万吨。原油产量由最高年份1959年的140.62万吨下降到1998年的40万吨，开采规模大幅下降了73%。目前，新开发的青西油田剩余可采量仅为506.7万吨，加上老油田，整体上玉门油田剩余可采储量约1018.7万吨，仅占探明可采地质储量的20.69%。①按照每年开采80万—100万吨的规模计算，可开采年限不超过10年。

二是产业结构不合理，竞争能力不强。企业技术老化，职工思想僵化，严重缺乏创新意识，单纯地加工开采而不注重产品的后期开发，使资

---

① 玉门市发展和改革委员会：《甘肃省玉门市资源枯竭型城市转型规划》，2010年，第1—38页。

源型企业竞争力下降。以甘肃省玉门市为例,玉门市是依托石油、服务油田而建的石油工业城市,也是一个典型的资源开发、加工型的城市。半个世纪以来,围绕油田主业生产和职工日常生活,为给油田生产提供服务的保障,玉门市先后配套形成了市属工商业体系,而与此同时,也呈现出玉门县域经济产业结构比较单一、产品结构不尽合理、过度依赖石油企业、自主发展能力不足的矛盾。2011 年,玉门市 GDP 总量达到 71.4 亿元,其中有 70% 是玉门油田石化及相关产业形成的,50% 的财政收入也来源于石化产业。图 3-3 是从产业比重角度选取的五座资源枯竭型城市与发达城市和全国平均水平的对比情况。

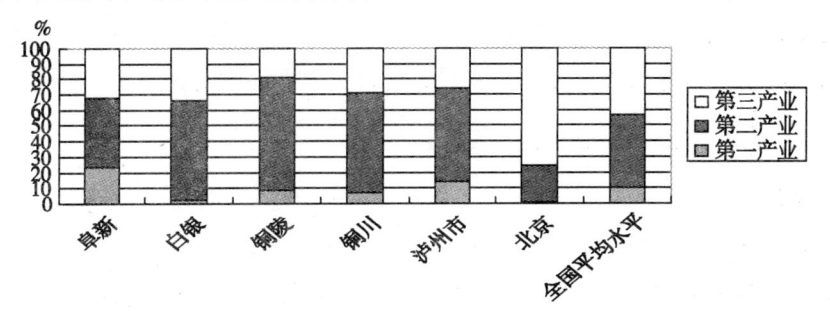

图 3-3 2011 年五座资源枯竭型城市产业结构比重

资料来源:《2011 年阜新市国民经济与社会发展统计公告》、《2011 年白银市国民经济与社会发展统计公告》、《2011 年铜陵市国民经济与社会发展统计公告》、《2011 年铜川市国民经济与社会发展统计公告》、《2011 年泸州市国民经济与社会发展统计公告》、《2011 年北京市国民经济与社会发展统计公告》。

从柱状图可以看出,资源枯竭型城市普遍以第二产业为主,比重接近或超过 50%,第三产业比重低于全国平均水平 10 个百分点以上,从对比中本书发现资源枯竭型城市产业结构合理性严重落后于全国水平和发达城市。

三是人才外流严重,缺乏发展后劲。矿产资源是不可再生资源,采一点儿就少一点儿,加之经济的不景气,造成大量人才、技术、资金等经济发展要素外流,对城市发展造成致命制约。例如,在玉门油田的鼎盛时期,油田开采及相关产业创造了近 3.6 万个就业岗位,1992 年石油工业从业人数达 35035 人,占全市城镇在职职工总数的 61.7%。但在 20 世纪末,随着吐哈油田的开发建设和石油企业内部重组,1998 年,油田企业从业人员减至 18966 人,几年中净减了 1.6 万个岗位;1999—2001 年,又通过解除合同或分流等方式,6471 名职工下岗失业。目前,油田从业人员仅为 12648 人,相比鼎盛时期减少63.9%。① 同样在白银市，随着大中型企业生产经营滑坡，专业技术人员、经营管理人员和生产技术工人外流情况严重。2006年以来，白银公司等5家大中型企业中级以上技术管理人才流失1630人，技术工人流失2530人，26名高级工程师离职到外地发展。②

四是以国有经济为主导，地方财政困难。国有大型企业在城市经济中比重较高，以市场为导向的民营经济未能得到充分发展，财政收入依赖受限于地方企业发展，收入较低。以甘肃省白银市为例，2011年白银市规模以上工业企业完成增加值164.52亿元，在规模以上工业中，中央企业完成增加值49.69亿元，占30.20%，省属企业完成增加值82.06亿元，占49.84%，财政收入仅为45.47亿元。③ 图3-4是所选取的五座资源枯竭型城市与河北廊坊市在工业发展和财政收入方面的对比情况。

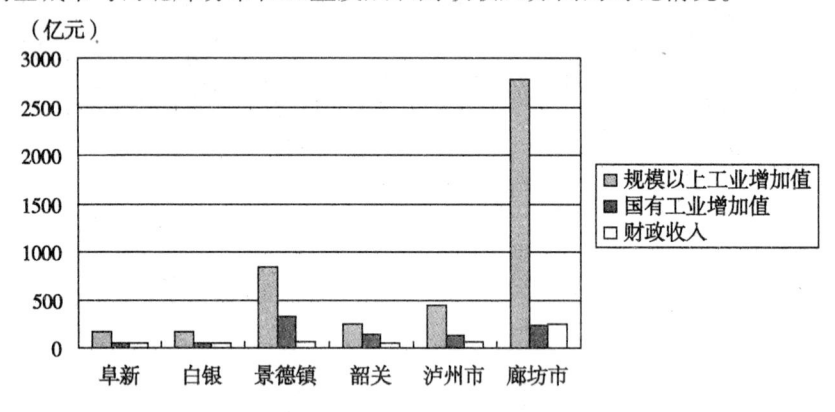

图3-4 2011年五座资源枯竭型城市工业及财政状况

资料来源：《2011年阜新市国民经济与社会发展统计公告》、《2011年白银市国民经济与社会发展统计公告》、《2011年韶关市国民经济与社会发展统计公告》、《2011年泸州市国民经济与社会发展统计公告》、《2011年景德镇市国民经济与社会发展统计公告》、《2011年廊坊市国民经济与社会发展统计公告》。

同为地级市的河北廊坊市2011年规模以上工业企业完成增加值2776亿元，国有控股企业完成235亿元，占8.47%，财政收入251.38亿元。④ 从比较中可以看出，资源型城市包括枯竭型城市严重依赖国有大中型企业，

---

① 玉门市发展和改革委员会：《甘肃省玉门市资源枯竭型城市转型规划》，2010年1月28日。
② 白银市发展和改革委员会、白银市经济转型办公室：《甘肃省白银市资源枯竭型城市转型规划》，2009年1月29日。
③ 《2011年白银市国民经济与社会发展统计公告》。
④ 《2011年廊坊市国民经济与社会发展统计公告》。

私有经济发展不充分，导致财政收入渠道偏窄、规模较小。

五是贫困人口增多，社会负担严重。许多资源型企业由于经营不善、利润降低、传统产业衰落等因素停产或者转产，使得城市失业率上升，职工的社会保障无法落实，从而引发一系列由生活贫困带来的社会问题。2011年，白银全市新标准以下贫困人口54.97万人，占总人口的32.08%，贫困面为40.88%。①

二 我国资源枯竭型城市经济社会发展现状与问题

(一) 我国资源枯竭型城市分布

自辽宁省阜新市被国务院于2001年确定为第一个资源型城市经济转型试点市，我国资源型城市开始了城市经济转型的探索之路。为了引导资源型城市的可持续发展，2007年底国务院出台了《关于促进资源型城市可持续发展的若干意见》，明确提出了资源型城市转型的工作目标和指导原则。2008年3月，国务院确定了首批12个资源枯竭型城市与地区；2009年3月，国务院公布了第二批资源枯竭型城市名单，共有32个城市与地区；2011年11月，国务院正式批准25个城市与地区作为第三批资源枯竭型城市。截至2011年，中央财政累计下达财力性转移支付资金共303亿元，其中2011年资金135亿元②，目的在于提升资源枯竭城市的自我发展能力。国务院共计已公布资源枯竭型城市69个，涉及28个地级市、23个县级市、5个县、16个市辖区、1个典型资源枯竭地区，各分布于全国23个省、自治区，辽宁省、黑龙江省、吉林省资源枯竭型城市最多，各有7个，详见表3-10。

表3-10　　　　　　　资源枯竭型城市地区分布

所在省（区）	首批12座	第二批32座	第三批25座
河北省	下花园区	井陉矿区	
		鹰手营子矿区	
山西省		孝义市	霍州市
内蒙古自治区		阿尔山市	乌海市
			石拐区

---

① 白银市发展和改革委员会、白银市经济转型办公室：《甘肃省白银市资源枯竭型城市转型规划》，2009年1月29日。

② 中华人民共和国国家发展和改革委员会网站（http://www.ndrc.gov.cn）。

续表

所在省（区）	首批12座	第二批32座	第三批25座
辽宁省	阜新市	抚顺市	
	盘锦市	北票市	
		弓长岭区	
		杨家杖子	
		南票区	
吉林省	辽源市	舒兰市	二道江区
	白山市	九台市	汪清县
		敦化市	
黑龙江省	伊春市	七台河市	鹤岗市
	大兴安岭地区	五大连池	双鸭山市
江苏省			贾汪区
安徽省		淮北市	
		铜陵市	
江西省	萍乡市	景德镇市	新余市
			大余县
山东省		枣庄市	新泰市
			淄川区
河南省	焦作市	灵宝市	濮阳市
湖北省	大冶市	黄石市	松滋市
		潜江市	
		钟祥市	
湖南省		资兴市	涟源市
		冷水江市	常宁市
		耒阳市	
广东省			韶关市
广西省		合山市	平桂管理区
海南省			昌江县
重庆市		万盛区	南川区
四川省		华蓥市	泸州市
贵州省		万山特区	
云南省	个旧市	东川区	易门县
陕西省		铜川市	潼关县
甘肃省	白银市	玉门市	红古区
宁夏回族自治区	石嘴山市		

资料来源：中华人民共和国国家发展和改革委员会网站（http://www.ndrc.gov.cn/）。

(二) 我国资源枯竭型城市社会经济发展现状

资源枯竭型城市作为重要原材料和基础能源的供应地,为我国早期经济社会发展作出了突出贡献,但同时积累了许多矛盾。随着主要大中型国有矿山企业服务年限已达到设计年限的末期,主导产业所依赖的资源趋于萎缩,主要资源的开采规模大幅度下降,资源型主导产业进入衰退期,由此造成的城市就业问题和贫困问题突出,城市经济陷入增长困境。面对资源约束趋紧、环境污染严重、生态系统退化的严峻形势,近年来资源枯竭型城市开始实施全方位的经济、社会、资源与环境承载能力的转型措施,走"绿色发展、循环发展、低碳发展"的产业转型之路,力争形成节约资源和保护环境的空间格局、产业结构、生产方式、生活方式。综观其转型效果,我国资源枯竭型城市社会经济发展现状呈现以下三个方面的特征。

第一,在城市就业方面,资源型产业仍占据主导地位。资源相关产业是资源枯竭型城市唯一有竞争力的基本经济部门,可吸纳大量的劳动力就业。在资源濒临枯竭后,各资源枯竭型城市采取转型措施,积极发展接续产业和替代产业,但采矿业依然在城市就业中担当重要角色,容纳着大量劳动力。2006—2011年地级资源枯竭型城市采矿业就业情况如表3-11所示,2006年,全国地级城市采矿业就业人数占单位从业人员数的4.85%,而同年黑龙江省七台河市、安徽省淮北市、陕西省铜川市这一指标分别为56.69%、52.99%、34.07%。2011年,全国地级城市采矿业就业人数占单位从业人员数的4.18%,同年黑龙江省七台河市、安徽省淮北市、陕西省铜川市百分比分别为56.29%、53.9%、23.72%。

表3-11　　2006—2011年地级资源枯竭型城市采矿业就业人数与单位从业人员数比　　单位:%

年份	2006	2007	2008	2009	2010	2011
全国地级市平均	4.85	4.71	4.70	4.35	4.29	4.18
内蒙古乌海市	15.77	20.00	19.90	25.35	29.41	27.83
辽宁省抚顺市	12.50	12.12	12.89	13.14	13.19	12.37
辽宁省盘锦市	21.77	21.43	26.43	29.12	28.24	22.89
辽宁省阜新市	25.19	25.61	27.93	27.08	26.11	26.98
吉林省辽源市	29.17	27.23	27.41	27.60	27.63	27.86

续表

年份	2006	2007	2008	2009	2010	2011
吉林省白山市	13.65	16.32	16.65	11.34	12.33	9.10
黑龙江省伊春市	1.20	1.33	1.37	1.47	1.43	1.26
黑龙江省七台河市	56.69	54.59	59.83	57.82	57.41	56.29
黑龙江省鹤岗市	29.08	31.85	30.84	30.00	30.94	30.18
黑龙江省双鸭山市	19.41	20.52	17.78	15.83	15.45	35.92
安徽省淮北市	52.99	52.53	52.72	53.77	54.27	53.90
安徽省铜陵市	2.14	1.75	1.75	1.11	1.03	6.34
江西省萍乡市	17.22	15.93	21.25	16.40	17.86	16.37
江西省景德镇市	4.41	4.70	4.28	5.12	3.50	4.57
江西省新余市	2.22	2.29	1.90	3.78	3.77	3.23
山东省枣庄市	28.17	27.84	29.83	27.14	26.94	26.50
河南省焦作市	8.86	9.17	9.02	13.04	9.38	15.12
河南省濮阳市	18.88	19.16	19.91	20.80	21.26	25.51
湖北省黄石市	14.65	13.34	13.13	12.53	12.88	10.23
广东省韶关市	3.39	3.23	3.20	2.94	2.91	2.43
四川省泸州市	0.64	0.66	0.72	0.75	1.05	0.72
陕西省铜川市	34.07	33.85	34.25	26.93	26.35	23.72
甘肃省白银市	18.18	16.99	15.44	15.63	16.23	16.94
宁夏石嘴山市	0.13	0.25	0.77	0.36	4.20	4.58

资料来源：国家统计局社会经济调查总队：《中国城市统计年鉴（2007—2012）》，中国统计出版社2007—2012年版。

从采矿业就业人数的变化来看，2006—2011年，全国地级城市平均采矿业就业人数与单位从业人员数之比基本稳定，大约呈一条水平线，而大部分地级资源枯竭型城市的这一比值变化较大，其中下降速最为明显的是陕西省铜川市和吉林省白山市，分别下降10.35%和4.55%，但由于采矿业就业人数的原始基数大，这两市采矿业就业人数仍然占单位从业人数的20%左右，远高于全国地级市的平均水平；虽然资源枯竭型城市正在积极进行城市经济转型，但并非所有城市的资源型产业就业容量都在下降，反而有一半的地级资源枯竭型城市的资源型产业就业容量在上升，其中上升速度最快的是黑龙江省双鸭山市和内蒙古乌海市，与2006年相比这一比值分别增加了16.51%和12.06%。出现上述现象的原因是各个资源枯竭型城市的转型模式不同。资源枯竭型城市转型方式若以大力发展接续产业为主,通过对资源进行深加工而提高资源附加值、延伸产业链,那么虽然城市进行了经济转型,资源型产业不仅没有萎缩,而且仍然在城市产业中占据主导地位,资源型产业的就业容量依然很大。

第二,资源枯竭型城市基础设施建设得到改善,但公共服务系统有待进一步完善。资源枯竭型城市大多是由于一种矿产资源开发资源型企业生产规模扩大,随后以从事资源型产业的工人为主的劳动力不断汇集,相关产业及配套服务行业进一步发展,人力、财力、物力逐渐聚集而形成的,但这种突发式的城市形成方式也使得资源枯竭型城市缘矿而建,地理位置较为偏僻,在城市建设方面,缺乏城市总体布局规划,基础设施不够完善。因此,在城市转型过程中,各资源枯竭型城市都特别注重改善城市基础设施和公共服务系统。

仅以全国地级资源枯竭型城市的公交系统为例,如表3-12所示,2006年全国地级市平均每万人拥有公交汽车7.86辆,同年甘肃省白银市平均每万人拥有公共汽车3.09辆,远低于地级城市平均水平,这与白银市当时资源型传统产业日益衰退、地方财政收入相对减少是相适应的;2011年,全国地级市平均每万人拥有公共汽车9.3辆,同年白银市平均每万人拥有公共汽车5.28辆,相较于2006年有小规模的提升,但仍然远低于全国地级市平均水平、略低于甘肃省平均水平。

表3-12 2006—2011年地级资源枯竭型城市每万人拥有公共汽车数量　　　　单位:辆

年份	2006	2007	2008	2009	2010	2011
全国地级市平均	7.86	8.05	8.37	8.96	9.20	9.30
内蒙古自治区	5.77	6.60	7.66	7.82	7.98	7.74
内蒙古乌海市	7.31	6.67	7.98	7.91	7.60	7.24
辽宁省	9.17	9.02	9.29	9.27	9.27	9.68
辽宁省抚顺市	8.79	8.90	9.50	8.42	8.49	8.54
辽宁省盘锦市	7.17	7.22	6.66	6.52	6.87	7.05
辽宁省阜新市	4.38	4.63	4.34	5.05	4.58	4.78
吉林省	7.80	7.58	8.45	8.47	8.48	9.11
吉林省辽源市	8.98	6.93	6.89	7.57	7.31	7.27
吉林省白山市	4.05	4.01	6.39	5.34	4.47	5.41

续表

年份	2006	2007	2008	2009	2010	2011
黑龙江省	7.91	8.05	8.49	8.66	8.93	9.29
黑龙江省伊春市	2.57	2.58	2.74	2.90	2.94	3.52
黑龙江省七台河市	7.11	7.03	7.35	7.19	6.55	7.04
黑龙江省鹤岗市	5.77	7.34	5.96	6.04	6.18	7.10
黑龙江省双鸭山市	5.90	5.86	6.51	7.25	6.49	8.30
安徽省	4.45	4.86	5.19	5.40	5.11	5.93
安徽省淮北市	9.07	9.21	9.20	9.20	9.41	7.29
安徽省铜陵市	7.69	8.95	9.80	6.03	6.71	8.45
江西省	6.43	6.32	6.74	6.32	6.40	7.16
江西省萍乡市	7.49	4.47	5.33	3.58	3.78	4.33
江西省景德镇市	9.60	8.85	9.61	9.57	9.48	9.51
江西省新余市	3.70	4.62	4.00	4.18	4.42	4.38
山东省	7.76	8.75	8.94	8.05	8.13	9.09
山东省枣庄市	5.68	5.78	5.08	3.47	4.08	4.76
河南省	5.97	6.17	7.01	7.05	6.49	6.90
河南省焦作市	7.01	7.05	7.49	7.94	7.72	7.24
河南省濮阳市	8.51	8.71	7.20	5.45	5.38	5.31
湖北省	8.09	8.52	8.49	9.15	8.80	9.37
湖北省黄石市	13.96	13.43	13.42	11.57	12.31	12.32
广东省	11.90	9.47	10.11	14.25	16.58	17.31
广东省韶关市	2.50	2.48	2.45	4.37	4.53	5.53
四川省	4.07	4.58	5.44	5.79	5.51	5.91
四川省泸州市	4.08	4.05	4.96	4.94	5.03	5.76
陕西省	6.48	6.83	6.66	7.37	7.35	8.08
陕西省铜川市	2.19	2.45	2.58	2.85	2.61	3.08
甘肃省	4.28	4.32	4.81	4.91	5.25	5.41
甘肃省白银市	3.09	4.16	4.15	4.83	5.00	5.28
宁夏回族自治区	7.73	5.85	7.67	10.48	8.37	9.08
宁夏石嘴山市	2.02	2.16	3.92	13.25	4.28	4.33

资料来源：国家统计局社会经济调查总队：《中国城市统计年鉴（2007—2012）》，中国统计出版社 2007—2012 年版。

从 2006—2011 年地级资源枯竭型城市每万人拥有公交汽车数量的变

化来看：随着近两年以来资源枯竭型城市转型工作的推进，大部分城市公交汽车拥有率较 2006 年有所提高，不同的城市增速各有不同，其中伊春市保持逐年增加，其他城市公交汽车每万人拥有量呈螺旋式增长趋势。

图 3-5、图 3-6 和图 3-7 分别为第一批、第二批、第三批地级资源枯竭型城市及其所在省份平均每万人公共汽车拥有数，通过对比可以发现除黄石市和景德镇市外的所有地级资源枯竭型城市的每万人公交拥有数低于所在省份地级市的平均水平，个别城市在 2006—2011 年的每万人公交拥有数高于所在省份地级市的平均水平，由此可见，虽然资源枯竭型城市的公共交通系统等基础设施有所改善，但相对普通地级城市而言，地级资源枯竭型城市的城市公交服务体系在区域内相对不够健全，资源枯竭型城市的公共服务系统有待于进一步完善。

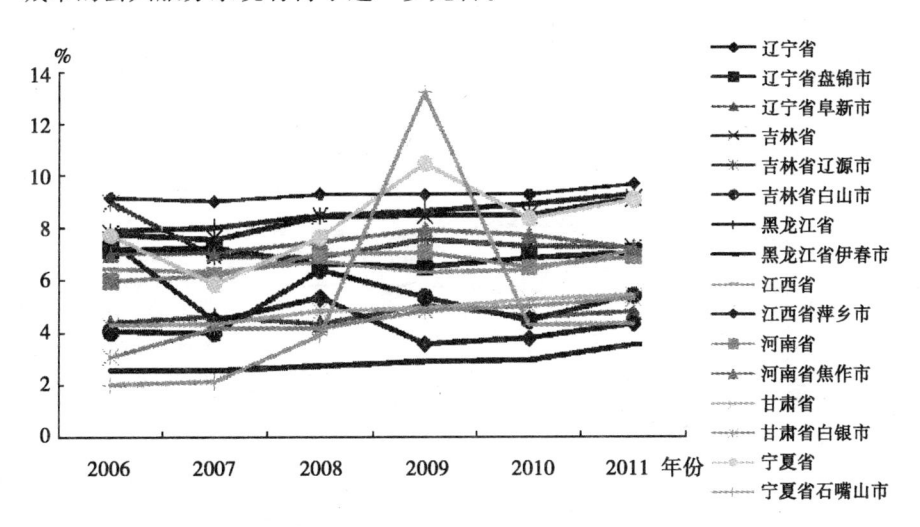

图 3-5　2006—2011 年第一批地级资源枯竭型城市及其
所在省份平均每万人公共汽车拥有数量

资料来源：国家统计局社会经济调查总队：《中国城市统计年鉴（2007—2012）》，中国统计出版社 2007—2012 年版。

第三，城市生态环境有所改善，环境治理投入不断加大。经过多年的开采活动，资源枯竭型城市，尤其是以矿产开发为主的资源枯竭型城市的生态环境遭到严重破坏。矿山开采一方面导致区域地下水水位下降，出现大面积的疏干漏斗并形成地面塌陷；另一方面矿产开采和洗选排放的工业废水大都不符合排放标准，加之大量堆放的废渣和尾矿经长期淋浸，渗出含重金属的酸性水，使地面水体和地下水源污染严重。资源型枯竭型城市

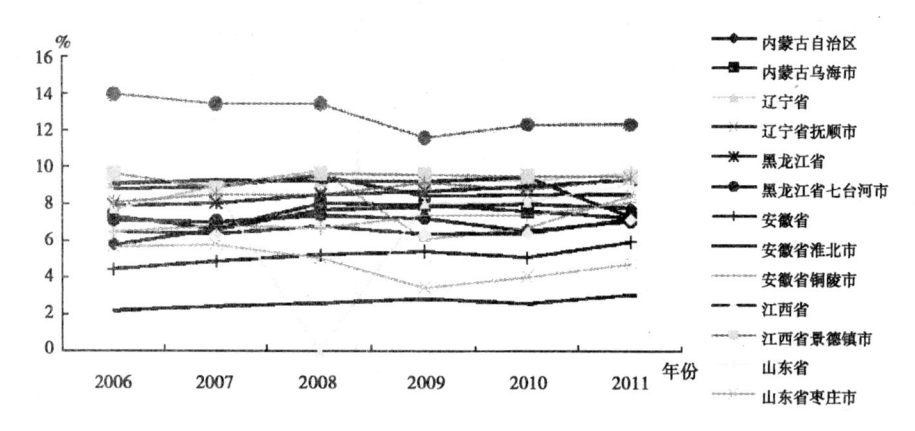

图 3-6　2006—2011 年第二批地级资源枯竭型城市及其
所在省份平均每万人公共汽车拥有数量

资料来源：国家统计局社会经济调查总队：《中国城市统计年鉴（2007—2012）》，中国统计出版社 2007—2012 年版。

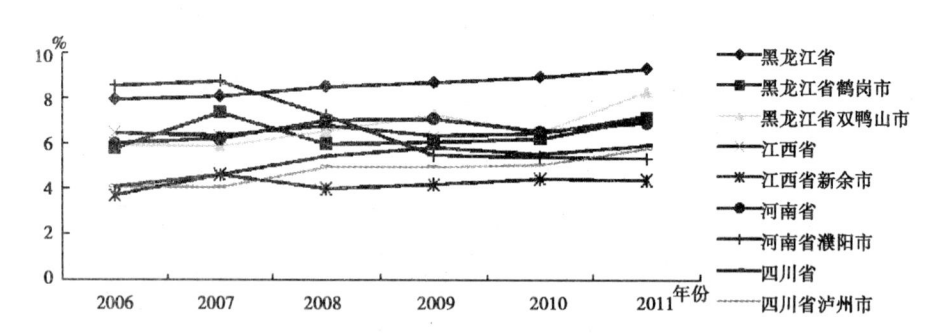

图 3-7　2006—2011 年第三批地级资源枯竭型城市及其
所在省份平均每万人公共汽车拥有数量

资料来源：国家统计局社会经济调查总队：《中国城市统计年鉴（2007—2012）》，中国统计出版社 2007—2012 年版。

往往本着"先污染后治理"的原则进行发展，当资源濒临枯竭时，生态环境问题已然根深蒂固。

自国家提出要顺利完成资源枯竭型城市转型起，各资源枯竭型城市对生态环境问题予以高度重视，经过大力治理，目前各城市的生态环境破坏得到了一定程度的缓解，以城市建成区绿化覆盖率为例，如表 3-13 所示，2006 年全国地级市平均水平建成区绿化覆盖率为 35.09%，到"十一五"末这一比率上升为 41.33%，呈现平稳增加的发展趋势，但 2011 年下降至 37.37%；除阜新市、铜陵市、濮阳市以外的各资源枯竭型城市

"十一五"末的建成区绿化覆盖率较"十一五"初相比均有显著提高,鹤岗市、双鸭山市、淮北市、萍乡市、景德镇市、新余市、韶关市和铜川市共九市2010年的建城区绿化覆盖率高于同期全国地级市的平均水平,其中景德镇市的增速最快,从2006年的29%提高到2010年的53.58%,至2011年,半数以上的地级资源枯竭型城市建成区绿化覆盖率已经超过同年全国地级市的平均水平。

表3–13　2006—2011年地级资源枯竭型城市建成区绿化覆盖率　　单位:%

年份	2006	2007	2008	2009	2010	2011
全国地级市平均	35.09	36.97	37.87	39.89	41.33	37.37
内蒙古乌海市	19.52	15.95	20.03	16.08	33.94	35.29
辽宁省抚顺市	39.44	40.09	39.44	39.75	39.60	39.30
辽宁省盘锦市	36.52	37.55	38.59	38.95	38.41	40.67
辽宁省阜新市	43.24	34.43	35.90	38.48	40.76	39.95
吉林省辽源市	20.96	25.45	26.76	30.56	35.35	38.54
吉林省白山市	7.38	4.21	3.29	29.70	29.88	32.68
黑龙江省伊春市	23.13	23.89	25.27	26.01	26.01	25.39
黑龙江省七台河市	28.29	33.02	33.87	31.70	35.87	42.85
黑龙江省鹤岗市	38.40	38.40	35.93	39.23	42.40	43.43
黑龙江省双鸭山市	38.14	30.65	32.06	38.66	42.59	43.50
安徽省淮北市	39.02	42.44	41.87	43.02	43.14	43.18
安徽省铜陵市	53.42	40.89	40.85	52.83	40.04	46.71
江西省萍乡市	31.80	38.90	40.56	40.98	46.83	48.33
江西省景德镇市	29.00	42.83	43.23	52.79	53.58	55.47
江西省新余市	42.08	41.77	43.59	47.10	49.17	52.67
山东省枣庄市	30.65	34.30	35.44	37.53	39.64	39.06
河南省焦作市	39.03	38.78	34.41	35.16	41.74	39.60
河南省濮阳市	39.78	41.17	45.33	45.33	32.00	21.35
湖北省黄石市	39.25	39.26	40.42	41.06	39.88	38.49
广东省韶关市	33.56	38.37	38.93	42.76	48.38	44.94
四川省泸州市	34.55	34.81	38.23	38.20	38.84	40.09
陕西省铜川市	34.38	34.28	34.28	37.83	43.00	42.63
甘肃省白银市	21.00	21.55	22.49	22.35	22.80	26.39
宁夏石嘴山市	29.34	34.64	39.41	35.02	40.43	38.20

资料来源:国家统计局社会经济调查总队:《中国城市统计年鉴(2007—2012)》,中国统计出版社2007—2012年版。

从 2006 年到 2011 年各地级资源枯竭型城市的建成区绿化覆盖率变化上看：大多数资源枯竭型城市的建成区绿地覆盖率变化较大，有升有降，山东枣庄等八市绿地覆盖率保持逐年平稳增加的趋势，每年绿地覆盖率高于全国地级市平均水平和低于全国地级市平均水平的地级资源枯竭型城市的数量基本相当。虽然各地级资源枯竭型城市绿地覆盖率变化规律不同，但总体而言，各地级资源枯竭型城市绿地覆盖率在总量上是有所增加的，城市生态环境修复工作取得了初步成效。

随着资源枯竭型城市转型措施的逐步实施，各项环境治理技术也得到发展，特别是废弃物处理技术越来越成熟，经济初步发展起来。从统计数据上看，如表 3-14 所示，大部分地级资源枯竭型城市三废综合利用产值呈现稳定上升的趋势，如宁夏石嘴山市 2006 年三废综合利用产品产值为 17555 万元，2010 年三废综合利用产品产值为 44842 万元，2010 年的产值为 2006 年的 2.25 倍；再如黑龙江省伊春市 2006 年三废综合利用产品产值为 2485 万元，2010 年三废综合利用产品产值为 26344 万元，2010 年的产值是 2006 年的 10.6 倍。虽然各资源枯竭型城市的三废综合利用产品产值并非匀速增加，但随着技术日益成熟，我国各地级资源枯竭型城市的环境治理水平不断提升，有利于经济的可持续发展。

表 3-14　2006—2010 年地级资源枯竭型城市三废综合利用产品产值　　单位：万元

年份	2006	2007	2008	2009	2010
内蒙古乌海市	12249	13661	12500	20403	45562
辽宁省抚顺市	109621	135424	87050	96295	85193
辽宁省盘锦市	3964	3786	3657	2575	2519
辽宁省阜新市	7738	6381	10671	10671	16817
吉林省辽源市	1649	13290	1465	2071	2063
吉林省白山市	4038	12606	9446	8813	25593
黑龙江省伊春市	2485	6845	6346	1075	26344
黑龙江省七台河市	3929	6148	8392	33812	34113
黑龙江省鹤岗市	3204	3747	4478	4722	7022
黑龙江省双鸭山市	1200	2525	4857	4551	4551
安徽省淮北市	9053	—	18377	32603	13374
安徽省铜陵市	28041	54807	118930	118903	81799
江西省萍乡市	12801	21673	17232	13389	16377

续表

年份	2006	2007	2008	2009	2010
江西省景德镇市	5189	4208	4842	33422	42317
江西省新余市	42253	47916	60611	72304	126570
山东省枣庄市	45429	63736	61344	52584	60777
河南省焦作市	53579	58793	87059	94502	94843
河南省濮阳市	8748	11472	19245	16448	17657
湖北省黄石市	90640	109813	124089	109396	128773
广东省韶关市	33154	60909	43093	37268	37516
四川省泸州市	141633	6614	5819	16200	6035
陕西省铜川市	5158	3450	8200	11581	11595
甘肃省白银市	13689	13940	13699	15426	10320
宁夏石嘴山市	17555	19876	18954	24458	44842

资料来源：国家统计局社会经济调查总队：《中国城市统计年鉴（2007—2011）》，中国统计出版社 2007—2011 年版。

三 西部资源枯竭型城市经济社会发展现状与问题

（一）西部资源枯竭型城市分布

西部地区资源型城市密集，分别处于不同的资源型城市发展阶段。按照 2002 年国家计委宏观经济研究院重点研究课题——《我国资源型城市经济结构转型研究》的研究结果，我国共有资源型城市 118 个，西部地区资源型城市合计 33 个，占总数比重超过 1/4，其中内蒙古自治区 9 个，四川省和新疆维吾尔自治区各 5 个，云南省 4 个，甘肃省 3 个，广西壮族自治区、陕西省及贵州省各 2 个，宁夏回族自治区 1 个（见表 3 - 15）。

表 3 - 15 西部资源型城市的分布状况[①]

省份	数量	城市名称
内蒙古自治区	9	乌海、赤峰、满洲里、牙克石、东胜、锡林浩特、霍林郭勒、根河、阿尔山
广西壮族自治区	2	凭祥、合山

---

① 国家计委宏观经济研究院课题组：《我国资源型城市的界定与分类》，《宏观经济研究》2002 年第 11 期。

续表

省份	数量	城市名称
四川省	5	攀枝花、广元、华蓥、达州、绵竹
贵州省	2	六盘水、福泉
云南省	4	东川、个旧、开远、宣威
陕西省	2	铜川、韩城
甘肃省	3	白银、金昌、玉门
宁夏	1	石嘴山
新疆维吾尔自治区	5	克拉玛依、哈密、阿勒泰、库尔勒、阜康

截至 2012 年，在国务院确定的 69 座资源枯竭型城市中，有 19 个城市处于西部地区，占全国总数的 27.53%，并且大多数资源枯竭型城市属于国务院审批的第二批和第三批资源枯竭型城市（见表 3-10）。在西部资源型城市名单中，共有 10 个已被列为资源枯竭型城市，占总数的 30.3%，在另外 9 个西部资源枯竭型城市中（见表 3-16），万盛区、南川区、红古区、石拐区共同因煤炭资源逐渐枯竭，泸州市、易门县、潼关县、平桂管理区、万山特区分别因天然气、铜矿、金矿、锡矿、汞资源逐渐枯竭而被列入资源枯竭型城市的行列。

西部地区的资源枯竭型城市数量多、分布广，以石油、煤炭和有色金属类城市为主，其中煤炭城市 9 个，约占总数的一半；有色金属城市 3 个，占总数的 16%；石油、森工城市各 1 个，各占总数的 5%；其他城市共 5 个，占总数的 26%（见图 3-8）。

表 3-16　　　　　　　　西部地区资源枯竭型城市名单

地级市	第一批：白银市、石嘴山市
	第二批：铜川市
	第三批：乌海市、泸州市
县级市	第一批：个旧市
	第二批：阿尔山市、合山市、华蓥市、玉门市
县	第三批：易门县、潼关县
市辖区	第二批：东川区、万盛区、万山特区
	第三批：石拐区、平桂管理区、南川区、红古区

资料来源：中华人民共和国国家发展和改革委员会网站（http://www.ndrc.gov.cn/）。

图 3-8　西部资源枯竭型城市产业分布

资料来源：中华人民共和国国家发展和改革委员会网站（http://www.ndrc.gov.cn/）。

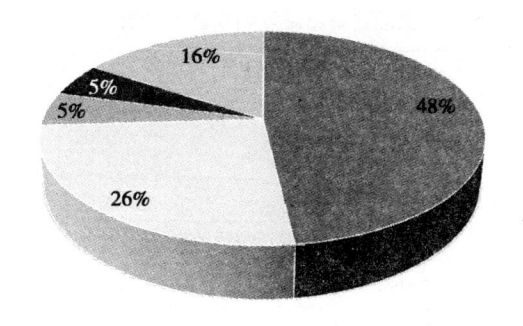

（二）西部资源枯竭型城市经济社会发展现状

十八大提出"加快建立生态文明制度，健全国土空间开发、资源节约、生态环境保护的体制机制，推动形成人与自然和谐发展现代化建设新格局"，为资源枯竭型城市转型描绘了新蓝图。西部地区是中国生态文明建设战略高地，因此西部资源枯竭型城市更要把生态文明建设放在突出地位，使之融入经济建设、政治建设、文化建设、社会建设各方面和全过程，从源头上扭转生态环境恶化趋势，为居民创造良好的生产生活环境。

本书借鉴国家计委宏观经济课题组（2002）研究资源型城市情况时所选取的指标制作了 2011 年西部地级及县级资源枯竭型城市的基本发展情况。

如表 3-17 所示，2011 年，我国地级以上城市人均 GDP 为 40562 元，职工平均工资为 42791 元，西部 5 个地级资源枯竭型城市合计的相应指标则分别为 26332 元和 37197 元，均显著低于全国平均水平，其中仅乌海市和石嘴山市的人均 GDP 指标值超过了全国地级城市平均水平，四川省泸州市的职工平均工资最低；相较而言，西部县级资源枯竭型城市的相应指标更低。另外我国地级和县级以上城市城镇失业人员占职工人数比重分别为 5.13% 和 3.04%，西部地级和县级资源枯竭型城市相应指标分别为 6.21% 和 3.38%，均高于全国平均水平，其中 80% 的西部县级资源枯竭型城市超过该指标全国县级市平均水平，60% 的西部地级资源枯竭型城市超过该指标全国地级市平均水平，内蒙古乌海市这一指标最高达 11.38%。

表 3-17　　2011年西部地级和县级资源枯竭型城市基本情况

	土地面积	涉及人口	涉及职工	城镇登记失业人员	失业人员占职工比重	GDP	人均GDP	职工年平均工资
	平方公里	万人	万人	人	%	亿元	元	元
西部地级资源枯竭型城市								
乌海市	1754	54.10	10.06	11458	11.38	483.20	89521	42941
泸州市	12228	503	26.50	16309	6.15	900.80	21339	30732
铜川市	3882	85.50	10.16	1681	1.65	234.50	28034	33953
白银市	21158	179.40	15.41	6857	4.45	375.80	20600	39808
石嘴山市	5310	75.10	9.17	7948	8.66	368	50377	38555
西部地级资源枯竭型城市合计	44332	897.10	71.30	44253	6.21	2362.30	26332	37197
全国地级市合计	4714347	126996	13791	7077138	5.13	515127.40	40562	42791
西部县级资源枯竭型城市								
阿尔山市	7409	5	1.20	47	0.39	10.60	21200	15515
合山市	360	14	2.94	947	3.22	29.30	20928	12241
华蓥市	466	36	3.28	1208	3.68	88.70	24638	20038
个旧市	1587	39	12.29	4587	3.73	147.30	37769	16539
玉门市	13496	16	4.65	1463	3.14	124.70	77937	25064
西部县级资源枯竭型城市合计	23381	110	24.36	8252	3.38	400.60	36418	18404
全国县级市合计	1274550	26986	3579	825340	3.04	4652	19365	32158

资料来源：国家统计局社会经济调查总队：《2011年中国城市统计年鉴》，中国统计出版社2011年版。

目前西部资源枯竭型城市最主要的特征就是主导资源濒临枯竭，城市正在走转型之路。资源枯竭型城市的转型涉及城市管理的方方面面，牵一发而动全身，是一项系统的工程。就近年来西部各个资源枯竭型城市的转型效果而言，大多数城市采取了积极的经济转型措施，不同的城市取得了不同程度的成绩。从整体而言，西部资源枯竭型城市社会经济发展现状不仅具有全国资源枯竭型城市的一般特点，也拥有其特殊性，主要表现为城市经济稳步发展，居民收入逐步增加。

表 3-18 为西部各地级和县级资源枯竭型城市按可比价格计算的地区生产总值增长率，从中可以看出，西部各地级资源枯竭型城市在"十一五"期间经济发展较为平稳，作为西部第一批资源枯竭型城市的白银市，

2006年地区生产总值增长率为12.50%,到2011年这一指标上升至14.8%,同样作为西部第一批资源枯竭型城市的石嘴山市,"十一五"期间每年地区生产总值增长率保持在13%以上,这主要是因为白银市和石嘴山市采取了多种手段进行转型,以白银市有色金属及稀土产业和石嘴山市能源化工产业为代表的接续产业和替代产业获得快速发展,从而使城市经济重获了活力。相比较而言,西部大部分县级资源枯竭型城市的地区生产总值增长率在2006—2007年波动较大,近三年经济发展渐渐趋于稳定,每年地区生产总值增长率保持在10%左右,特别是内蒙古阿尔山市和广西合山市在经历了2007年经济发展的低谷后,积极落实资源枯竭型城市的转型工作,获得新的经济增长点,阿尔山市地区生产总值增长率由2007年的2.3%提升至2011年的10.5%,合山市这一指标由2007年的负增长提升为2011年的13.1%。

表3-18 西部各地级和县级资源枯竭型城市地区生产总值增长率　　单位:%

年份	2006	2007	2008	2009	2010	2011
西部地级资源枯竭型城市						
乌海市	18.10	18.40	12.60	22.80	19.70	15.80
泸州市	13.60	15.30	15.00	14.50	16.50	15.70
铜川市	15.00	15.30	17.10	15.20	15.60	15.80
白银市	12.50	12.69	12.29	11.11	13.90	14.80
石嘴山市	13.80	14.80	14.10	13.20	13.40	13.30
西部县级资源枯竭型城市						
阿尔山市	1.60	2.30	16.70	15.70	14.80	10.50
合山市	15.97	-9.08	3.90	12.70	10.00	13.10
华蓥市	12.90	14.20	14.50	15.00	15.80	15.50
个旧市	12.30	16.10	8.80	9.50	10.10	13.70
玉门市	13.70	15.55	12.40	13.72	8.60	15.30

从2006—2011年西部地级和县级资源枯竭型城市地区生产总值增长率的变化曲线上看,各城市的生产总值增长率有升有降,曲线变化各有不同,这与不同的城市在同一年份所处的不同城市发展阶段有关。国务院分三批公布了资源枯竭型城市的名单,由此各个资源枯竭型城市进入资源枯竭期的时间差异较大,导致开始转型的时间各不相同,采取的转型措施也

各具特色，所以地区生产总值的增长率变化规律各不相同属于正常现象。总体而言，2006—2007 年国家未批复任何西部资源枯竭型城市试点的时候，大部分城市的地区生产总值增长率忽高忽低甚至为负值，从 2008 年起，国务院陆续正式公布资源枯竭型城市的名单，虽然各地级和县级城市这一增长率仍有升有降，但大部分城市总体都在 3% 曲折变化范围内，各地区经济获得稳步发展（见图 3 - 9）。

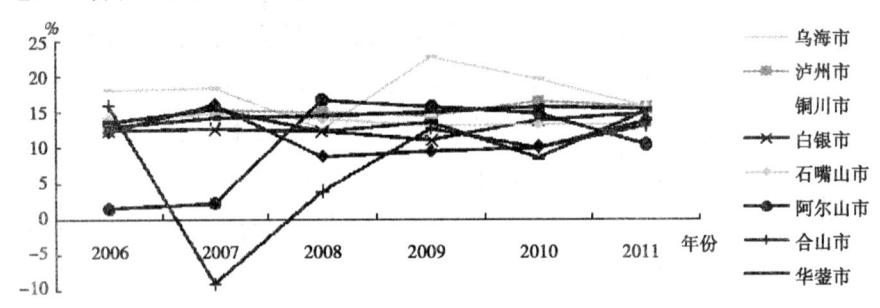

图 3 - 9 2006—2011 年西部地级和县级资源
枯竭型城市地区生产总值增长率变化

资料来源：国家统计局社会经济调查总队：《中国城市统计年鉴（2007—2012）》，中国统计出版社 2007—2012 年版。

从西部各地级资源枯竭型城市居民收入变化看，近年来由于国家的高度重视和资源枯竭型城市的积极努力，总体上城市居民收入不断增加，居民生活水平逐步提高。仅以城乡居民人均储蓄年末余额统计数据为例，如人均收入较高的内蒙古乌海市，2006 年城乡居民人均储蓄年末余额为 21238.75 元，为当年全国地级城市平均数的 1.61 倍，2011 年城乡居民人均储蓄年末余额约翻一番，为当年全国地级城市平均数的 1.52 倍；再如人均收入较低的甘肃省白银市，2006 年城乡居民人均储蓄年末余额为 5731.67 元，为当年全国地级城市平均数的 43.63%，2011 年城乡居民人均储蓄年末余额虽然仍远低于全国地级市平均水平，但增长到 12329 元，为 2006 年的 2.15 倍（见表 3 - 19）。

表 3 - 19 2006—2011 年西部源枯竭型城乡居民人均储蓄年末余额 单位：元/人

年份	2006	2007	2008	2009	2010	2011
全国地级市平均	13134	13824	17213	20500	37174	26240
乌海市	21238	21723	29832	35451	52796	40086
泸州市	5379	5907	7445	8718	8797	12272

续表

年份	2006	2007	2008	2009	2010	2011
铜川市	8913	8737	11670	14754	9293	21305
白银市	5731	5521	7372	9209	10346	12329
石嘴山市	14264	14912	19913	23273	36095	30122

资料来源：国家统计局社会经济调查总队：《中国城市统计年鉴（2007—2012）》，中国统计出版社 2007—2012 年版。

从 2006—2011 年西部地级资源枯竭型城市居民人均储蓄年末余额变化曲线图上看，乌海市和石嘴山市城市居民人均储蓄年末余额高于全国地级市的平均水平，其他三座城市均低于全国平均水平。从变化趋势上看，2006 年至 2010 年，各地级资源枯竭型城市与全国地级城市平均水平的变化规律基本一致，除铜川市 2010 年这一指标稍有下降外，均呈逐年稳步上升的趋势，并且在近两年变化速度有所增加（见图 3 - 10）。2011 年，泸州市、铜川市和白银市这一指标均有所上升，乌海市和石嘴山市人均储蓄年末余额下降幅度较大。

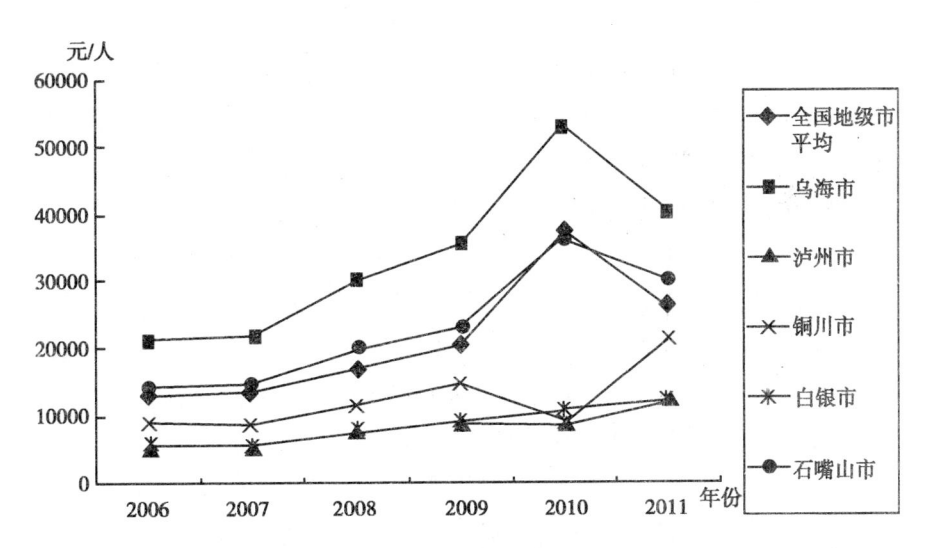

图 3 - 10　2006—2011 年西部地级资源枯竭型城市居民人均储蓄年末余额变化

资料来源：国家统计局社会经济调查总队：《中国城市统计年鉴（2007—2012）》，中国统计出版社 2007—2012 年版。

（三）西部资源枯竭型城市经济社会发展问题

随着国家针对资源枯竭型城市转型的扶植政策不断落实，西部资源枯竭型城市总体经济发展水平以及人民生活水平有所提高，但与全国平均水平和发达地区发展水平相比，却较为落后。西部资源枯竭型城市面临着经济结构调整和经济发展方式转型的严峻形势，其经济发展应该更多依靠节约资源和经济推动，更多依靠城乡区域发展协调互动，着重建立资源循环利用体系，因地制宜地培育发展接续、替代产业，不断增强自身的区域自我发展能力。综观近年来西部资源枯竭型城市的转型历程，各个城市社会、经济发展过程仍然存在着许多问题，主要体现在以下四个方面。

地方财政严重困难。西部资源型城市是依托资源型企业形成和发展起来的，资源型企业在资源型城市的经济地位举足轻重。在计划经济体制下建立起来的资源型企业不仅具有老国有企业存在的共同弊端，例如权责不明、设备老化、管理惰性、冗员过多、竞争力低下等，还面临着一些特有的困难，主要表现在以下三个方面：一是高投入、高消耗、高污染的发展方式使得资源型企业不再具有"资源优势"，主导优势资源枯竭，传统产业衰退；二是"政企合一"的现象较为严重，"资源性企业缺少生产经营的自主权，没有成为真正的市场主体，政府在微观领域并未全部退出，企业也承担了大量的政府职能"。① 企业获得的收益大部分用于扩大生产和行政开销，因此资源型企业资金积累较少，又由于区位因素，吸引资金能力弱；三是随着新材料、新能源对传统原材料、传统能源替代进程的加快，导致资源型产品市场萎缩。

在转型过程中，上述问题使得以资源型企业为主导的生产结构难以在短期内改变，企业生产成本不断提高，经济效益低下，不能快速形成新的生产能力。"资源型城市的主导产业为上游基础产业，产品附加值远低于下游产业，这是造成资源枯竭型城市财力薄弱的根本原因"②，西部资源枯竭型城市因其地处经济不发达地区面临着更为严重的财力不足问题，进一步加剧了城市经济结构调整和转型的困难。

从"十一五"时期西部资源枯竭型城市的整体发展态势上来看，在全国经济迅速发展的形势下，各城市财政收入也得以快速增长，但截至"十一五"末西部地级资源枯竭型城市人均财政收入平均水平远远低于全

---

① 韩丽红：《资源枯竭型城市转型中需要正确处理的几个关系》，《资源与产业》2006年第1期。

② 张米尔、武春友：《资源型城市产业转移障碍与对策研究》，《经济理论与经济管理》2001年第2期。

国地级城市的平均水平（见表3-20）。

表3-21是根据表3-20制作得出的西部地级资源枯竭型城市财政状况比较表，由此可见，2011年西部地级资源枯竭型城市人均财政收入比2006年提高了1309元，达到1833元，人均财政支出比2006年提高了3822元，同期，全国地级城市人均财政收入和财政支出分别为3472元和5664元；相比较而言，西部地级资源枯竭型城市人均财政收入相当于全国平均水平比重仅为52.79%，虽然较2006年上升了约10个百分点，但2011年西部地级资源枯竭型城市的人均财政收入刚刚略高于"十一五"初期全国地级城市的平均水平，同时地级资源枯竭型城市人均财政支出相当于全国地级城市平均水平比重为91%，较2006年上升了约21个百分比。西部地级资源枯竭型城市地方财政收支增长的差异，使这些城市的财政收支困难局面更为严峻。2011年，全部西部地级资源枯竭型城市财政收支差额占其所在省份合计的财政收支差额的比重达到5.41%，人均财政收支差额绝对值为3324元，远远高于全国地级市2192元的平均水平，其中乌海市、铜川市和石嘴山市这一指标都高达5000元以上。

在西部县级及市辖区资源枯竭型城市中，上述情况更为严重。以甘肃省玉门市为例，随着石油资源的枯竭，玉门市传统的支柱产业——石油采炼业的发展受到很大的制约，对地方经济发展贡献减弱，地方财力受到严重影响。油田税收占财政收入的比重由60%下降到2008年的16.6%，而石油开采、加工产业带动能力的减弱，更是导致围绕油田、服务油田而建的30多户地方工商企业破产倒闭，地方原有的经济体系受到巨大冲击，地方税源锐减，财政收入大量流失，据测算，1998—2008年11年间，玉门市与油田相关的地方税收平均每年减少3500万元。①

由此，本书认为，西部资源枯竭型城市财政水平不仅相对较低，而且多年来地方财力持续下降，既造成了大量不良债务，也使得城市基础设施建设和民生建设面临较大的资金短缺问题，自我积累和发展能力难以得到有效、快速提高，尽管中央政府和省政府会给予各资源枯竭型城市转型专项资金，但也难以填补积累已久的资金缺口，进而阻碍到城市转型的步伐。

---

① 玉门市发展和改革委员会：《甘肃省玉门市资源枯竭型城市转型规划》，2010年1月28日。

表 3-20　西部各地级资源枯竭型城市及其所在省份财政收支状况

城市	人均财政收入			人均财政支出		
	2006年（元）	2011年（元）	增长倍数（倍）	2006年（元）	2011年（元）	增长倍数（倍）
乌海市	2844	6782	2.38	4342	14454	3.32
泸州市	289	1300	4.51	885	3394	3.83
铜川市	481	2209	4.59	1456	7525	5.16
白银市	320	954	2.98	1309	4705	3.59
石嘴山市	1239	3513	2.84	2453	8658	3.52
西部地级资源枯竭型城市平均水平	524	1833	3.51	1335	5157	3.86
全国地级市平均水平	1246	3472	2.79	1927	5664	2.93
城市/省份	财政收入			财政支出		
	2006年（万元）	2011年（万元）	增长倍数（倍）	2006年（万元）	2011年（万元）	增长倍数（倍）
乌海市	123293	366928	2.97	188249	781966	4.15
泸州市	140056	654047	4.66	428746	1707430	3.98
铜川市	40670	188944	4.64	123139	643424	5.22
白银市	55947	171166	3.06	228630	844129	3.69
石嘴山市	90525	263831	2.91	179114	650265	3.63
内蒙古自治区	2619564	9622674	3.67	5823266	21134191	3.62
四川省	3921231	13701111	3.49	9728592	33130895	3.4
陕西省	2408257	8500981	3.52	4766759	20406862	3.28
甘肃省	885991	2649855	2.99	3278316	11507865	3.51
宁夏	506705	1653466	3.26	1177401	5060661	4.29

资源来源：根据《2007年中国城市统计年鉴》和《2012年中国城市统计年鉴》相关数据整理、计算。

表 3-21　西部地级资源枯竭型城市财政收支状况比较

	2006年	2011年
西部地级资源枯竭型城市财政收入总和占各省合计的比重（%）	4.36	4.55
西部地级资源枯竭型城市财政支出总和占各省合计的比重（%）	4.63	5.07
西部地级资源枯竭型城市财政收支差额占各省合计的比重（%）	4.83	5.41
西部地级资源枯竭型城市人均财政收入（元）	524	1833

续表

	2006 年	2011 年
全国地级城市人均财政收入（元）	1246	3472
西部地级资源枯竭型城市人均财政收入占全国人均财政收入的比重（％）	42.06	52.79
西部地级资源枯竭型城市人均财政支出（元）	1335	5157
全国地级城市人均财政支出（元）	1927	5664
西部地级资源枯竭型城市人均财政支出占全国人均财政支出的比重（％）	69.29	91.04

资料来源：根据《2007 年中国城市统计年鉴》和《2012 年中国城市统计年鉴》相关数据整理、计算。

产业结构不合理。新中国成立以后，在计划经济模式下，国家通过计划指令统一调配资源和生活必需品，在这种体制下，资源枯竭型城市并没有农业生产和生活必需品生产的后顾之忧，而将所有精力都投入主导资源的开发中。因此，西部资源枯竭型城市经济发展对于资源具有较高的依赖性，这些资源枯竭型城市就是国家工业化体系中的一个个螺丝钉，按照国家计划的安排，集中发展资源产业，形成了一条以资源产业为主导的产业链，同时忽略了其他产业的协调发展，普遍呈现"第一产业基础薄弱，第二产业比重过大，第三产业发展滞后，产业结构'两头小，中间大'，呈'方垂壮'畸形发展"。[①]

目前已有相关研究成果显示，我国资源枯竭型城市普遍存在着产业结构单一且低度化、产业关联度低、产业布局分散化以及二元性突出等特点。[②] 而西部资源枯竭型城市存在着产业结构极度不合理的问题，具体来说，除森工城市以外的以采选业为主的西部资源枯竭型城市第一产业比重偏低，第三产业发展缓慢，而第二产业比重偏高，即采掘工业和原材料工业所占比重过大，没有以资源深度加工为目标形成优势产业链，同时工业内部产业结构也不尽合理，资源开采及加工业一般占工业总产值比重30%甚至50%以上，轻工业发展滞后，重工业占有绝对优势。

这种偏重型产业结构模式，其"产业技术约束造成了资源型企业具

---

① 武磊：《推进资源枯竭型城市产业转型的若干思考》，《中州学刊》2009 年第 5 期。
② 孙森、丁四宝：《我国资源枯竭型城市衰退的体制原因分析》，《经济地理》2005 年第 2 期；吴诗荣：《我国资源枯竭型城市产业结构特征的初步分析》，《财经政法资讯》2006 年第 5 期。

有很高的产业'锁定性'"。① 在城市不断发展的过程中，这种产业结构将随着资源数量的不断减少和资源开采强度的不断加大而致使资源型企业发展能力不足及经济效益低下，同时各种结构性矛盾日益加深直接影响了城市功能的正常发挥，虽然一些西部资源枯竭型城市正在进行经济转型，但新兴主导产业的发展和培育能力仍然较弱，进而影响到产业结构的优化与升级。

从西部地级和县级资源枯竭型城市相关统计数据来看，上述产业结构的特征并没有发生本质的改变，大多数城市目前正在处于产业结构调整的探索阶段或初期改造阶段，产业结构的不合理性仍然十分突出。

西部资源枯竭型城市原有产业结构并没有彻底改变，西部资源枯竭型城市三次产业构成与全国城市平均水平有较大的差异，远远滞后于全国城市产业结构的发展水平。以2011年为例，当年全国地级以上城市三次产业产值所占比重分别为10.2%、46.8%、43.0%，西部地级资源枯竭型城市只有第一产业所占比重与之相当，第二产业偏中型特点突出，第三产业则明显滞后。

不仅如此，西部资源枯竭型城市存在着就业结构畸形发展的趋势。从就业结构的产业分布来看，西部资源枯竭型城市就业人口集中于第二产业，近几年各城市经过经济转型与产业结构的调整，尽管第二产业就业人口所占比重的平均水平已有所下降，但截至"十一五"末仍然超过50%，高于全国地级市和县级市的平均水平，甚至有的城市接近70%，如内蒙古乌海市和云南省个旧市2010年第二产业就业人口所占比重分别高达64.70%和67.96%，第三产业就业人口比重则明显低于全国地级和县级城市的平均水平，就业结构在总体上并没有发生根本性的转变，并且在泸州市等部分城市呈现出差距不断扩大的趋势。

另外本书还发现，西部资源枯竭型城市不仅产业结构与就业结构畸形发展特点十分显著，而且二者也存在着较大的不平衡性，相对于就业结构变化而言，产业结构的变化更为滞后，这也充分说明了西部资源枯竭型城市经济转型面临着巨大的困难。

人才外流严重。资源枯竭型城市为了实现可持续发展，需要一大批拥有自主知识产权的专利产业化项目。但西部资源枯竭型城市的资源产业多

---

① 刘玉劲等：《我国资源型城市产业转型的分析框架》，《东北大学学报》2004年第4期。

为初级开发，科技含量低，技术积累普遍不足，缺乏高技术人才，使其自主创新能力不足，转型的技术基础薄弱。同时，大多数劳动者来自农村，受教育水平偏低，就业技能单一，加剧了实现充分就业和劳动力转移的困难。大部分西部资源枯竭型城市位于边远地区，工作条件落后，生活环境欠佳，工资福利待遇差，难以对专家、技术人员、管理人员形成吸引力，造成资源枯竭型城市在人才方面既无法"开源"也无法"节流"的局面，城市转型急需高层次、高复合型人才。

以甘肃省白银市为例，随着大中型企业生产经营滑坡，专业技术人员、经营管理人员和生产技术工人外流严重。2006年以来，白银公司等5户大中型企业中级以上技术管理人才流失1630人，技术工人流失2530人，26名高级工程师离职到外地发展。白银市是闻名全国的状元县所在地，白银市高考升学率名列全省前茅，但是回归本地发展的人数不到1/5。① 再如甘肃省玉门市因石油资源枯竭和油田生活基地搬迁，导致企业管理人才和教育、文化、卫生等方面的专业技术人才大量外流，据统计，20世纪90年代末期以来，玉门市共流失各类经营管理人才、专业技术人才和生产技能人才4077人，占现有总人口的2.2%。②

各类人才的大量外流，导致经济社会发展所需的经营管理人才和专业技术人员严重不足，严重削弱了社会经济发展的科技支撑和智力支持，对西部资源枯竭型城市经济社会的可持续发展将产生很大的制约。

四 西部资源枯竭型城市区域自我发展能力评估

（一）西部资源枯竭型城市区域自我发展能力的评价指标体系

区域自我发展能力主要取决于区域对要素的集聚能力，是区域竞争力与发展潜力的集中体现，而一个地区对要素的集聚能力受到该地区的区位优势、经济发展水平、社会发展情况、金融发展状况、生态环境可持续发展能力和政府行为等多因素的影响，除区位因素难以人为改变外，其他多个因素都会随着人类社会的生产活动发生改变。结合西部资源枯竭城市经济、社会、生态环境的特殊情况，本书将西部资源枯竭型城市区域自我发

---

① 白银市发展和改革委员会、白银市经济转型办公室：《甘肃省白银市资源枯竭型城市转型规划》，2009年1月29日。

② 玉门市发展和改革委员会：《甘肃省玉门市资源枯竭型城市转型规划》，2010年1月28日。

展能力分解为区域经济发展能力、区域社会发展能力、区域生态环境承载能力、区域金融服务能力、地方政府调控能力，其中，区域经济发展能力是区域自我发展能力形成的前提，区域社会发展能力是区域自我发展能力形成的基础，区域生态环境承载能力是形成区域自我发展能力的最终表现，区域金融服务能力是形成区域自我发展能力关键要素，地方政府调控能力是形成区域自我发展能力的重要保障。基于可操作性和实用性原则，以统计数据为基础，本书将反映区域自我发展能力各个构成要素的指标具体量化，构成区域自我发展能力定量研究的指标体系，该指标体系分为四层，总体层为西部资源枯竭型城市区域自我发展能力；系统层分为区域经济发展能力、区域社会发展能力、区域生态环境承载力、区域金融服务能力、地方政府调控能力；状态层分为经济发展水平、经济增长能力、产业结构、区域人口、就业能力、自然资源潜力、综合环境质量、环境治理与保护、金融规模、政府财政配置、整合能力、社会管理能力；指标层为30个具体指标（见表3-22）。

表3-22　西部资源枯竭型城市区域自我发展能力评价指标体系

总体层	系统层	状态层	代号	指标层	单位
西部资源枯竭型城市区域自我发展能力	区域经济发展能力	经济发展水平	A1	地区生产总值（GDP）	亿元
			A2	人均GDP	元
			A3	固定资产投资总额	亿元
			A4	社会消费品零售总额	亿元
			A5	地方财政总收入	亿元
		经济增长能力	A6	GDP年增长率	%
			A7	工业增加值	亿元
			A8	规模以上工业企业增加值年增长率	%
		产业结构	A9	第一产业产值占GDP的比重	%
			A10	第二产业产值占GDP的比重	%
			A11	第三产业产值占GDP的比重	%
	区域社会发展能力	区域人口	B1	总人口	人
			B2	人口密度	人/平方千米
			B3	非农业人口比重	%
			B4	大学学历以上人口的比例	%
		就业能力	B5	城镇居民可支配收入	元

续表

总体层	系统层	状态层	代号	指标层	单位
西部资源枯竭型城市区域自我发展能力	区域生态环境承载力	自然资源潜力	C1	人均水资源	人/立方米
		综合环境质量	C2	人均公园绿地面积	平方米
			C3	建成区绿地覆盖率	%
		环境治理与保护	C4	单位GDP能耗下降率	%
			C5	生活垃圾无害化处理率	%
			C6	城市污水处理率	%
			C7	环境污染治理完成投资	亿元
	区域金融服务能力	金融规模	D1	年末金融机构存款余额	亿元
			D2	年末金融机构贷款余额	亿元
			D3	居民储蓄存款余额	亿元
	地方政府调控能力	政府财政配置整合能力	E1	教育事业支出	亿元
			E2	社会保障和就业财政支出	亿元
		社会管理能力	E3	城镇登记失业率	%
			E4	参加基本养老保险人数	人

（二）区域自我发展能力评估的研究方法

关于综合评价的方法可分为主观赋权法和客观赋权法，考虑到西部资源枯竭型城市区域自我发展能力受到经济、社会、环境等多方面因素的影响，建立指标体系的目的之一是用于区域内的横向比较，各个指标不仅与区域自我发展能力之间存在相关性，各个指标之间也存在一定的相关关系，因此单纯的相关分析不能解决误差冗余的问题，从评价结果的科学性考虑，本书选用客观赋权法中的主成分分析法，利用降维的思想把多个指标转换成较少的几个互不相关的综合指标，从而全面、客观地分析问题。

1. 指标数据标准化

由于统计数据包含各种有单位或无单位的统计量，在进行数据分析之前，需要对选取的指标数据进行标准化处理，以消除不同量纲对统计分析造成的影响。若指标体系共有 m 个指标数据 X_{ij}（$i=1,2,\cdots,m$；$j=1,2,\cdots,n$）（其 n 表示一个数据所涉及的区域数），将其标准化处理后的数据表示为：

$$X'_{ij} = \frac{X_{ij} - \bar{X}_i}{S_i} \quad (3.1)$$

其中 X_i 为第 i 个指标的样本平均值，S_i 为第 i 个指标的样本标准差，依次得出各个指标的转化数据。此过程在 SPSS 软件中是自动实现的，因此不要单独进行。[①]

2. 主成分分析法

主成分分析法是一种降维的统计方法，它借助于一个正交变换，将其分量相关的原随机向量转化成其分量不相关的新随机向量，这在代数上表现为将原随机向量的协方差阵变换成对角形阵，在几何上表现为将原坐标系变换成新的正交坐标系，使之指向样本点散布最开的 p 个正交方向，然后对多维变量系统进行降维处理，使之能以一个较高的精度转换成低维变量系统，再通过构造适当的价值函数，进一步把低维系统转化成一维系统。

记原始变量指标为 x_1，x_2，$\cdots$，x_m 在原始变量的 m 维空间中找到新的 m 个坐标轴，新变量与原始变量的关系可以表示为：

$$\begin{cases} p_1 = l_{11} x_1 + l_{12} x_2 + \cdots + l_{1m} x_m \\ p_2 = l_{21} x_1 + l_{22} x_2 + \cdots + l_{2m} x_m \\ p_3 = l_{31} x_1 + l_{32} x_2 + \cdots + l_{3m} x_m \\ \vdots \\ p_m = l_{m1} x_1 + l_{m2} x_2 + \cdots + l_{mm} x_m \end{cases} \quad (3.2)$$

这 m 个新变量中可以找到 1 个新变量（$1 < m$）能解释原始数据大部分方差所包含的信息，包含的信息量是原始数据包含信息量的绝大部分。其余 $m-1$ 各新变量对方差影响很小，称这 m 个新变量为原始变量的主成分，每个新变量均为原始变量的线性组合。

一般而言，大多数数据分析者采用 SPSS 软件进行主成分分析，其一般分析步骤如下：第一，SPSS 软件自动执行指标数据标准化；第二，建立变量之间的相关系数 R 矩阵，求出矩阵的特征值和特征向量以及各成分之贡献率和累计贡献率，根据累计贡献率达到的百分比值确定主成分个数，或取所有特征值大于 1 的成分作为主成分；第三，根据主成分表达式和各观测量中各变量值计算出各主成分的分数；第四，确定综合主成分评价分值，此得分值可由 SPSS 直接得出，在此省略。

[①] 卢纹岱：《SPSS 统计分析》（第 4 版），电子工业出版社 2012 年版，第 474—475 页。

3. 实证分析

（1）数据来源及处理

基于数据可比性原则，本文选取甘肃白银市、陕西铜川市、宁夏石嘴山市、四川泸州市、重庆万盛区、内蒙古乌海市共 6 个地级市，收集这 6 个地级市 2011 年的 30 个量化指标的数据，所有计算数据分别来源于《白银市 2011 年国民经济和社会发展统计公告》、《铜川市 2011 年国民经济和社会发展统计公告》、《石嘴山市 2011 年国民经济和社会发展统计公告》、《泸州市 2011 年国民经济和社会发展统计公告》、《万盛区 2011 年国民经济和社会发展统计公告》、《乌海市 2011 年国民经济和社会发展统计公告》，最终得到的西部资源枯竭地级城市区域自我发展能力评估数据如表 3-23 所示。经过标准化后的数据由 SPSS 自动处理，此处从略。

表 3-23　西部资源枯竭型地级城市区域自我发展能力评估指标数据

系统层	状态层	代号	白银市	铜川市	石嘴山市	泸州市	万盛区	乌海市
区域经济发展能力	经济发展水平	A1	375.79	234.53	367.32	900.87	49.27	481.58
		A2	15099.65	28034	50374	1790.36	89521	89521
		A3	148.283	145.96	300	525.28	45.02	286.9
		A4	101.94	53.26	67.28	307.49	19	86.12
		A5	45.47	38.36	70.21	65.4	5.3293	83.04
	经济增长能力	A6	0.136	0.157	0.132	0.159	0.141	0.175
		A7	184.8	133.81	205.82	510.12	21.89	322.97
		A8	70.174	0.19	0.155	0.253	0.242	0.211
	产业结构	A9	0.1239	0.074	0.057	0.145	0.099	0.09
		A10	0.5526	0.637	0.644	0.597	0.552	0.71
		A11	0.3235	0.289	0.299	0.258	0.349	0.26
区域社会发展能力	区域人口	B1	1757200	838200	725482	5031765	268592	541400
		B2	214.58	214.79	139	345	477	304
		B3	0.2639	0.591	0.6999	0.1878	0.5297	0.9444
		B4	0.064	0.0848	0.088	0.031	0.0864	0.1344
	就业能力	B5	15960	18775	17928	17884	22349	12545
区域生态环境承载力	自然资源潜力	C1	600	276	840	1335	1595	400
	综合环境质量	C2	1.9585	10.26	19.9	10	10.5	12.02
		C3	0.2236	0.3651	0.3866	0.4191	0.6018	0.3533

续表

系统层	状态层	代号	白银市	铜川市	石嘴山市	泸州市	万盛区	乌海市
区域生态环境承载力	环境治理与保护	C4	0.368	0.036	0.0304	0.0488	0.038	0.0278
		C5	0.605	0.85	0.7	0.8	0.84	0.8153
		C6	0.6	0.65	0.5	0.8008	0.7	0.6449
		C7	3.2	3.1	5.09	1.3202	5.3553	2.26
区域金融服务能力	金融规模	D1	393.42	296.45	418.63	100.174	6.88	494.55
		D2	225.26	91.2	322.23	508.5	39.5	325.3
		D3	222.18	182.16	232.97	617.39	37.9	216.87
地方政府调控力	政府财政配置	E1	16.91	13.05	9.86	3.386	0.648	7.94
	整合能力	E2	14.05	7.58	7.27	25.48	1.9306	8.46
	社会管理能力	E3	0.0301	0.0378	0.036	0.0324	0.0348	0.0348
		E4	71696	117000	310500	535100	51500	148100

资料来源：《白银市 2011 年国民经济和社会发展统计公告》、《铜川市 2011 年国民经济和社会发展统计公告》、《石嘴山市 2011 年国民经济和社会发展统计公告》、《泸州市 2011 年国民经济和社会发展统计公告》、《万盛区 2011 年国民经济和社会发展统计公告》、《乌海市 2011 年国民经济和社会发展统计公告》。

（2）确定主成分

本书以上述发展能力指标为基础，运用统计软件 SPSS 进行主成分分析，由表 3-24 可以得出，标准化变量相关系数矩阵 R 有三大特征值：13.212、7.411、5.163，它们一起解释了变量标准化方差的 85.954%，因此前三个成分已提供了原始数据的足够信息，根据累计贡献率大于 80% 和特征值大于 1 的原则，提取前三个主成分，分别记为 F1、F2、F3，从主成分的方差值可以看出全体变量能较好地被主成分解释。针对提取的三个主成分 F1、F2、F3 建立原始因子载荷矩阵 A，如表 3-25 所示。

表 3-24　　　　　特征值及主成分贡献率分析

成分	初始特征值			选取主成分		
	特征值	方差贡献率（%）	累计方差贡献率（%）	特征值	方差贡献率（%）	累计方差贡献率（%）
1	13.212	44.041	44.041	13.212	44.041	44.041
2	7.411	24.704	68.744	7.411	24.704	68.744
3	5.163	17.209	85.954	5.163	17.209	85.954
4	2.762	9.208	95.162			

续表

成分	初始特征值			选取主成分		
	特征值	方差贡献率（%）	累计方差贡献率（%）	特征值	方差贡献率（%）	累计方差贡献率（%）
5	1.451	4.838	100.000			
6	7.311E-16	2.437E-15	100.000			
7	5.130E-16	1.710E-15	100.000			
8	4.703E-16	1.568E-15	100.000			
9	4.333E-16	1.444E-15	100.000			
10	3.293E-16	1.098E-15	100.000			

表3-25　　　　　　　　　　主成分载荷矩阵

变量代号	成分		
	第一主成分	第二主成分	第三主成分
A1	0.975	0.211	0.034
A2	-0.686	0.326	0.426
A3	0.897	0.301	0.185
A4	0.990	-0.085	0.112
A5	0.637	0.676	-0.139
A6	0.298	0.604	0.411
A7	0.935	0.331	0.102
A8	0.937	0.135	0.297
A9	0.711	-0.460	-0.048
A10	-0.009	0.981	0.183
A11	-0.667	-0.685	-0.183
B1	0.960	-0.262	0.066
B2	-0.040	-0.418	0.671
B3	-0.562	0.788	0.230
B4	-0.648	0.708	0.087
B5	-0.309	-0.789	0.417
C1	0.156	-0.667	0.534
C2	-0.165	0.440	0.469
C3	-0.284	-0.358	0.866
C4	0.089	-0.350	-0.878

续表

变量代号	成分		
	第一主成分	第二主成分	第三主成分
C5	-0.126	0.132	0.889
C6	0.534	-0.343	0.561
C7	-0.044	0.818	0.130
D1	-0.103	0.781	-0.611
D2	0.881	0.333	0.000
D3	0.986	0.031	0.080
E1	0.984	-0.104	-0.120
E2	0.957	-0.116	-0.116
E3	-0.506	0.370	0.503
E4	0.844	0.065	0.289

通过分析主成分得分系数矩阵（见表3-25）得知，第一主成分在GDP、社会消费品零售总额、工业增加值、规模以上工业企业增加值年增长率、总人口、居民储蓄存款、社会保障和就业支出、教育支出的载荷量绝对值较大，因此第一主成分反映地区的整体经济实力和社会保障和人才培养状况；第二主成分在第二产业比重、非农业人口比重、城镇居民可支配收入的载荷量绝对值较大，因此第二主成分反映地区的产业结构状况、城市化状况；第三主成分在单位GDP能耗下降率、生活垃圾无害化处理率、城市污水处理率方面载荷量绝对值较大，因此第三主成分反映能源利用效率和社会环境保护状况。

（3）计算主成分得分值

根据主成分得分系数矩阵，计算出三个主成分的各自得分，计算公式如下：

$$F_{ti} = w_{t1} Y_{i1} + w_{t2} Y_{i2} + \ldots + w_{tj} Y_{ij} \qquad (3.3)$$

其中 $t = 1, 2, 3$；$i = 1, 2, 3, 4, 5, 6$；$j = 1, 2, 3, \cdots, 45$；w_{tj} 表示成分权重，即第 t 个主成分在第 j 个变量上的权重，其值取自成分得分系数矩阵（Component Score Coefficient Matrix）；Y_{ij} 表示第 i 个城市在第 j 个指标上的标准化数值；F_{ti} 即为第 t 个城市在第 i 个主成分上的得分。据此公式分别计算西部六个资源枯竭型地级城市在F1、F2、F3三个主成分上的得分，并进行排序，结果见表3-26。

(4) 计算主成分综合评价总得分值

为了评价六个西部资源枯竭型地级城市的综合表现,需要计算各个城市主成分加权总得分,总得分值越高,说明区域自我发展能力越强。计算公式如下:

$$F_i = F_{1i}\beta_1 + F_{2i}\beta_2 + F_{3i}\beta_3 \qquad (3.4)$$

其中 $i=1,2,3,4,5,6$,F_{1i}、F_{2i}、F_{3i} 分别为第 i 个城市在三个主成分上的得分,β_1、β_2、β_3 分别为三个主成分的信息贡献率,即为各个主成分的方差贡献率(44.041%、24.704%、17.209%)与三个主成分累计贡献率(85.954%)的比值,据此公式计算西部六个资源枯竭型地级城市的主成分综合评价总得分,结果详见表 3-26。

表 3-26　　　　　　　　　主成分得分

城市	第一主成分	排名	第二主成分	排名	第三主成分	排名	综合得分	排名
白银	0.39	2	-1.75	5	-4.14	6	-0.45	4
铜川	-1.84	5	0.34	3	0.16	4	-0.7	5
石嘴山	-1.1	4	1.27	2	-0.53	5	0.02	3
泸州	6.78	1	-1.22	4	1.58	2	2.96	1
万盛	-3.91	6	-3.18	6	2.34	1	-2.1	6
乌海	-0.33	3	4.55	1	0.6	3	1.08	2

通过主成分得分来看,乌海市综合评价得分和各主成分得分排名在 6 个城市中均位居前列,说明乌海市整体经济实力较强、产业结构较合理、城市就业形势良好,通过大力倡导循环经济和绿色经济理念,发展新兴服务业,完善城市功能,增强对内聚合力和对外辐射力,提高城市综合竞争力;针对铜川市和万盛区而言提高其整体经济规模、扩大投资与消费,同时加大对社会保障和教育投入力度是增强区域经济发展能力的关键;对泸州、白银、万盛三个城市而言,应将重点放在努力提高城市化水平上,第二产业结构的载荷为负值表明第二主成分与其之间呈负相关;第三主成分反映能源利用效率和环境保护的发展现状,石嘴山和白银两地应加快产业转型,发展替代产业,引进、研发新的节能减排技术,提高能源利用率,同时两地地处西北,生态环境脆弱,要继续加大对环境及生态保护的资金投入,营造可持续发展的生态环境。需要特别注意的是,重庆万盛地区,由于其城市面积相对较小、人口少,所以相当程度上限制了其经济规模以

及各项投资、支出等总量数值大小,因此并不能认定其区域经济发展能力落后于其他城市,在各项人均水平和比率指标上可以看出,万盛区在GDP增长率、产业结构、人均资源拥有量、资源利用率及环境保护方面具有相对优势。

五 甘肃省资源枯竭型城市转型比较研究

甘肃省是我国西部的老工业基地,也是我国矿产资源比较富集的省份之一。新中国成立后,借助白银市的铜资源、玉门市的石油资源、红古区的煤矿资源、嘉峪关镜铁山的铁矿资源、金昌市的镍资源,通过国家大规模的注资,兴建了白银公司、玉门油田、窑街煤电集团、酒泉钢铁集团、金川公司等一批资源型企业,由此也带动了一批矿城的出现。但随着时间推移,一些企业因为资源濒临枯竭而减产甚至停产,大量工人下岗,城市经济发展陷入困境,一系列的社会问题凸显。至今,甘肃省共有三个城市被国务院列为资源枯竭型城市,分别为第一批批准确立的白银市、第二批批准确立的玉门市和第三批批准确立的兰州市红古区。

为了帮助资源枯竭地区实现经济转型、促进资源枯竭地区可持续发展,国家出台了资源枯竭型城市转型的相关政策予以扶持和引导,各个城市在中央政策扶持和引导下,结合自身实际开展探索性实践,白银市、玉门市和红古区分别编制了资源枯竭型城市转型规划,综观这三个资源枯竭型城市的转型背景、过程和效果,它们的转型之路各具特点,在原有资源主导产业、政府财政支持力度和倾斜政策、资源枯竭型城市产业转型模式三方面各有不同。

(一) 资源主导产业

1. 白银市——有色金属工业

白银市是国家"一五"时期建立起来的有色金属原材料基地之一,是新中国有色金属工业的摇篮、甘肃省重要的能源和化工基地。作为一个完全依靠国家和省政府力量创办矿业企业而形成的城市,白银市国有企业一统天下,截至2008年,累计生产10种有色金属产品共607.7万吨、原煤13.78亿吨,实现工业产值2323亿元,上缴国家利税173.1亿元[①],为

---

① 白银市发展和改革委员会、白银市经济转型办公室:《甘肃省白银市资源枯竭型城市转型规划》,2009年1月29日。

国家经济社会发展作出了巨大贡献。

作为国家重要的有色金属工业基地，白银市从"一五"到现在40多年的创业发展中，形成了融地质、基建、采矿、选矿、冶炼、加工、综合利用、科研于一体的比较完整的有色金属生产体系。白银有色金属公司主要产品有铜、铝、铅、锌及加工材料、锌基合金、贵金属制品、选矿药剂、氟化盐、硫酸等40多个品种。38种产品获国家、省、部优产品称号。平均年产有色金属30万吨，总产量占全省的50%以上，累计为国家奉献有色金属315万吨，其中铜金属145吨，创造了铜产量连续18年位居全国第一的骄人业绩，得"铜城"别名。

但经过半个世纪的开采，自有铜资源仅满足冶炼能力的5%，锌资源仅满足冶炼能力的40%，铅资源仅满足冶炼能力的58%，靖远煤炭储量减少到4.7亿吨，宝积山、红会三矿已破产，部分矿井可供开采5—8年。①

2. 玉门市——石油工业

玉门市是中国石油工业的摇篮，也是重要的石油工业基地，更是典型的"依矿而建、因油而兴"的石油资源主导型城市。玉门油田自1938年开发建设，在70年的发展历程中承担起中国石油工业"大学校、大试验田、大研究所"和"出人才、出技术、出产品、出经验"的"三大四出"的历史重任，先后向全国各大油田输送管理人员、科技人员、产业工人10万余人，累计开采石油3350万吨，加工原油5090万吨，上缴国家税金120多亿元②，为中国石油工业的发展和新中国的初期建设作出了不可磨灭的贡献。

自1938年以来，玉门市先后开发了老君庙、石油沟、鸭儿峡、白杨河、单北、青西6个油田，探明开采储量4299.8万吨，但是截至2009年剩余可采储量约1018.8万吨，按照每年开采70万吨左右的规模，可开采年限不足15年③。随着玉门石油资源逐渐枯竭，石油开采和加工产业开始衰落，原有的高度依赖石油开采、加工而建立的国民经济社会体系受到

---

① 白银市发展和改革委员会、白银市经济转型办公室：《甘肃省白银市资源枯竭型城市转型规划》，2009年1月29日。

② 玉门市发展和改革委员会：《甘肃省玉门市资源枯竭型城市转型规划》，2010年1月28日。

③ 同上。

严重冲击，经济社会的可持续发展面临严重挑战。

3. 红古区——煤炭产业

兰州市红古区是"依矿而建、因矿而兴"的煤炭资源主导型城市。自20世纪50年代大规模开发建设以来，成为甘肃省重要的煤炭生产基地和全国主要碳素工业基地。红古区窑街矿区在新中国成立后60多年的发展历程中承担起了甘肃煤炭工业崛起的历史重任，已累计生产煤炭1.18亿吨，上缴利税115亿元，为甘肃煤炭工业现代化和中国煤电及碳素工业的发展作出了不可磨灭的历史贡献。

红古区富有的煤炭、石油、天然气、黄金、蛇纹岩、坩土、页岩、石英石等矿产资源素有"八宝川"之称，其中窑街、海石煤田探明地质蕴藏量在4亿吨以上，年产量约400万吨，仅享堂峡一处的蛇纹岩蕴藏量就有3750万立方米，石油、天然气及黄金蕴藏量不等，皆适应地方开采。红古区已逐步形成了以煤炭、电力为先导，硅系列、电解铝、碳素制品、地方建材以及陶瓷系列为群体的"冶金谷"。

但是经过长期大规模的开采活动，红古区煤炭可开采储量已由当初的1.5亿吨下降为1440万吨，按目前年开采量计算，开采年限仅4年左右。以窑街煤电为代表的煤炭开采及相关企业经营困难，发展乏力，无力在原地进行生产探矿、矿山建设、技术改造以及设备更新，导致许多矿井破产报废，传统煤炭资源型产业衰退严重。

（二）政府财政支持力度和倾斜政策

2007年，国务院发布了《关于促进资源型城市可持续发展的若干意见》，明确提出中央和省级财政要进一步加大对资源枯竭城市的一般性和专项转移支付的力度，要安排一部分国债资金和中央预算内基本建设资金，集中扶持资源枯竭型城市，建设一批能够充分提供就业岗位、资源循环利用的接续、替代产业转型项目，建立资源开发补偿机制和衰退产业援助机制，完善资源税计税依据，调整资源税负水平，增加地方财政收入。

1. 白银市

白银市作为我国首批资源枯竭型城市，中央政府和甘肃省政府在三个方面给予支持。

其一是对接政策支持，甘肃省人民政府出台了《关于支持白银市做好资源型城市转型工作的意见》，对白银转型提出了"六大重点任务"和"四项支持政策"，并成立了白银市资源型城市转型工作领导小组，确定每年至少召开一次白银市资源型城市转型工作领导小组会议，专题解决白银市转型过程中遇到的困难和问题。

其二是对接财政金融支持，甘肃省财政对中央支持白银市转型的财力性转移支付按1:0.5给予配套，并拟设立"支持白银市资源型城市转型项目转型资金"，对符合国家产业政策的转型项目贷款给予贴息支持；白银市还与农业发展银行甘肃省分行签订了金融合作备忘录，落实了一批贷款项目。

其三是对接产业项目支持，甘肃省发改委为白银市转型专门开辟项目通道，指导白银市加快循环经济、节能减排、资源综合利用、能源建设、基础设施建设和重大民生项目建设；在甘肃省委、省政府的帮助支持下，白银市公司成功实现与中国中心集团的战略合作，增资扩股32.6亿元，成为白银目前实施的最大转型项目。

此外，2009年国家发改委和甘肃省政府主持召开白银市资源枯竭城市转型政策暨八大支柱产业投资项目推介会，为各地企业家投资白银市创造了新平台，推介会上，白银市三县两区、市直有关部门及园区与浙江、广东、山东、上海等地的客商共签约招商引资项目15个，签约资金总额为54.02亿元。

2. 玉门市

2009年3月，国家将玉门市列入第二批资源型城市转型名单，为了推进玉门市资源型城市转型工作的顺利进行，补偿历史欠账，缓解地方财政压力，2009—2010年，玉门市累计已获得了三笔中央财政转移支付资金共计1.68亿元，省级财政分两次配套2000万元，并获得了城市转型发展的倾斜政策，迎来了新能源发展的产业机遇。

党和国家一直高度重视新能源产业的发展，1998年出台的《中华人民共和国节约能源法》首次提出"国家鼓励开发利用新能源和可再生能源"，在《中共中央关于制定国民经济和社会发展"九五"计划和2010年远景目标的建议》中也提出要"积极发展新能源，改善能源结构"，国家推进新能源产业的发展使得玉门市的风电行业发展真正迎来了"东风"，为玉门市利用充分的丰富的风能、光能资源发展新能源产业提供重大的历史机遇。

2009年末，玉门市累计完成风电装机108.6万千瓦，并网发电51万千瓦，位居"中国新能源百强县"第二名。国家将在未来10年进一步深入推进新一轮西部大开发战略，为支持甘肃经济发展，国务院出台了《国务院办公厅关于进一步支持甘肃经济社会发展的若干意见》，批复了《甘肃省经济总体规划》，省委也提出了"中心带动、两翼齐飞、组团发展、整体推进"的区域发展新战略，玉门市作为酒泉千万千瓦级风电基地的主要组成部分、酒（泉）嘉（峪关）经济区内的主要工业城市和10个省级经济试点园区所在地之一，积极谋划，抓住这些政策机遇，争取到了更多的项目、投资和发展空间。

3. 红古区

兰州市红古区被国家列为第三批资源枯竭型经济转型城市后，其得天独厚的政策优势凸显。红古区在2012年后的5—10年每年可获得国家、省、市累计2亿元以上的帮扶资金，平安镇被纳入兰州经济技术开发区，进入了兰州市"三区"建设的支持范围，省级兰州连海经济技术开发区的重新启动为红古区打造以煤炭资源为重点的能源转化基地搭建了重要平台。

利用国家新一轮西部大开发税收优惠政策、兰州高新技术开发区优惠政策和品牌优势、连海经济技术开发区（红古）的能源保障政策、土地管理政策、环境保护政策、财政税收政策和招商引资奖励政策，红古区最大限度地把政策优势转化为项目优势，通过重点实施"项目引爆"、"筑巢引凤"、"以企招商"三大战略，增强红古区对全市工业出城入园项目和东部产业转移项目的吸附力，促进区内企业与区外知名企业的强强联合，实施一批经济发展和新型产业培育的大项目，力争实现红古区经济爆发式增长。

2012年，红古区在建、新建和拟建准备组织实施的项目达76个，总投资额累计达111.3亿元，截至2012年8月，主要经济指标实现两位数较快增长，预计实现地区生产总值43.69亿元，同比增长15.7%，实现工业增加值25.25亿元，同比增长20.5%。

（三）资源枯竭型城市产业转型模式

资源枯竭型城市产业转型的核心在于培育发展接续产业，摆脱城市经济体对资源的过度依赖，使得接续产业逐渐替代资源型产业成为主导产业，通过产业转型实现城市的可持续发展。接续产业包含对原有主导产业的延伸或替代，因此城市发展接续产业存在三种模式。一是产业延伸模式，即在原有资源开采的基础上，既可利用原有资源优势对矿产资源进行深加工，发展下游产业，也可向产业链高端延伸进行产业升级，形成相关产业。二是产业替代模式，即通过利用资金、技术、人才或吸引外来投资的方式，直接引进不依赖原有资源产业的新兴产业，并逐渐取代原有产业。三是复合模式，在转型初期表现为产业延伸路径，城市主导产业逐步被资源型下游产业替代，随着资源向高深加工方向发展，城市功能逐步完善，新兴产业逐渐取代原来的资源采掘业和初加工业。

1. 白银模式：引资改造，发展下游产业

在国家首批资源枯竭型城市中，白银市属于历史欠账最多、财力状况最差的城市之一，因此白银市实施以"土地换投资"的战略。由于荒山荒坡在全市土地资源中占的比例较大，虽然农业利用价值极低，但可用于工业开发，白银市先行平整土地，并无偿或以极低的价格转让给投资商，成功地引进中科院的投资，先后兴建了中科院白银高技术产业园和白银新区，新的工业园区进一步的开发又吸引了一批企业到此投资。

依托白银公司、甘肃华鹭铝业公司、宏达铝型材公司、甘肃稀土公司和已引进的战略投资，白银市走产业延伸模式的产业转型之路，即发展下游产业，建立起资源深度加工利用产业群，向前延伸产业链，凭借产业聚集所带来的"聚集经济"，使得产业链转化为具有竞争优势的价值链，整个资源枯竭型城市的经济也将因此获得竞争优势。白银市按照"大项目—产业链—产业集群—产业基地"的产业转型模式，具体措施包括以下四个方面。

首先，白银市重点实施新型高精度有色金属精深加工产业化、有色金属延伸产品及新材料产业化、贵金属产品及制品延伸、高档电解铜箔、高精新型铜管、铜板带材、高精度专用铝板材生产线、纳米级活性氧化锌、高性能钕铁硼永磁材料生产线等项目，建立资源开发—初级原材料生产—精深加工一体化格局。

其次，白银市着力延伸"十大产业链"：（1）铜基产业链：电解铜—铜型材料—铜基合金材料；（2）铝基产业链：电解铝—铝型材—铝基复合材料；（3）铅基产业链：铅冶炼—铅合金—铅酸蓄电池；（4）锌基产业链：电解锌—纳米氧化锌—锌基合金—无汞锌粉—锌空气动力电池；（5）贵金属产业链：黄金冶炼—金锭—黄金深加工；（6）银基产业链：银冶炼—银及银复合材料—银深加工；（7）稀土磁性材料产业链：氧化钕—金属钕—钕铁硼—应用器件—永磁电机；（8）稀土能源材料产业链：

稀土金属—贮氢合金粉—镍氢电池；（9）发光材料产业链：超高纯稀土单一氧化物—高性能稀土发光材料—发光器材；（10）研磨材料产业链：铈类稀土化合物—各种抛光粉—液晶抛光粉—液晶显示器专用刻蚀剂。通过大力延伸产业链，白银市逐步改变以初级原材料加工为主的发展格局，到2015年，有色金属增值率力争达到45%以上。[1]

再次，白银市在做强有色金属及稀土新材料这一主体的同时，突出精细化工一体化、能源和新能源两个重点，实现机械和专用设备制造、非金属矿物制品、特色农畜产品深加工三个突破，推进经济发展从粗放型、外延型向集约型、内涵型、低碳型转变，不断延伸产业链条，提高产业核心竞争力，实现产业集群发展。

最后，白银市规划建设白银有色金属和贵金属饰品交易市场，以市场集聚生产要素，吸引战略投资者，推动有色金属及稀土新材料产业集群的进一步发展，建设国家有色金属新材料产业化基地。到2015年，白银市有色金属产量预计实现翻两番，由现在50万吨增加到200万吨（其中铜60万吨，铅锌80万吨，电解铝60万吨）；铜产品精深加工达到50%，铅锌延伸产品和新材料达到60%，金银及稀贵金属延伸产品及制品达到10%。[2]

2. 玉门模式：优势再造，培育多元产业

国内外城市发展历史表明，良好的区位有利于多元化产业结构的形成和城市规模的扩大，而具备较好区位因素的资源型城市适宜采取产业更新模式或复合模式。[3]玉门市地处新亚欧大陆桥和河西走廊上的重要交通枢纽，除石油资源外，有丰富的风能、水能和土地资源；区位交通条件好、工业基础好、劳动力充裕等条件都为玉门市发展多元化新兴产业提供了有利的条件。

玉门市坚持把培育多元产业作为经济转型的根本，重点建设石油化工与新能源产业两大支柱产业群，着力培育矿产品选炼及精加工产业、建筑建材产业，做强做大新能源产业群，充分发挥风能、太阳能富集的资源优

---

[1] 白银市发展和改革委员会、白银市经济转型办公室：《甘肃省白银市资源枯竭型城市转型规划》，2009年1月29日。

[2] 同上。

[3] 张米尔、孔令伟：《资源型城市产业转型的模式选择》，《西安交通大学学报》（社会科学版）2003年第3期。

势,并把这种资源优势加快转化成为经济优势。围绕酒泉市千万千瓦级风电基地建设,玉门市着力打造"6+2"新能源产业群,走好风电、光电、水电、火电等多能并举、循环发展、综合利用、联动开发的低碳经济路子,重点发展风电和光电板块,配套石油化工产业、以煤化工和矿冶建材为主的高载能产业、装备制造产业、农产品精深加工产业四大主导产业,同时以旅游业和物流业为龙头带动第三产业发展,调整和优化产业结构,发展有竞争力的替代产业,建设新兴工业园区。具体措施包括以下四个方面。

第一,玉门市实现了对传统石油产业的优势再造,按照原料路线多元化、产品加工精深化和产业发展延伸化的方向,实施"稳定原油采量、扩大炼油规模、提升炼化技术、延伸开发上下游产品"的发展战略,加快产能扩张、延伸产业链条、优化产品结构、发展配套产业,不断提升石油化工产业的核心竞争力,实现石油化工产业的集群化发展。力争到2015年,石化产业实现工业总产值350亿元,增加值100亿元,在工业增加值中的比重达到45%以上[1],将玉门老市区打造成千万吨级石化产业基地、技术研发中心和全国老油田稳产转型可持续发展的试验区,使老产业焕发新活力。

第二,在巩固和提升传统石化产业群的同时,玉门市将经济转型的重点转移为水电和火电板块,加快提升电网输转能力,电力外送和就地消纳转化相结合,积极发展高载能产业和储能产业,并以新能源开发带动新能源装备制造业发展,提高产业配套水平。力争到2015年,建成各类发电总装机规模达1200万千瓦以上,新能源产业工业增加值达到65亿元,在工业中的比重达到30%[2],把玉门市建设成为全国典型的新能源产业发展示范城市和全国重要的新能源产业基地。

第三,建设玉门经济开发区,确立了以新能源产业、矿产品选炼及精加工产业、建筑建材产业为主的高载能产业和石化产业为主导产业,以农产品精深加工、高新技术、装备制造为辅助产业的工业体系,以打造500万吨石化工业基地、500万千瓦级清洁能源基地、玉门东镇50亿元经济示范基地和年加工能力超过50万吨的绿色农产品精深加工基

---

[1] 玉门市发展和改革委员会:《甘肃省玉门市资源枯竭型城市转型规划》,2010年1月28日。

[2] 同上。

地为目标①，到 2015 年，石化工业园工业总产值达到 350 亿元，新能源工业总产值达到 250 亿元，高载能产业总产值达到 200 亿元。② 玉门经济开发区通过延伸新能源产业、高载能产业、石化产业等六大产业的产业链，引入中下游企业入驻，实现新能源产业园、石化工业园和经济产业园三大园区内部的产业集群，再通过三大园区之间产业的关联形成更大范围的产业集群，以此来促进生态保护、综合利用和循环可持续发展。

第四，依托玉门的区位优势和旅游资源，大力发展物流产业和旅游产业，从而带动交通运输、商贸流通、购物娱乐、餐饮住宿、电子商务、金融保险、中介咨询等行业的发展，促进第三产业的全面发展，提高第三产业增加值在地区生产总值中的比重，使第二、第三产业的比例更加协调。

3. 红古模式：多角发展，新旧产业并举

红古区产业转型模式是向前延伸传统产业链和培育发展替代产业群并举的复合模式，即在转型初期表现为产业延伸模式，城市主导产业逐步由采掘业转变为资源深度利用加工业；随着加工业的发展和产业链的延伸，配套服务企业数量不断增加，大量生产经营相关联的企业在有限空间内汇集，由此而带来的专业化生产、低成本运输、低交易费用和便捷的配套服务将导致"聚集经济"③，新兴产业不断发展，城市功能逐步完善并逐步演化为综合性城市。

立足于当地的资源禀赋、区位条件和转型跨越面临的机遇与挑战，并结合红古区现有产业发展现状与战略性新兴产业培育基础，红古区坚持把培育多元产业作为经济转型的根本，以市场为导向、以项目为牵引、以企业为主体、以开发区为平台，按照大工业、大产业、大循环的发展思路，不断调整和优化产业结构，全面推进接续、替代产业发展，打造产业集群，构建产业发展新格局。红古区的产业转型具体措施包括以下四个方面。

第一，延伸产业链，改造提升传统产业。（1）坚持引进与自主研发相结合，深入开展节能减排工作，加强煤、电、建材产业"三废"和副

---

① 蒲欣冬、彭文强、陈怀录：《基于工业园区发展的资源枯竭型城市转型研究——以甘肃省玉门市为例》，《苏州科技学院学报》（自然科学版）2012 年第 3 期。
② 兰州大学城市规划设计研究院：《甘肃玉门经济开发区发展规划》，2010 年。
③ Porter M E: "Cluster and New Economics of Competition", *Harvard Business Review*, 1998, November – December, pp.77 – 90.

产品综合利用，以煤炭、煤电等能源转化为重点的煤基产业链，加快新资源寻找和新矿区开发以及其他产业发展步伐，通过链式开发实现促进煤炭产业向煤基循环产业转型。(2) 依托"超大特"石墨电极、涉核炭—石墨材料、"新精全"节能炭砖、新型超微孔炭砖、HTR 用含硼炭堆内构件等技术创新项目，加快锂离子电池石墨负极材料生产线等碳素新材料产业发展。(3) 加快以电解铝、铝精加工、发电为主的有色冶金产业发展，做大电解铝、做精铝加工，实现铝电联产，重点发展铝合金系列产品，促进有色金属（铝材）产业链延伸。

第二，培育新兴产业，构筑多元产业体系。(1) 紧紧依托已建成投产的 3000 吨清真明胶项目，结合二期规划建设形成一批拥有自主知识产权的药物和保健品，建成世界一流的清真食品与生物制品生产基地和国内领先的软、硬胶囊生产线和清真胶原蛋白、肝素钠、硫酸软骨等生物制品生产线，培育清真食品与生物制品新兴产业。(2) 以兰州蓝天浮法玻璃为依托，大力发展各种超薄、超厚、超白优质浮法玻璃，进入节能环保玻璃、太阳能玻璃等高端生产领域，培育新材料替代产业。(3) 根据红古区便捷的交通区位优势，结合兰州商贸中心建设，通过引进特色鲜明、具有市场影响力的小商品制造企业，建成集研发、生产、加工、外贸、展销于一体的省内知名小商品生产加工中心，培育小商品制造产业。

第三，强化城市功能，加快发展现代服务业。(1) 依托兰—西—格经济带和红古区地处兰州—西宁中间的区位优势，加快大型物流仓储基地和物流信息综合平台建设，发展现代物流业。(2) 根据红古区城市转型总体功能定位、居民消费需求和生活方式变化，形成布局合理、功能齐备、管理规范、开放高效的现代金融体系。(3) 紧紧依托红古区历史文化积淀深厚优势，深度挖掘本地区的文化遗产，积极探索文化产业发展新模式，提升红古文化内涵和艺术价值。(4) 开发以"马门溪龙"故乡为标志，以海石湾镇为中心的旅游服务区，完善旅游基础设施建设。

第四，夯实农业基础，发展城郊农业。根据未来潜在市场的需求选择产业发展方向，结合红古区长期以来作为兰州市"菜园子"的品牌优势，推动农产品无公害化生产，优化农业内部结构，建设一批上规模、上档次、专业化的农产品生产基地。加快农业观光园、沿山经济林、葡萄观光采摘园和垂钓项目建设，发展集观赏、休闲、度假、示范、教育等多种功能于一体的观光农业。

第四章 贫困地区提升区域自我发展能力模式——以甘肃省通渭县为例

第一节 通渭县发展现状

一 通渭县经济社会发展现状

通渭位于甘肃中部，总面积2908.5平方公里，现辖18个乡镇332个村10个社区，总人口44.67万人，其中农业人口40.4万人。地处黄土高原丘陵沟壑区，耕地面积183万亩，海拔1410—2521米，年均气温7.5℃，年降水量380毫米左右。境内沟壑纵横，水土流失严重，以干旱为主的自然灾害频繁。

通渭历史悠久，文化灿烂，自西汉元鼎三年（公元前114年）置县，已有2100余年的历史。境内发现的古遗址和彩陶，属"仰韶"、"齐家"文化。通渭是"中国书画艺术之乡"、"中国民间文化艺术之乡"、"全国体育先进县"、"全国粮食生产先进县"，榜罗镇会议革命遗址被列入"全国100个红色旅游经典景区"。

境内矿藏资源主要有温泉地热、花岗岩、汉白玉、硅铁矿、高岭土等。通渭温泉日泛水量大，地下200米处恒温113℃，地表水温53.9℃，富含32种元素和化合物，属国内少见的复合型富质高热矿泉，是旅游、休闲、养生的最佳去处。通渭华家岭、黑燕山一带风力资源丰富，华家岭80米高度年平均风速达6.43m/s，年平均风功率密度为275W/m²。

2012年以来，通渭县前三个季度，预计完成生产总值18.48亿元，同比增长10.7%，社会消费品零售总额3.89亿元，增长18.5%，农民人均现金收入2326.7元，增长14.1%；2012年前8个月，完成固定资产投资24亿元，增长45.2%，大口径财政收入7635万元，增长40.3%，财政支出9.83亿元，增长39.8%。

据初步核算，2011年全年全县实现生产总值216287万元，按可比价格计算，比上年增长13.2%（见图4-1）。其中：第一产业增加值80311万元，增长6.7%；第二产业增加值25746万元，增长23.9%；第三产业增加值110230万元，增长15.6%。全县人均生产总值为6179.6元。三次产业结构比由上年的37.09∶10.97∶51.94调整为37.1∶11.9∶51（见图4-2）。

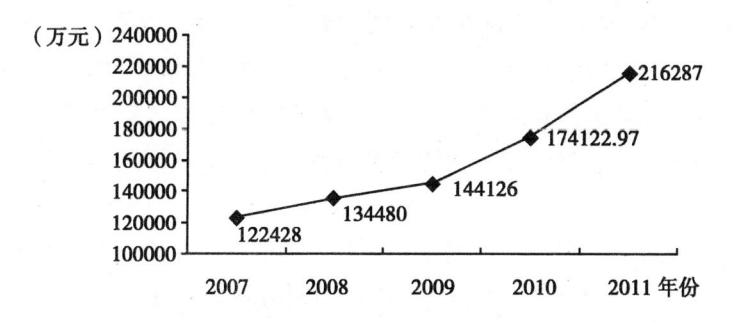

图4-1 2007—2011年通渭县生产总值完成情况

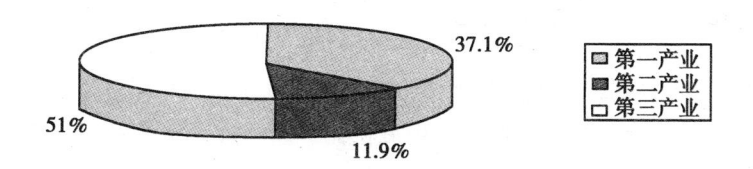

图4-2 2011年通渭县GDP结构

国民经济和社会发展中存在的主要问题：一是自然条件严酷，生态环境脆弱，水资源十分匮乏，生产生活条件还需大力改善；二是经济结构不合理，特色优势产业开发层次低，园区建设刚刚起步，工业基础薄弱，现代服务业发展缓慢，经济结构调整任重道远；三是城乡基础设施欠账大，特别是城镇规模小、功能不完善、辐射带动能力弱，统筹城乡发展的任务繁重；四是财政收支矛盾突出，城乡居民收入低，社会事业发展不平衡，就业再就业压力大，保障和改善民生的任务艰巨；五是事关长远发展的大项目、生产经营性项目少，投融资渠道单一，民间资本不足，招商引资难度大；六是政府职能转变不到位，发展环境还不够宽松。

二　通渭县贫困现状

通渭县于1983年被国家列入甘肃中部干旱地区20个"两西"农业建设重点县；1986年被列入全省41个国家扶贫县；2002年被列入全省43个国家扶贫开发重点县，确定扶贫开发重点乡镇17个、重点村228个；2011年被国家列入六盘山区连片特困地区，被甘肃省列入全省25个特别困难县。

尽管近年来通渭扶贫开发工作取得了较好成效，推动了经济社会较快发展，但发展中的困难和问题仍然十分突出。

1. 经济总量小，自我发展的能力弱。2011年，全县人均生产总值6179元，占全省19610元的31.5%；人均财政收入232元，占全省3647元的6.4%，均处于全省末位。三次产业结构比为37.1：11.9：51.0，经济发展以农业为主导、农业以传统种植业为主，农业与工业的关联度和互补性不强；工业企业数量少、规模小，且大多数只是进行农副产品粗加工，产品技术含量低、效益低下，工业增加值仅占生产总值的4.9%，工业对财政的贡献率为8.3%；第三产业中仅教育、公共管理和社会组织就占全县生产总值的28.5%。县城和小城镇建设严重滞后，城镇化水平低，辐射带动能力弱。

2. 县级财力薄弱，资金投入严重不足。2011年，全县完成大口径财政收入8087万元，其中一般预算收入5249万元，而财政支出却达15亿元，收支矛盾十分突出。因县乡财政困难，项目配套资金和建设资金无力筹措，多年来形成债务1.16亿元，其中乡镇债务5802万元、教育债务2372万元、卫生债务2666万元、政法债务732万元，严重影响了基层工作的正常开展。投资主体和融资渠道单一，金融信贷门槛高、额度小，民间资本启动乏力，招商引资困难多，资金依然是困扰发展的"瓶颈"。

3. 贫困面大，贫困程度深。据摸底统计，全县平均每年有5万多人因灾、因病、因学返贫。按照新的国家扶贫标准，初步统计现有贫困人口38.36万人，占农村人口的93.6%，且贫困人口大多分布在交通不便、信息闭塞、条件艰苦的偏远山区。2011年全县农民人均纯收入2883元，比全国6977元少4094元，比全省3909.4元少1026.4元。

4. 自然条件严酷，生态环境脆弱。全县年降水量380毫米左右，年蒸发量高达1500毫米以上，干旱、冰雹、霜冻、沙尘等自然灾害频发。境内植被稀少，生态脆弱，水土流失严重，水土保持综合治理程度仅为40.5%，尚有1500多平方公里水土流失面积亟待治理。水资源严重短缺，人均水资源量仅200立方米，是全市的1/3、全省的1/7、全国的1/10，全县还有11.55万人存在饮水不安全问题。

5. 基础设施薄弱，抗御自然灾害能力弱。全县95%以上的耕地是山旱地。城乡公路建设水平低，有两个乡镇未通油路，全县四级以下（含四级）公路1661.7公里、占农村公路总里程的88.7%，其中沙土路面公路1296.5公里、占农村公路总里程的69.2%，有75%的行政村还不通水泥路。有3.02万户农民的住房属于危房，有122个村动力电不足。

6. 社会事业发展缓慢，民生保障水平低。全县现有各级各类学校314所、在校学生8.4万人，已建成学生宿舍用房6.08万平方米、寄宿学生1.35万人，目前全县仍有2.1万名学生在校外寄宿、占应寄宿学生的60%，尚缺学生宿舍用房9.7万平方米。全县现有校舍面积41.7万平方米，按照国家生均校舍面积标准，尚缺38.2万平方米，且现有校舍建设标准低。乡镇卫生院建筑规模小、服务功能单一，急诊急救网络不完善，农村偏远山区一些急危重症得不到及时救治，还需为18个乡镇卫生院和3个卫生院分院新建卫生院门诊楼、住院楼1.76万平方米、职工周转用房1.12万平方米，还需建设村卫生室242个。

第二节　通渭县反贫困模式定性评述

近年来，通渭县认真贯彻中央的方针政策，在省政府、市政府的正确领导下，抢抓国家"三西"建设、实施新一轮西部大开发战略以及一系列强农惠农政策，抓住机遇，坚持把扶贫开发贯穿于经济社会发展的方方面面，全县扶贫开发取得了明显成效。按照原国家贫困人口统计标准，贫困人口由2005年的13.58万人减少到2010年的8.94万人（不含返贫人口），贫困发生率由31.8%下降到21.8%，累计解决贫困人口6.91万人，2011年农民人均纯收入达到2883元，同比增长13.1%。2009年和2010年通渭县连续两年获得全省扶贫开发工作一等奖，2011年马营镇政府被国务院扶贫开发领导小组评为"全国扶贫开发工作先进集体"。

一　坚持项目扶贫，着力改善基础条件

2001年以来，共争取到国家政策性资金28.37亿元，实施各类项目820个，完成投资45.53亿元，其中今年实施各类项目195个，总投资76亿元，比上年增长43.2%。投入中央财政扶贫资金1.13亿元，实施牛营大山流域连片开发项目和63个整村推进项目、18个易地扶贫搬迁项目，有效改善了项目区基础条件。坚持不懈地兴修梯田、植树种草、综合治理小流域，新修梯田34.4万亩，累计达到110.6万亩；实施重点林业工程

26.9万亩，全县森林覆盖率达14%。实施交通项目221个1118.3公里，公路总里程达2001.9公里，宝兰客运专线确定过境通渭并设站。引洮一期陇通农村供水通渭配套工程完成投资2.5亿元，将解决36.83万人的饮水安全问题。着眼于统筹城乡一体化发展，累计投入资金31.57亿元，实施了旧城区改造，启动了西城区、新城区、东城区建设，建成城区道路、供排水、广场公园等项目38个，2011年全县城镇化率达14.15%。同时，编制完成了《六盘山连片特困地区通渭县区域发展与扶贫攻坚规划(2011—2020)》，谋划了总投资1944.3亿元的713个项目。

二 坚持产业扶贫，着力促进农民增收

坚持走"修梯田—调结构—搞养殖—建沼气—肥还田—再种植"的旱作循环农业发展路子，按照"稳玉米、扩洋芋、种药材、兴杂粮、增果蔬"的思路，大力调整农业结构，积极创建全省旱作循环农业示范基地。大力推广全膜双垄沟播技术，2011年粮食总产量达34.6万吨，近5年年均增长24.5%，2011年12月26日被国务院授予"全国粮食生产先进单位"；2012年全膜玉米种植面积达88.7万亩，亩产550公斤以上，粮食总产量实现"六连增"。把草畜产业作为助农增收的战略主导产业，抢抓甘肃省将通渭县列入全省牛羊养殖重点扶持县的机遇，全力推动草畜产业战略升级，全县新引进基础母牛2680头、基础母羊3680只，牛存栏达7.9万头、羊存栏达6.73万只。与此同时，大力发展马铃薯、中药材、林果等特色产业，种植面积分别达38.3万亩、4万亩、5.5万亩。坚持兴农强工，积极创建全省区域性劳动密集型企业示范基地，加快推进工业集中区建设，农副产品加工园东川片区已入驻企业21户，实施工业项目23个，总投资15.7亿元；草畜经济产业园规划占地4.04平方公里，新引进春寅乳业公司等5户企业入园建设。

三 坚持智力扶贫，着力提高农民素质

坚持科教优先战略，着力改善办学条件、提高办学水平，于2011年实现了"两基"目标；先后建成了县第三中学、县第二中学（原温泉路中学），从2012年起，实施县职专整体搬迁、33所中小学校舍安全、6所幼儿园改扩建等项目；全县小学、初中、高中教师学历合格率分别达99.1%、97.9%、86.9%，高考二本以上上线人数连续四年突破千人大

关。整合教育培训资源，认真实施"农村劳动力转移培训"和"阳光工程"项目，完成各类培训15.6万人（次），累计输出劳动力50万人，创劳务收入36亿元。同时，协调推进卫生、文化、体育和人口计生工作，积极改善医疗卫生条件，标准化县医院投入使用，县中医院挂牌成立甘肃省中医院通渭分院，县急救中心和50个村卫生室等项目进展顺利。围绕创建陇中风情书画采风基地，实施了中共中央政治局"榜罗镇会议"纪念馆、秦嘉徐淑公园、温泉城建设等项目；从2012年至2015年，规划建设文化产业园；建成了18个乡镇标准化计划生育服务所，通过了省级优质服务县验收。

四 坚持政策扶贫，着力提升民生保障水平

认真落实各项民生政策，2001年以来财政用于民生方面的支出达20.6亿元，解决了部分群众在就业、住房、医疗、上学、行路、吃水等方面的困难。不断完善社会保障体系，新型农村合作医疗参保率达95.1%，城镇居民基本医疗保险参保率达99%，城市低保保障面达18.3%、农村达17.3%，城乡居民社会养老保险综合参保率达86.4%。积极改善城乡贫困群众的居住条件，新建城镇保障性住房868套，实施农村危房改造1800户。发放小额贷款9620万元，扶持创业3860多人。制定了领导干部接访下访制度，每月开展"县委书记大接访"活动，共接待来访群众529人（批）次，同比下降5.1%，已办结407件，占接访总量的76.9%。

五 坚持社会扶贫，着力形成扶贫开发合力

坚持政府主导与社会参与相结合，争取全社会力量参与扶贫开发工作。共落实社会帮扶资金1478万余元，捐助物资折合资金1377万余元。特别是在国家电监会的大力帮扶和积极协调下，华家岭风电开发、马陇二级公路建设项目落地通渭县，为2010年和2011年农网改造升级工程协调到位总投资4829万元，并在物资帮扶、干部培训等方面给予了大力支持。同时，国家及省、市非常关心通渭发展，各级领导多次来通渭县了解情况、解决困难、指导工作，不仅带来了实实在在的项目和资金支持，而且改变了全县干部群众的思想观念和精神面貌，坚定了脱贫致富的信心。

第三节 通渭县不同扶贫模式下扶贫投资效率的定量分析

一 不同扶贫模式下扶贫投资效率的回归分析

(一) 数据来源 (即说明)

采用本课题组在甘肃省通渭县 10 个贫困村针对 342 个农户开展的调查问卷数据。课题组共发放农户调查问卷 300 份,收回 282 份,其中有效问卷 261 份,问卷回收率为 94.0%,问卷的有效率为 92.6%。研究主要选取贫困村样本农户的扶贫投资与农户收入增加值的农户抽样数据。各变量的具体定义如下。

1. 扶贫项目投入:项目投入数据为扶贫项目执行期间农户获得的中央在职贴息扶贫贷款、中央财政扶贫资金、中央财政以工代赈资金、省级财政扶贫资金、外资扶贫资金和其他扶贫资金 (包括实物折款) 的合计 (元)。

2. 农户收入增长:扶贫项目前后农户收入的增加值 (元)。

(二) 数据回归分析结果

首先采用最小二乘法 (OLS) 一元回归方程对扶贫项目投入与农户收入增长之间的关系进行研究。两个变量之间的关系用下式表达:

$$y_i = \beta_0 + \beta_1 x_i + u_i \quad (4.1)$$

其中,y 是因变量即被解释变量,表示项目前后农户纯收入的增加值 (元),自变量即解释变量 x 表示农户扶贫项目投入 (元)。

采用社会科学统计软件 SPSS13.0 分别对不同扶贫模式下解释变量 (扶贫项目投入) 与被解释变量 (项目前后农户纯收入的增加值) 之间的关系进行一元回归分析,结果见表 4-1。

表 4-1 不同扶贫模式下扶贫投入与农户收入增长的一元回归结果

	R^2	0.556
整村推进模式	常数 β_0	848.438**
	系数 β_1	0.746 (1.167)***
	D-W	1.715

续表

对口帮扶模式	R^2	0.408
	常数 β_0	1023.730
	系数 β_1	0.639***
	D-W	2.203
外资扶贫模式	R^2	0.501
	常数 β_0	-2825.294
	系数 β_1	0.708***
	D-W	1.797
异地安置模式	R^2	0.421
	常数 β_0	-2593.154
	系数 β_1	0.649***
	D-W	2.144

注：$*p<0.05$；$**p<0.01$；$***p<0.001$。

资料来源：根据课题组对通渭县实地调研数据进行一元回归分析所得。

回归分析结果表明，不同扶贫模式下扶贫投入的绩效存在较大差异。从回归系数 β_1 来判断，投入绩效最优的是整村推进模式，其 β_1 系数为 0.746，即扶贫投入每增加1元，项目后与项目前相比较，农户纯收入增加 0.746 元。扶贫投入的绩效由高到低依次是：整村推进模式、外资扶贫模式（β_1 为 0.708）、异地安置模式（β_1 为 0.649）和对口帮扶模式（β_1 为 0.639）（见表 4-1）。从各种不同扶贫模式的绩效对比来看，整村推进模式的绩效比对口帮扶模式高 16.74%，比异地安置模式高 15.18%，比外资扶贫模式高 5.94%（见表 4-2）。

表 4-2　　　不同扶贫模式下扶贫投入和回归系数的比较

	样本村	总户数（户）	总人口（人）	总投入（万元）	户均投入（元）	人均投入（元）	一元回归系数 β_1	β_1 系数的比较（%）
整村推进模式	7个村	2123	8205	599.3	2823	960	0.746	116.74
对口帮扶模式	1个村	532	2261	470	8834	2079	0.639	100.00
外资扶贫模式	1个村	523	1734	267.2	5109	1113	0.708	110.80
异地安置模式	1个村	60	280	180	30000	6429	0.649	101.56

资料来源：根据课题组调研获得的数据计算整理所得，2012 年。

从不同扶贫模式的户均投入水平比较来看，户均投入最高的是异地安置模式（户均投入 3 万元），其次是对口帮扶模式（户均投入 8834 元）和外资扶贫模式（户均投入 5109 元），户均投入最低的是整村推进模式，每户平均投入 2823 元（见表 4 - 2）。由此来看，扶贫成本最高的是异地安置模式和对口帮扶模式，外资扶贫模式投资强度也比较高，而整村推进模式具有相对较低的投入成本。

(三) 回归分析结果的解读

对不同扶贫模式下农户收入增长与扶贫项目投入的一元回归分析结果表明。

1. 在所有模式下，扶贫项目投入都是对农户增收具有显著性影响的因素。扶贫项目投入对农户增收影响最大的是整村推进模式，在该模式下具有较高的回归系数（$\beta_1 = 0.746$）、较高的解释率（$R^2 = 0.556$）和很高的显著性水平（$p < 0.01$）；其次分别是外资扶贫模式（$\beta_1 = 0.708$）异地安置模式（$\beta_1 = 0.649$）和对口帮扶模式（$\beta_1 = 0.639$）（见表 4 - 1）。

2. 从课题组对上述样本村的实地调研情况来分析，整村推进模式，在短期内完成农村基础设施建设和社会配套设施建设，为农户实现持续增收打下了基础，特别是政府通过扶贫项目的实施，推广养殖技术和农产品加工技术，促进了农民增收。通渭县根据当地气候条件，引导农户改良薯类品种，大力发展养殖业，大幅度提高了农户收入。外资扶贫模式，在扶贫项目的科学管理、民主决策、资金到位以及对农户的技术培训方面具有明显优势。异地安置模式下，农户生产和生活条件得到大幅度改善，但政府需要对移民点投入大量资金来进行基本设施的建设。对口帮扶模式下，资金主要用于公路、医疗卫生、教育等社会基础设施项目的建设上，所以，扶贫项目投入对农户增收方面的影响比其他扶贫模式都低（详见表 4 - 1）。

二 不同扶贫模式下项目前后社会发展指标的变化

农村扶贫是一项系统工程，不仅着眼于通过提高农民收入来解决温饱和脱贫致富，而且还在于通过交通、通信、饮水等基础设施的建设和配套实施医疗卫生与教育条件的改善，提高农村自我发展能力和可持续发展能力，实现贫困村的整体脱贫和彻底脱贫。扶贫投入与农户增收的相关关系如上所述，那么在不同的扶贫模式下，扶贫投入给主要社会指标带来多大的变化？不同模式是否也存在差异呢？

根据课题组实地调研的农户抽样数据计算分析的结果如表4-3所示。

表4-3　不同模式下项目后较项目前社会发展指标的增长幅度　　　单位：%

扶贫模式	村别	社会发展指标				
		合作医疗	安全饮水	摩托车入户	住宅电话入户	村组通公路
整村推进	文川村	99.82	10.57	26.02	31.71	66.67
	菜子村	85.74	—	11.83	21.58	*
	泰山村	100	*	25.33	35.33	*
	北城村	90.12	17.86	17.01	19.76	54.55
	温泉村	94.38	—	4.41	76.09	57.14
	长川村	100	25.56	21.71	84.11	25
	孟河村	93.00	35.42	2.95	19.62	25
整村推进村平均		93.17	25.99	13.56	36.43	33.01
对口帮扶	玉关村	89.95	*	31.91	19.48	*
外资扶贫	锦屏村	—	25.06	28.06	26.80	14.29
异地安置	石关村	—	100	58.33	66.67	100

注："*"表示该项指标在项目实施前已经完全实现；"—"表示该项指标在项目前后均未实现。

1. 异地安置模式的变化最为显著。除合作医疗尚未实施外（2006年底刚启动），异地安置的所有其他指标均明显高于其他扶贫模式。与项目前相比较，异地安置项目后100%农户实现了安全饮水和通公路，摩托车入户率提高了58.33%，住宅电话的入户率提高了66.67%。其原因在于异地安置居民以前大多居住于自然条件较为恶劣、交通通信等基础设施缺乏、生产生活条件很差的地区，通过政府引导和扶贫资金的投入，安置地的生产生活基础设施和各项配套设施相对完善，居民生活水平得到显著提高。

2. 整村推进模式的变化明显。与其他模式相比较，在合作医疗、安全饮水、住宅电话入户、村组通公路等指标上均略高于对口帮扶模式和外资扶贫模式。与项目实施前相比较，整村推进模式项目后农户合作医疗的参与率提高了93.17%，具有安全饮水的农户比例提高25.99%，住宅电话的拥有率提高36.43%，通公路的农户比例提高33.01%。这是因为整村推进模式扶贫投入比较集中，在较短的视角内使被扶持的村在基础和社会服务设施、生产和生活条件以及产业发展等方面都有较大的改善，并使各类项目间能相互配合以发挥更大的综合效益。

3. 对口帮扶模式农民的医疗和生活条件得到了显著改善。对口帮扶模式的玉关村，在项目实施前就已经实现了安全饮水和村组通公路两项指标，扶贫资金投入主要着眼于改善农村医疗卫生条件，提高农村居民生活水平。通过调查发现，农户合作医疗参与程度较高，同时，摩托车和电话的入户率等指标有了不同程度的提高，很大程度上反映了居民生活水平的逐步提高。

4. 从整体看来，整村推进模式下农村基础设施条件和社会服务设施等指标在项目实施前后变化较为显著。异地安置模式着眼于通过移民搬迁解决目标区内因自然环境等因素造成农户生产生活上的诸多不便，项目实施前后，各项指标有了根本性的改变。对口帮扶模式下，在已有的发展基础上，农村医疗卫生、生活水平等得到进一步改善。外资扶贫模式下，农村生态环境、基础设施建设等相关指标得到很大程度的提高，为实现农村可持续发展奠定了良好的基础。

三 小结

通过对不同扶贫模式下扶贫投资效率的一元回归和主要社会发展指标的对比研究，得出如下结论。

1. 扶贫投资对农民增收具有显著性影响，不同扶贫模式存在较大差异。从一元回归的结果来看，所有扶贫模式下，扶贫项目投资对农民收入的增长均具有显著性，但不同扶贫模式的投入绩效存在着较大的差异。从回归系数 β_1 来判断，投入绩效最优的是整村推进模式，不同扶贫模式投入的绩效由高到低排列依次是：整村推进模式（$\beta_1 = 0.746$）、外资扶贫模式（$\beta_1 = 0.708$）、异地安置模式（$\beta_1 = 0.649$）和对口帮扶模式（$\beta_1 = 0.639$）。整村推进模式的投入绩效明显高于其他模式，分别比对口帮扶、异地安置和外资扶贫模式高 16.74%、15.18% 和 5.94%。

2. 不同扶贫模式的扶贫项目对改善农户生活条件的影响存在差异。除人均收入因素以外，医疗、饮水、交通、通信等因素也直接影响贫困农户的生活水平和脱贫致富。不同扶贫模式下社会发展指标变化的对比分析表明：异地安置模式的变化最为显著，与项目前相比较，异地安置项目后

100%农户实现了安全饮水和通公路,摩托车入户率提高了58.33%,住宅电话的入户率提高了66.67%;整村推进模式的变化明显,在合作医疗、安全饮水、住宅电话入户、村组通公路情况等指标上均略高于对口帮扶模式和外资扶贫模式,整村推进模式项目后农户合作医疗的参与率提高了93.17%,具有安全饮水的农户比例提高25.99%,住宅电话入户率提高36.43%,村组通公路的农户比例提高33.01%。这表明,与项目前相比较,项目后农户生活条件改善最为明显的是异地安置模式,其次是整村推进模式,外资扶贫和对口帮扶模式也有不同程度的改善,相对前两者幅度较小。

3. 扶贫项目的实施对农民人均粮食增长的影响不显著。研究发现,在任何模式下扶贫投资对粮食的增长都没有显著性影响。这表明,由于农户收入来源的多元化和消费观念的改变,贫困地区农民对增收的重视程度远高于对粮食增产的重视程度。这也反映了农民在基本解决温饱之后脱贫致富的首要目标是增加收入和改善生产生活条件。

第四节 通渭县发展能力评价

一 综合评价模型

任何地区经济社会的发展进步都离不开两个基本的生产要素:劳动力和资本。对于贫困地区而言,一般来说,劳动力相对丰富,资本相对匮乏,资本匮乏是阻碍贫困地区发展的主要瓶颈。按贫困地区资本获得的来源地可分为本区内的资本积累和来自外部的资本援助,按资金的性质可以分为扶贫资金和非扶贫资金。当然,除劳动力和资本等硬性投入外,管理投入、体制投入、劳动者积极性的投入这些软投入对于贫困地区的发展也起到了重要作用。受统计数据的缺乏,本文暂不考虑体制投入、管理投入、劳动者积极性等软投入的影响。

在反贫困战略评估体系下,可以构建扶贫的贡献度函数对新一轮西部大开发背景下西部地区农村反贫困战略进行绩效分析。模型如下:

因为贫困发生率(P)与人均收入(y)存在某种函数关系,有:

$$P = f(y) \qquad (4.2)$$

而国民收入(Y)与劳动力(L)、资本(K)存在着函数关系,有:

$$Y = Y(L, K) \qquad (4.3)$$

假设反贫困的规模效益不变，将公式（4.3）两边同时除以 L，则：

$$y = Y/L = y(L/L, K/L) = y(k) \quad (4.4)$$

将式（4.4）带入式（4.2）中，得：

$$P = f[y(k)] = f(k) \quad (4.5)$$

又因为贫困地区的资本（k）可以分为扶贫资金（k_1）和非扶贫资金（k_2）两类，所以

$$P = f(k) = f(k_1 + k_2) \quad (4.6)$$

基于式（4.6），可以构建函数 $P(k_1, k_2)$ 来衡量反贫困对贫困人群的贡献度：

$$P(k_1, k_2) = \alpha k_1 + \beta k_2 + \gamma k_1 k_2 \quad (4.7)$$

类似地，可以将函数 $g(k_1, k_2)$ 定义为反贫困对贫困地区的贡献度：

$$g(k_1, k_2) = [k_1/(k_1 + k_2)] \times G \quad (4.8)$$

[公式（4.7）与公式（4.8）即为综合评价模型]

根据模型，可以看出，扶贫贡献度函数涉及人均扶贫资金 k_1、人均非扶贫资金 k_2 和贫困发生率 P 和非贫困指数（G）等变量。

二 数据处理

根据当地农村贫困监测报告的数据，运用下面的公式，可以计算出通渭县的人均扶贫资金和人均非扶贫资金，并计算出人均扶贫资金占人均总资金的比例（详见表4-4）。

通渭县的人均扶贫资金 k_1 = 通渭县的扶贫投资总额/通渭县的年末总人口。

通渭县的人均非扶贫资金 k_2 = [通渭县的固定投资总额 × （通渭县的GDP总和/通渭县所在省市的GDP总和）]/通渭县的年末总人口 - 通渭县的人均扶贫资金。

从2000—2009年当地资金使用情况可以看出，人均扶贫资金和人均非扶贫资金在绝对数量上都逐年增加，2009年人均扶贫资金和人均非扶贫资金分别是2000年的1.80倍、7.74倍。人均扶贫资金占人均总资金比例的增长速度远小于人均非扶贫资金的增长速度，在人均固定资产投资绝对数量逐年递增的情况下，扶贫非重点县的扶贫资金在固定投资中所占的比例却呈现出截然不同的态势，逐年下降。

表 4-4　　　　　　　　通渭县的资金来源状况

年份	人均固定投资 k	人均非扶贫资金 k_2	人均扶贫资金 k_1	$k_1/(k_1+k_2)$
2000	763.56	675.88	87.68	0.13
2001	821.89	727.55	94.34	0.11
2002	965.09	863.81	101.28	0.11
2003	1190.86	1078.84	112.02	0.09
2004	1537.33	1420.01	117.32	0.08
2005	2022.43	1916.18	106.25	0.05
2006	2596.35	2486.16	110.18	0.04
2007	3457.94	3334.17	123.77	0.04
2008	4546.16	4404.40	141.76	0.03
2009	5387.23	5229.76	157.47	0.03

根据贫困发生率、人均扶贫资金和人均非扶贫资金的相应数据，由公式（4.6）可以估算出扶贫资金对通渭县贫困人口的脱贫贡献度：

$$P(k_1,k_2) = -7.67k_1 + 0.03k_2 + 0.11k_1k_2$$

$$s = 3.19 \qquad 0.02 \qquad 0.04$$

$$t = -2.40 \qquad 2.00 \qquad 2.94$$

$$R^2 = 0.99 \qquad \bar{R}^2 = 0.99 \qquad D.W. = 2.04$$

回归分析之后，可以看出，扶贫资金与贫困发生率呈负相关关系，相关系数为 -7.67，符合当地贫困农村地区的发展情况，说明扶贫资金对降低通渭县这个甘肃省内国家扶贫重点县的贫困发生率具有有效积极的作用；非扶贫资金与贫困发生率呈正相关关系，相关系数为 0.03，说明非扶贫资金的利用在一定的程度上加剧了通渭县的贫富分化和经济差距，间接提高了贫困发生率，但是，此项相关系数较小，对该地区的影响并不明显，是合理可控的。

根据贫困发生率、人均扶贫资金和人均非扶贫资金的对应数据，可以通过公式（4.7）估算出扶贫资金、非扶贫资金对当地反贫困的综合贡献度。

表 4-5　　　扶贫因素、非扶贫因素对通渭县的综合贡献度分析

年份	2000	2001	2002	2003	2004	2005	2006	2007	2008	2009
非扶贫因素的贡献度	37.68	45.99	50.09	54.94	59.13	66.54	74.17	88.20	92.45	96.67
扶贫因素的贡献度	6.27	5.96	5.87	5.70	4.89	3.69	3.29	3.27	2.98	2.35

从表4-5可以看出，扶贫因素对当地的发展贡献程度逐年下降，由2000年的6.27下降到2009年的2.35；非扶贫困因素对当地的发展贡献程度逐年上升，由2000年的37.68上升到2009年的96.67。

三 小结

通过对通渭县扶贫效果的综合分析，可以看出新一轮西部大开发战略的实施使该县的经济、社会、环境和人力资本综合发展能力得到了提升，为贫困地区有效、可持续发展奠定了基础。国家扶贫重点县的扶贫资金有效地缓解了贫困县的贫困状况，大大降低了贫困人口的数量，提高了当地发展能力，但是相对于非扶贫资金而言，无论是绝对数量还是增长速度上都是所不及的。因而，需要继续加大反贫困力度，给予贫困地区政策支持和财政扶持，同时积极引导非扶贫资金的投资方向，扶助贫困地区公益事业的发展，不断提高贫困地区的自我发展能力，帮助贫困地区打破生产要素瓶颈，促进贫困地区贫困人群的全面发展，营造贫困地区快速、健康、有序发展的良好环境。

第五节 反贫困与提升通渭县发展能力模式选择

一 加大财政金融支持力度

通渭县县级财政极度困难，乡级财政自身没有来源，建议加大中央财政转移支付力度和对地方财源建设的支持力度，提高地方政府调控经济发展的能力。取消或减少公益性项目的地方配套资金，化解多年来形成的各类债务，减轻地方政府的财政压力。对贫困地区实行有差别的、激励的信贷政策，降低信用评级标准和授信条件，实行利率优惠或财政贴息政策，扩大金融服务网点的覆盖面，提高农村金融服务水平。

二 加大对生态环境建设的支持力度

通渭县水土流失面积占总面积的99.7%，有宜林荒山地53万亩、宜退耕还林（草）的坡耕地35万亩、宜修梯田的坡耕地80万亩，近几年国家下达的生态恢复项目规模小、投资少，建议扩大生态恢复项目规模、增加项目投资。通渭县的退耕还林项目全部实施的是生态林，建议国家长期给予补助，保证群众收入、严防复耕，并继续安排实施退耕还林项目。

全县禁牧草原面积87.67万亩、人工种草面积56.04万亩，建议加大对草原保护和牧草种植项目的扶持力度。锦屏水库是通渭县城区居民用水的主要水源地，建议加大对锦屏水库水源地保护工程的扶持力度。随着城镇化的逐步推进，全县农村环境污染问题日益凸显，建议加大对农村环境综合整治项目的扶持力度，解决农业面源污染等问题。

三 加大对基础设施建设的支持力度

建议增加交通重点项目、通乡公路等级提升项目、农村通畅公路项目，支持建设县级货运场站，对国道310ZG045段（天巉公路）进行改造提标。通渭县水资源严重匮乏，工程性缺水严重，防汛抗旱力量薄弱，建议加大对城乡供水工程、重点水库、"六小"水利工程、江河治理工程、灌区改造、防洪设施建设等重点水利工程项目的扶持力度，特别是尽快实施引洮二期通渭配套工程，彻底解决群众饮水困难。进一步加大对用电保障、城镇供排水和供热、城乡污水和垃圾处理等公共设施建设的支持力度。

四 加大对社会事业发展的支持力度

加强农村教师队伍建设，加大农村教师培训力度，妥善解决代课教师问题。加大对农村寄宿制学校宿舍楼、幼儿园和职业学校建设的支持力度。加大对农村医疗卫生基础设施建设的投入力度，卫生院校在招录时向贫困地区及贫困考生倾斜，加强贫困地区医疗卫生技术人员的培养，提高县、乡、村三级医疗服务网络的整体水平；将贫困县县医院、中医院人头费用纳入财政全额供养范围。进一步提高新型农村合作医疗国家补贴标准，降低贫困地区个人筹资标准，将贫困县县级医疗机构药品零差率销售纳入国家财政补贴范围。加大公共文化服务体系建设投入，扶持建设文化产业园、美术馆、博物馆、文化馆、图书馆、影剧院等项目。提高对农村"两户"的奖励扶助标准，降低奖励扶助对象年龄，给予特殊的扶持政策，确保其生活水平高于当地居民的平均水平。

五 加大对特色产业开发的支持力度

建议加大对全膜玉米高产示范区建设、马铃薯良种繁育体系和贮藏体系建设、优质小杂粮产业化和无公害基地建设、中药材产业基地建设、林果产业基地建设和草食畜产业发展的扶持力度。继续实施粮食直补、农资综合补贴、良种补贴、农机购置补贴等强农、惠农、富农政策，扩大农民应用先进适用技术、高产稳产新品种的补贴范围。将农机购置补贴比例提高到40%—50%，加快推进农业机械化。建立县域经济产业发展基金，支持贫困地区发展以农产品加工为主的中小微型企业。

六 加大专项扶贫资金的投入力度

建议将通渭县未实施整村推进项目的241个村全部纳入支持范围，每年安排整村推进项目20个以上，每个项目投资额度由现在的115万元左右提高到300万元以上；同时，增加集中连片开发项目，每年至少安排2个，实施整乡推进连片开发模式，集中解决区域性贫困问题，切实提高扶贫开发的整体效果。同时，建议给特困县一次性注入扶贫资金，成立扶贫信贷担保机构，专门给贫困农户担保贷款，使扶贫资金发挥乘数效应、滚动增值、长期使用。

七 加大对民生保障的支持力度

进一步提高城乡居民最低生活保障标准，扩大保障覆盖面，将农村贫困人口全部纳入低保范围。大力支持养老服务、社会福利、殡葬服务、社区服务等公共设施建设。进一步完善医疗救助政策，逐步提高对困难户的医疗救助水平。进一步落实住房保障制度，加大对保障性住房建设的补助，确保低收入群体的基本居住条件。加大就业再就业资金的投入，增加公益性岗位，提高补贴标准，解决城镇下岗职工的就业难问题。制定扶持贫困地区劳务经济发展的政策，加快户籍、劳动保障、权益维护等制度方面的改革。

八 加大对优势资源开发的支持力度

温泉地热、红色旅游、风力、花岗岩和劳动力、耕地是通渭县具有相对优势的资源，建议国家从基础设施建设、人才培养等方面加大投入，扶持开发，提高县域经济发展的水平。

第五章　西部民族地区提升区域自我发展能力模式——以甘南州为例

从以上分析来看，提升区域自我发展能力应着眼于区域主体能力的实现，同时也可以得到两点启发，即能力的生成是基于资源的，而现实能力则是通过优化资源组合效率来实现。因此，接下来本章将以典型少数民族聚居区——甘南藏族自治州（以下简称甘南州）为例，首先，结合其资源特征，利用定量分析方法深入评价其资源组合效率；其次，就如何提升甘南州区域自我发展能力提出模式选择。

第一节　甘南州基本情况与发展现状

甘南州位于甘肃省南部，东经 $100°46′—104°44′$、北纬 $33°06′—36°10′$，地处青藏高原东北部边缘，长江、黄河上游，甘、青、川交界处，是全国 10 个藏族自治州之一。全境 4.5 万平方公里，总人口 68.85 万人（2011 年），其中藏族占 53.6%，人口密度 15 人/平方公里，现辖合作市、临潭、卓尼、舟曲、迭部、玛曲、碌曲和夏河，共计 1 个市 7 个县。境内地形地貌复杂，有高山草地、高山森林和丘陵低山三个自然区，海拔 1172—4920 米，平均气温 5.2℃，降水 400—800 毫米，是甘肃降水量最多的地区之一。

一　甘南州经济社会发展现状

从经济发展来看。据甘南州统计公报显示，2011 年，全州实现地区生产总值 81.33 亿元，按可比价计算，同比增长 10.9%，完成大口径财政收入 9.39 亿元，增长 40.8%。三次产业结构由 2010 年的 23.5∶23.7∶52.8，调整为 23.3∶25.2∶51.5。农林牧渔实现增加值 18.98 亿元，工业实现增加值 18.46 亿元，建筑业 2.02 亿元，旅游业是甘南州财政及居民收入的重要来源，实现旅游综合收入 9.56 亿元，同比增长 43.0%。完成固定资产投资 123.74 亿元，其中农村非农户完成 16.84 亿元，同比下降8.2%（详见图5-1）。

从社会发展来看。2011年，全州个人储蓄存款余额为72.40亿元，比上年增长26.1%。在居民生活方面，城镇居民可支配收入12063元，同比增长16.6%；农民人均纯收入3106元，同比增长15.5%；城镇居民和农牧民恩格尔系数分别为37.9%、57.6%。在科教文卫方面，全年培训农牧民技术骨干6600人次，培训农牧民56128人次；15周岁人口中初等义务教育完成率99%，青壮年文盲率下降到1.18%；广播和电视人口综合覆盖率分别达到89.31%和94.33%。年末全州共有各类卫生机构766个。在社会保障方面，全州城乡居民参加各项社会保险人数62.82万人，参保率91.0%；新型农村合作医疗保险参保人数50.7万人，参保率97.0%。

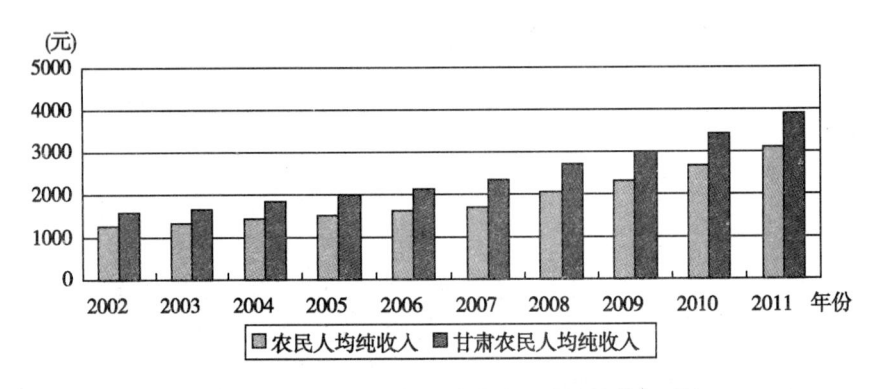

图5-1 甘南州10年间与甘肃农民人均纯收入对比

二 甘南州"三农"发展现状

（一）农业

据统计，2011年，甘南州农林牧渔业总产值达18.98亿元，按可比价格计算，同比增长6.7%，其中：农业3.91亿元，林业1.79亿元，牧业13.21亿元，渔业35万元，农林牧渔服务业756万元。从种植业来看，2011年完成农作物播种面积105.61万亩，其中粮食播种面积55.15万亩，经济作物32.48万亩，青饲料17.98万亩。从畜牧业来看，2011年全州各类牲畜产仔145.47万头（只），成活率92.5%；大牲畜存栏133.46万头，减少1.48万头或匹；绵山羊存栏235.22万只，减少3.78万只；猪存栏22.19万头，增加0.73万头。2011年末，全州实现农业机械总动力

35.06万千瓦，同比增长5.0%；农田有效灌溉面积20.61万亩，林地0.20万亩，园地0.05万亩，牧草地13.02万亩。农作物受灾面积16.33万亩，增加0.05万亩。

（二）农村

2011年，甘南州共有30.16万人属于农村从业人员，其中23.43万人从事农林牧渔业。全年，全社会固定资产投资（用于第一产业的投资）达3.74亿元。农牧村财政投资10.51亿元，实施饮水安全、农村公路和通乡油路、农牧村危旧房改造、生态移民等工程；同年，建立17个乡镇综合文化站和220个农牧民书屋；造林面积1.35万公顷，封山育林面积7.38万公顷，使农牧村生产生活条件得到了明显改善。

（三）农牧民

2011年，甘南州共有农牧民51.86万人，占总人口的75.33%。农牧民人均纯收入3106元，同比增长15.5%；人均生活消费支出2414元，增长6.2%；家庭恩格尔系数为57.6%，上升0.4%；转移农牧村富余劳动力13.71万人，实现劳务收入11.68亿元。同年年末，农村新型合作医疗参保人数达50.7万人，参保率97.0%，参保资金1.18亿元，受益参保患者58.88万人次。全州农牧村五保对象4436人，发放供养资金847万元，重点优抚对象1751人，发放补助资金532万元。

第二节 甘南州可开发利用资源现状

一 农牧业资源

（一）畜牧资源

甘南高原地势总体平坦开阔，尤其是西部和南部山原区，为黄河首曲地带，河两岸山原相对高差较小，山间盆地、滩地交错，呈典型的高原草甸景观，年降水量适中，土壤肥沃，为牧草生长提供了良好的条件，是甘肃主要的畜牧业基地。境内拥有亚高山草甸草场4084万亩，占甘南土地总面积的70.28%，天然草场占该区总面积的50%以上，草地可利用面积3848万亩，占草场面积的94.22%。堪木多日滩、乔科滩、尕海滩、科才滩、桑科滩、甘加滩等15个大草滩，水草丰茂，是优良的天然牧场，甘南草原被誉为亚洲最好的草原。同时，甘南草原也是青藏高原和甘肃天然草地中载畜能力较高、耐牧性较强的草场，理论载畜量为621万个羊单位。各类牲畜年存栏289.02万头（只），年出栏74.32万（头）只（其中蕨麻猪6万多头）。肉类总产量33763吨，鲜奶60560吨，牛羊皮100多万张，羊毛1568吨。

（二）水资源

甘南州分属黄河、长江两个流域，有黄河干流及其支流洮河、大夏河以及分属长江流域的白龙江等众多河流，河川溪流发育，且多年平均流量稳定，黄河在甘南州占据主要地位，其流域面积为3.02万平方公里，约占全境流域总面积的76%。其中，黄河干流流域面积为1万平方公里，洮河流域面积为1.60万平方公里，大夏河流域面积为0.46万平方公里。甘南州水资源蕴藏十分丰富，据测算，地表水与地下水总量达250多亿立方米，水电资源理论蕴藏量为361万千瓦，占全省的1724.15万千瓦的20.94%；可开发量为215万千瓦，占全省1062.54万千瓦的22.42%。水资源和水利资源开发利用有着广阔的前景。

（三）生物资源

甘南州地形独特、幅员辽阔，为动植物的生长和繁衍提供了优越的生态环境。境内有野生动物200多种，野生植物1000多种。拥有大熊猫、白唇鹿、藏原羚等属于国家一类保护的珍稀动物14种、二类16种、三类18种，是我国众多珍贵野生动物的重要栖息地。除广袤而丰茂的草场资源外，本地区森林面积广大，是甘肃重要的林木产品出产地。除此之外，中草药、食用菌、鹿茸、麝香、熊掌、熊胆、冬虫夏草等珍稀动植物产品丰富多样。以中藏药为例，本区地处青藏高原北半坡，是甘肃主要的药材产区之一，其中天然野生中藏药材850余种，中藏药材蕴藏量为5243万公斤，现经过人工驯化和栽培，全州已种植中藏药600多种，种植面积近7万亩，年产量大约1.5万吨，占全国主要中藏药材量的62.5%。

（四）气候资源

甘南州大部分地区海拔在3000米以上，为典型的高原气候区，日照时间长，小气候发育明显。境内年日照时数1800—2600小时，太阳能资源十分丰富；平均气温1—7℃，昼夜温差较大；同时由于高原平坦开阔，风速较快，大风日期较多，可开发风能前景可观。甘南州不仅是甘肃降水量最多的地区之一，也是黄河流域最重要的水源补给区之一，降水集中在春、夏、秋三季，年降水量为350—800毫米。甘南州也是气象灾害比较严重的地区，春旱夏涝、强降雨、霜冻、雪灾、冰雹等灾害性天气频繁，给人民生命财产安全带来严重威胁。正是由于这适中的气候类型，造就了甘南州独特的农牧业景观。

二 旅游资源

据统计，甘南州可供开发的旅游资源大致可分为三类，即自然景观、民俗风情和佛教文化。其中自然景观共计56处，约占全州旅游资源的37.6%；后两者统称为人文景观，共计90处，约占全州旅游资源的62.4%。甘南州旅游资源总体上种类全、品位高、存量大、特色浓，并以原始性、多样性、神秘性著称，可开发潜力巨大。

（一）自然景观

首先，境内中西部草原辽阔，牛羊肥美，甘南草原更有亚洲最好的草原美誉；南北部森林茂密，物产丰富，沟谷间梯田层层，五谷飘香。其次，作为黄河上游重要的生态水源补给区，甘南有以黄河、洮河、大夏河、白龙江为主的众多河流奔腾于深山峡谷和广袤的草原之间，奇特的山水草原风光融入独特的高原气候，更显风格迥异。再次，由于甘南地域辽阔、地形复杂，海拔差异明显，造就区域差异化的小气候发育明显，如在广袤的草原地带还是寒风凛冽、白雪皑皑之际，东南部却已是阳光明媚、鲜花盛开。最后，甘南的湖泊独具特色，大力加翠湖、尕海湖、冶海、骨麻海等众多湖泊宛如天际晨星，撒在美丽的甘南土地上，部分湖泊海拔在4000米以上，有"天湖"之誉。

（二）民俗风情

甘南是我国藏民族的主要聚居区，民俗风情多样且独具特色，民间节日如"插箭"、"娘乃节"、"香浪节"、"莲花山花儿会"、"朝水节"、"灯棚会"、"万人拔河比赛"等各领风骚。"卓"、"依"、"谐"、"则柔"、"格尔"，《格萨尔王》说唱以及拉卜楞特的"南木特"藏戏等民族民间艺术表演等，构成了甘南民族民间文化艺术的独特范畴。此外还有甘南藏区人们的豪爽性格及其民间的婚嫁、丧葬，种类繁多的服饰，独具草原特色的饮食等，处处显露出这片土地既淳朴古老又雍容华贵的民族文化特色。

（三）佛教文化

甘南藏传佛教文化底蕴丰厚，寺庙众多，尤以建寺于1709年的藏传佛教格鲁派六大寺院之一的拉卜楞寺和位于卓尼县的建于元初距今已有900余年历史的禅定寺以及位于甘川交界的堪称人间仙境楼阁的郎木寺为最。寺院建筑雄浑、雕塑精湛、唐卡至美、经卷浩如烟海、高僧大德更是享誉海内外。在甘南，一年四季宗教活动接连不断，形成奇特的人文景观，如农历正月法会、七月法会、九月法会便是藏传佛教活动的盛典。

三 矿产资源

甘南州共发现有铁、铜、铅、锌、贡、锑、金、银、铂族元素、钒、钛、钴、钨、锡、钼、铋、锗、镓、铈、镧、硒、铀、钍、镭、铍、硫、砷、白云岩、硅石、冶金灰岩、化工灰岩、煤、泥炭、大理岩、饰面石料、冰洲石、石墨、绿松石、玛瑙等45种矿种。已经探明的有23种，其中金、铀、砷、汞、铋、泥炭储量居甘肃省第一位；铁、锡居第二位；铅、锑居第三位；铜、硫铁矿居第四位；银、磷居第五位。丰富的矿产资源可为促进甘南州经济快速发展提供强有力的支持。

第三节 甘南州资源利用的相对效率分析

一个地区的资源利用效率直接反映了该地区资源配置的有效性和经济结构的合理性，并在一定程度上可以预测该地区未来可持续发展的能力。资源具有稀缺性特征，而人类发展对资源的需求具有无限性，这种有限供给与无限需求的矛盾要求人类进一步提高资源利用效率以缓解这种紧张的矛盾，以实现人的全面和可持续发展。

甘南州是我国藏民族的主要聚居区之一，同时也是我国农牧产品及林木产品的重要产区之一。改革开放30多年，尤其是国家启动实施新一轮西部大开发战略以来，甘南州抓住有利时机，实现了经济多年快速发展，人民生活水平有较大幅度提高，城乡面貌焕然一新；然而，伴随着地区经济的发展，一系列矛盾也逐渐凸显出来，草地退化、土地沙漠化，生态系统遭到严重破坏，居民发展需求与生态环境保护矛盾突出。同时，区域贫富差距、人口素质偏低、资源供给紧张等成为甘南州进一步发展的瓶颈。

经济系统是一个具有多投入和多产出的复杂系统，而 DEA 方法正是评价多输入，特别是多输出的，具有相同类型的决策单元间相对效率的一种有效方法。DEA 分析方法以其在评价相对效率方面所具有的独特优势，已在区域经济发展效率评价中得到了广泛的应用，并取得很好的效果。本文正是利用这一方法来对甘南州资源利用的相对效率进行评价，以客观真实地反映其发展现状，为科学提升甘南州发展能力提供有力的支持。

一 DEA 模型介绍

数据包络分析（Data Envelopment Analysis，DEA），是在法雷尔（Farrell，1957）分析了单一投入与单一产出的技术效率之后，于 1978 年由查理斯（A. Charnes）、库柏（W. W. Cooper）和罗德（Rhodes）开始创建。以帕累托（Pareto）最优为基础，DEA 分析方法使用数学规划模型对具有多输入，特别是多输出的"部门"或"单位"[称为决策单元（Decision Making Unit）]（简记 DMU）进行相对效率评价。作为一种非参数的效率评价方法，该方法事先不需要设定一个具体的投入、产出之间的生产函数关系，可以直接从实际数据中测算出各个决策单元的相对效率值。

本书所运用的方法是基于 DEA 两个最基本的模型：C^2R 模型和 BC^2 模型。

（一）C^2R 模型

假设有 n 个决策单元（DMU），每个决策单元都有 m 种输入项及 s 种输出项，分别用输入 X_j 和输出 Y_j 表示，其中 $X_j = (x_{1j}, x_{2j}, \cdots, x_{mj})^T$，$Y_j = (y_{1j}, y_{2j}, \cdots, y_{mj})^T$ $(j=1, 2, \cdots, n)$，则对于某一特定的 DMU 的相对效率可以由以下线性规划的对偶模型得出：

$$\begin{cases} \min \theta \\ \sum_{i}^{n} X_j \lambda_j + S^- = \theta X_0 \\ \sum_{i}^{n} Y_j \lambda_j - S^+ = Y_0 \\ \lambda_j \geq 0, j=1, 2, \cdots, n \\ S^- \geq 0, S^+ \geq 0 \ (j=1, 2, \cdots, n) \end{cases} \quad (5.1)$$

令 $\varepsilon > 0$ 是一个非阿基米德无穷小量（Non-Archimedean），ε 是一个无

穷小的正数，则结合具有非阿基米德无穷小ε的 C^2R 模型的对偶模型为：

$$\begin{cases} \min\ [\theta - \varepsilon(\hat{e}^T S^- + e^T S^+)] \\ \sum_{i}^{n} X_j \lambda_j + S^- = \theta X_0 \\ \sum_{i}^{n} Y_j \lambda_j - S^+ = Y_0 \\ \lambda_j \geq 0,\ j = 1,\ 2,\ \cdots,\ n, \\ S^- \geq 0,\ S^+ \geq 0\ (j = 1,\ 2,\ \cdots,\ n) \end{cases} \quad (5.2)$$

θ 为决策单元的技术效率值，即投入相对于产出的有效利用程度，且 $0 \leq \theta \leq 1$。当 $\theta = 1$ 时，此时该决策单元处于技术有效状态，即 DEA 有效，当 θ 值不为 1 时，则称非 DEA 有效；λj 为决策单元重新构造的一个有效组合中的 j 个决策单元的组合比例；S^-、S^+ 为松弛变量和剩余变量。

（二）BC^2 模型

C^2R 模型的假设前提是决策单元在固定规模报酬的条件下使用的，但实际上并非每一个决策单元都在固定规模报酬下生产，因而必须考虑规模报酬可变的情况，即引出 BC^2 模型。其实在 C^2R 模型中增加 $\sum = 1$（$j = 1$，2，…，n），即可得出 BC^2 模型。

C^2R 模型下所得到的 DEA 有效既是技术有效的，又是规模有效的；而在 BC^2 模型下所得到的 DEA 有效仅是技术有效，而不一定是规模有效。把 C^2R 模型下所得到的效率值称为技术效率[①]（TE），它可以分解为基于规模报酬可变假设下 BC^2 模型中的纯技术效率（PTE）与规模效率（SE）之积，即：

$$TE = PTE \times SE \quad (5.3)$$

从式（5.3）中我们亦可分析出某决策单元的技术无效率有多少是由纯技术无效率引起的，而又有多少是来自规模无效率的。

二 DEA 有效性分析

（一）指标体系的构建与数据选取

指标的选择是正确使用 DEA 方法进行资源利用效率评价的一个基本

---

① 技术效率是指投入与产出之间的关系，在既定的投入下产出最大化，或在产出不变时投入最小化，即为技术有效。

前提，评价的目标不同，所选取的指标也不尽相同。资源利用效率可以看成一个大的投入和产出的生产过程，按照 DEA 模型的分析要求，并结合甘南州的实际情况，同时考虑到数据的可得性、代表性以及统计口径的一致性，本文最终选取投入指标为：资本存量、劳动力、金融支持和人力资本；在投入指标中本文以城乡全社会固定资产投资表示存量，劳动力、金融支持和人力资本分别用城镇就业率、金融机构贷款、用于普通教育的财政支出来表示。国内生产总值（GDP）可以直观地反映一个地区的经济总量和经济规模，是常用的评价指标，财政收入可以衡量该地区资源投入的收益情况，文化素质可以反映该地区个体接受或获得知识的能力，生态效益则综合反映了资源使用效率的附加值，因此对应的可以分别用人均GDP、财政收入、学龄儿童入学率以及受灾面积表示投入的产出情况（见表5-1）。

表 5-1　　　　　　　2001—2011 年甘南州各投入产出原值

年份	全社会固定资产投资（万元）	城镇就业率（%）	金融机构贷款（万元）	用于普通教育的财政支出（万元）	人均 GDP（元/人）	财政收入（万元）	学龄儿童入学率（%）	受灾面积（千公顷）
2001	53240	95.34	95399	13479	2302	11998	96.15	13.86
2002	65825	95.77	106509	14902	2522	10938	96.79	17.87
2003	81082	95.81	136638	17178	2778	9691	97.26	14.71
2004	117777	95.58	179294	39059	3234	10743	97.64	12.05
2005	202492	95.5	206212	44077	3867	11869	97.78	13.97
2006	288000	95.8	235743	48625	4419	15647	98.07	13.86
2007	340800	96.06	270658	63542	5200	19529	98.48	10.35
2008	426600	96.22	346368	69533	6375	27360	98.52	12.31
2009	623382	96.35	517363	74799	7921	30104	98.32	11.50
2010	905100	96.89	633639	84671	9823	38348	98.45	10.85
2011	1237230	96.91	851767	98567	11813	54199	98.68	10.46

资料来源：《甘肃统计年鉴》、《甘南州统计年鉴》、《甘南州国民经济与社会发展统计公报》以及甘南州相关部门提供的相关数据。

指标的选取不同、决策单元的数目不同都会对最终测算结果造成影响。本文选取 2001—2011 年《甘肃统计年鉴》、《甘南州统计年鉴》、《甘南州国民经济与社会发展统计公报》以及甘南州相关部门提供的材料等相关数据作为研究基础。同一个地区的不同年份可以看做不同的决策单元，因此本文所分析的决策单元共有 11 个。

（二）实证分析

利用 Frontier Analyst 软件测算出各决策单元的总效率值（TE）、技术效率值（PTE）和相应的目标改进值（potential improvements），并结合公式（5.3）计算出规模效率值（SE），结果如表 5-2、表 5-3 所示。

1. 效率值分析

首先，从总效率值来看。只有 2001 年、2002 年、2008 年、2010 年、2011 年的 TE 值为 1，为 DEA 有效，即资源利用是有效的；2003—2007 年和 2009 年均为非 DEA 有效，其中 2004 年和 2005 年 DEA 值小于 0.9。

表 5-2　　　　2001—2011 年甘南州资源利用的相对效率值

年份	TE	PTE	SE	规模收益
2001	1.000	1.000	1.000	不变
2002	1.000	1.000	1.000	不变
2003	0.937	0.968	0.968	递减
2004	0.853	0.926	0.921	递减
2005	0.881	0.918	0.960	递减
2006	0.911	0.946	0.963	递减
2007	0.915	0.945	0.968	递减
2008	1.000	1.000	1.000	不变
2009	0.987	0.992	0.995	递减
2010	0.996	1.000	0.996	不变
2011	1.000	1.000	1.000	不变

其次，从技术效率值来看。类似于总效率值，只有 2001 年、2002 年、2008 年、2010 年、2011 年的 PTE 值为 1，为 DEA 技术有效，因为一旦总效率值为 1，则技术效率值及后面即将分析的规模效率值均为 1，其中 2009 年的技术效率值接近 1。

最后，从规模效率值来看。也只有 2001 年、2002 年、2008 年、2011 年的 SE 值为 1，为 DEA 有效，为 DEA 规模有效。再来比较一下 PTE 值和 SE 值可以看出，除 2004 年和 2010 年外，SE 值均大于或等于 PTE 值，说明引起相应年份资源利用效率不高的原因在于其技术效率值较低，而非规模效率。同时,除 DEA 有效年份外,其余年份规模收益均呈递减趋势。

2. 目标改进值分析

若 DEA 有效,决策单元已经达到最优,即表 5-2 中的 TE=1 时,就不存在目标改进的问题,改进比率为 0,当然表中部分年份及项目并非 DEA 有效,但只是需要改进很小,几乎为 1,所以可以看到其对应的改进比率为 0。所以,本文只讨论非 DEA 有效决策单元的目标改进值较大项目。

从表 5-3-1 和表 5-3-2 中,可以直观地看出非 DEA 有效决策单元或多或少都存在投入冗余和产出不足问题。

第一,从投入的目标改进值来看,需改进的年份主要是 2003—2007 年和 2009 年,由于城镇就业率需改进值较小,暂不讨论。从全社会固定资产投资来看,固定资产投资有助于改善区域发展环境,提升区域通达力,从表中可以看出 2006 年和 2007 年投入出现冗余,冗余值分别为 16693.95 万元和 8979.45 万元,其余年份投入明显不足,不足余额分别为 2189.04 万元、16686.66 万元、9905.47 万元和 9678.58 万元;从金融机构贷款来看,金融机构贷款有助于增强企业等区域主体资本实力,提高竞争力,从表中可以看出,2006 年和 2007 年投入出现不足现象,不足额分别为 7378.79 万元和 12696.48 万元,其余年份投入明显冗余,冗余值分别为 18530.11 万元、27151.01 万元、2255.21 万元和 42652.77 万元;再从教育投资来看,教育具有显著的正外部效应,财政用于教育的投资可以极大改善地区教育环境,提高当地人民的科学文化素质,属于软能力的提升,从表中可以看出,2003 年和 2009 年财政对于教育的投资存在不足现象,不足额分别为 365.8 万元和 1161.32 万元,其余年份教育投入存在冗余,冗余值分别为 13763.27 万元、6980 万元、2607.66 万元和 8361.15 万元。

第二,从产出的目标改进值来看。需改进的年份主要是 2003—2007 年和 2009 年,由于学龄儿童入学率需改进值较小,暂不讨论。从人均 GDP 来看,2003 年和 2009 年存在产出不足现象,不足额分别为 69.68 元和 194.51 元,其余年份则存在产出过量现象,分别冗余 21.05 元、220.36 元、299.49 元和 162.78 元;从财政收入来看,均存在财政收入不足现象,即现有的资源投入并未产生合理的政府财政收入,不足额分别为 2041.12 万元、3319.34 万元、5740.78 万元、4644.22 万元、3516.76 万

表 5-3-1　非 DEA 有效决策单元的目标改进值（投入）

年份	全社会固定资产投资			城镇就业率			金融机构贷款			用于普通教育的财政支出		
	实际值 万元	目标改进值 万元	改进比率 %	实际值 %	目标改进值 %	改进比率 %	实际值 万元	目标改进值 万元	改进比率 %	实际值 万元	目标改进值 万元	改进比率 %
2001	53240	53240	0	95.34	95.34	0	95399	95399	0	13479	13479	0
2002	65825	65825	0	95.77	95.77	0	106509	106509	0	14902	14902	0
2003	81082	83271.04	2.7	95.81	95.79	0	136638	118107.89	-13.6	17178	17543.8	2.1
2004	117777	134463.66	14.2	95.58	95.86	0.3	179294	152142.99	-15.1	39059	25295.73	-35.2
2005	202492	212397.47	4.9	95.5	95.95	0.5	206212	203956.79	-1.1	44077	37097	-15.8
2006	288000	271306.05	-5.8	95.8	96.03	0.2	235743	243121.79	3.1	48625	46017.34	-5.4
2007	340800	331820.55	-2.6	96.06	96.1	0	270658	283354.48	4.7	63542	55180.85	-13.2
2008	426600	426600	0	96.22	96.22	0	346368	346368	0	69533	69533	0
2009	623382	633060.58	1.6	96.35	96.39	0	517363	474710.23	-8.2	74799	75960.32	1.6
2010	905100	905100	0	96.89	96.89	0	633639	633639	0	84671	84671	0
2011	1237430	1237430	0	96.91	96.91	0	851767	851767	0	98567	98567	0

表 5-3-2　非 DEA 有效决策单元的目标改进值（产出）

年份	人均GDP			财政收入			学龄儿童入学率			受灾面积		
	实际值 元/人	目标改进值 元/人	改进比率 %	实际值 万元	目标改进值 万元	改进比率 %	实际值 %	目标改进值 %	改进比率 %	实际值 千公顷	目标改进值 千公顷	改进比率 %
2001	2302	2302	0	11998	11998	0	96.15	96.15	0	13.86	13.86	0
2002	2522	2522	0	10938	10938	0	96.79	96.79	0	17.87	17.87	0
2003	2778	2708.32	-2.5	9691	11732.12	21.1	97.26	96.87	-0.4	14.71	17.6	-19.7
2004	3234	3255.05	0.7	10743	14062.34	30.9	97.64	97.12	-0.5	12.05	16.81	-39.5
2005	3867	4087.36	5.7	11869	17609.78	48.4	97.78	97.49	-0.3	13.97	15.61	-11.7
2006	4419	4716.49	6.7	15647	20291.22	29.7	98.07	97.78	-0.3	13.86	14.7	-6.1
2007	5200	5362.78	3.1	19529	23045.76	18	98.48	98.07	-0.4	10.35	13.77	-33
2008	6375	6375	0	27360	27360	0	98.52	98.52	0	12.31	12.31	0
2009	7921	7726.49	-2.5	30104	34090.27	13.2	98.32	98.52	0.2	11.5	11.95	-3.9
2010	9823	9823	0	38348	38348	0	98.45	98.45	0	10.85	10.85	0
2011	11813	11813	0	54199	54199	0	98.68	98.68	0	10.46	10.46	0

元和 3986.27 万元；再从受灾面积来看，均存在不足现象，即甘南州经济发展明显地破坏了生态环境，一定程度上助长了水灾、旱灾等自然灾害的频发，不足值分别为 2.89 千公顷、4.76 千公顷、1.64 千公顷、0.84 千公顷、3.42 千公顷和 0.45 千公顷。

三　小结

以上分析可以看出，2001—2011 年甘南州资源利用总体经历有效、无效、再有效的 U 字形过程，相伴随的则是投入、产出存在的明显冗余或不足现象。究其原因，可以概括为如下两点。

1. 政策资金投入并没有及时有效地转为生产力。随着新一轮西部大开发战略以及对口支援等政策的实施，甘南州获得大量外部的支持，然而由于其本身有限的消化能力，外部的支持如资金等，并没有得到有效的配置，进而出现了冗余或者分配不到位现象，致使资源利用无效，但近年来甘南州已经逐渐意识到了资源配置情况。

2. 这里的投入冗余或过剩，并非数量上的绝对过剩，而主要是由于投入结构和资源分配不合理造成的相对过剩。甘南州属于我国四省藏区，经济基础薄弱、经济发展方式粗放、科技水平、教育水平相对较低、基础设施不健全、抗风险能力相对较弱以及思想观念相对落后，再加上人口少、消费水平低、经济规模小等，由此致使投入的资源没能有效地转变成规模收益，最终导致资源的利用效率不高。

第四节　提升甘南州发展能力的模式选择

作为我国藏民族聚居区和欠发达地区，同时又是我国黄河上游重要的水源补给生态功能区，决定了甘南州在提升区域自我发展能力时不能走传统的"先污染，后治理"的工业化道路，必须注重经济发展与资源、环境相协调，兼顾短期发展与长远发展，整合现有资源，发展特色优势产业，加强科技创新和人才培养，大力发展民族经济、绿色经济、生态经济与循环经济，努力提升自主创新能力和区域自我发展能力，实现经济发展、生态保护与人民生活水平快速提高。

一　经济带动模式

经济是一种全新的经济运行模式，它要求在合理利用自然资源和环境容量基础上,将传统的经济增长方式由"资源—产品—废弃物排放"的开环式线性流程,转化为"资源—产品—再生资源"的闭环式反馈流程。它涵盖了经济发展、社会进步、生态和谐三个方面,是人与自然和谐形态的体现。经济是人类生存与发展哲学的全新转变,注重经济和生态的协同发展,使社会经济系统最终和谐地纳入自然生态系统的物质能量循环过程中,实现经济活动的生态化,本质上符合可持续发展理念。

作为中国西部重要的农牧生产区和生态安全屏障,甘南州有着发展经济的良好基础条件和资源优势,具备发展经济的后发优势。首先,结合甘南州差异化的自然条件,围绕甘南州首位特色优势产业——畜牧业,实施"农牧互补"战略,即"牧区繁育、农区育肥、农区种草、牧区补饲,农牧两个市场相结合",利用两种资源、两个市场,做到优势互补,共同发展;其次,适时推动碳汇经济发展,构筑并重点打造甘南州高原特色加工业、清洁能源产业、矿产资源采掘及加工业、民族特色加工业和生态旅游业五大经济产业体系,全面推进"生态甘南"建设;最后,为保障甘南州经济发展的可持续性和对甘南区域发展的辐射带动作用,必须建立生态补偿成效机制和生态环境监测预警体系,加大重点污染源的监测力度,重点研发、引进和推广资源减量、再利用、废弃物资源化以及生态修复、生态治理等先进适用技术。

二 特色优势产业培育模式

甘南州地处青藏高原东北部边缘,境内地形地貌复杂,气候、水文等生态环境以及工农业生产方式差异显著。独特的地理位置构造了甘南州各具特色的资源优势:西北部拥有广阔的草原,有"亚洲最好草原"之称,为纯牧区,是甘肃乃至西部民族地区重要的畜产品生产地;南部层峦叠嶂,沟谷深壑,水流湍急,为重要的林区,林木、水利资源较为丰富;东部为山地丘陵,高寒阴湿,农林牧交错。

因此,抓住国际产业和国内产业梯度转移的有利时机,从甘南州实际出发,整合优势资源,进一步培育特色的优势产业。首先,以牦牛、藏羊为主打产品,培育高原特色生态畜牧业为甘南州战略性支柱产业,大力推进专业化布局、产业化经营、标准化生产、技能化培训,促进当地畜牧业生产方式转变,解决农牧民增收和生态环境保护双重需求矛盾。其次,大力发展设施农业,全力推广日光温室、塑料大棚农业和设施养殖业,以市场需求为导向，种植蔬菜、瓜果及花卉，以暖棚圈养为主，采取规模化暖棚圈养，实行秋冬季温棚开窗养殖、春夏季开放（敞）式养殖的方式。再次，进一步开发中藏药资源，突出藏药特色，精选有效方药进行新药开发，变资源优势为经济优势，借助现代信息技术，通过信息平台传播和弘扬藏医药知识，借鉴现代药学的科学成果来研究和发展藏药，使藏药研究始终保持其先进性和科学性，提高市场竞争力。最后，进一步提升九色甘南香巴拉旅游品牌形象，充分发挥其独特地貌、草原风光、民族风俗和藏传佛教等自然、人文景观，努力把甘南建设成全国特色旅游目的地。特色优势产业的不断壮大，为甘南州实现跨越式发展奠定良好基础。

三 区域发展与扶贫联动模式

作为我国四省藏区之一，甘南州同时也是西部民族地区发展最为滞后的地区之一。该区生态环境脆弱，少数民族聚居，人口素质较低，基础设施落后，自我发展能力乏弱，再加上近年来自然灾害频发，而过快的人口增长又对有限的资源和脆弱的环境构成威胁，形成恶性循环，贫困程度较深。因此，甘南州发展能力的提升离不开贫困问题的解决。

首先，整合区域资源，包括自然资源、劳动力、资金、特殊技能等有限内部资源以及信息、金融支持、财政支出和社会帮扶等外部资源，根据各地区实际，着力解决贫困人口最关心、最迫切的问题，如加强乡村道路、农田水利等基础设施建设，改善农牧区基本生产生活条件，帮助贫困地区和贫困人口形成新的生产能力。其次，改变单纯的经济扶贫，构筑金融、科技、人力资本等内生式扶贫，如建立短期贫困共同发展基金等。最后，建立和完善农村社会保障制度，逐步建立起城乡一体化的社会保障体系。从而降低贫困发生率，提高贫困人口发展水平，有助于提升该区综合发展能力。

四 跨区域合作式发展模式

比较优势理论认为，贸易的基础是生产技术或经济资源的相对差别，而非绝对差别，以及由此产生的相对成本的差别。比较优势贸易理论在更普遍的基础上解释了贸易产生的基础和贸易利得，大大发展了绝对优势贸易理论。本书认为不同区域同样都具有发展其经济的比较优势资源，优势互补、互利共赢是不同区域交往的原则。

甘南州发展能力的提升不能仅依赖其自身资源的充分利用，毕竟资源具有有限性，更主要的是甘南州经济技术相对落后，资源的利用效率本就不高，因此发展与其他区域主体的经济交往对于提升其发展能力显得尤为必要。

首先，打破地区垄断，实现公平竞争，在同等条件下，引入市场竞争机制，取消人为市场壁垒，降低商品流通成本。其次，利用本地区独特的自然人文景观，大力发展旅游业，积极对外宣传九色甘南香巴拉旅游品牌，可开展与其他省份合作或国际合作，签订相关旅游备忘录或者组织展开藏文化、黄河上游生态保护等有利于宣传甘南特色的会议，通过开展旅游等活动引导其他资源进入甘南州，在保护甘南州生态环境和居民生活方式的基础上，合作开发甘南州可利用资源，提升资源的利用效率。再次，利用甘南州劳动力低成本优势及相关政策优惠，引导有技术含量的企业入驻或投资，带动当地就业，提升当地企业技术含量。最后，引导人才交往，国家对甘南州的对口援助不能仅是资金的援助，对于类似甘南州这样落后的地区，更需要的是对人的培养，应该提供更多优秀的教师队伍来甘南州，改进甘南州教育理念，提高文化素养；通过合作培养或者引导甘南州劳动力外出等方式，全面加强甘南州人民与外界的交往与接触，从而全面提升个人的发展能力。

第六章 资源枯竭型城市提升区域自我发展能力模式——以兰州市红古区为例

第一节 红古区发展现状

一 红古区经济社会发展现状

红古区位于甘肃省中部、兰州市西南部、甘青两省交界处。2011年，全年实现地区生产总值74.45亿元，增长15%，第一产业实现增加值5.44亿元，增长6%，第二产业实现增加值51.96亿元，增长16%，第三产业实现增加值17.05亿元，增长15%。预计完成地区财政收入9.5亿元，增长16%，完成地方财政收入1.7亿元，增长32.3%。一般预算收入1.3亿元，年均增长22.2%。城镇居民人均可支配收入10594元，年均增长5.2%；农民人均纯收入7480元，年均增长10.1%。全社会固定资产投资33亿元，年均增长24.6%。社会消费品零售总额16.7亿元，年均增长13.5%。三次产业结构7.5∶70∶22.5。红古区生产总值在兰州市三县五区中排名倒数第三，其他经济社会发展指标也低于甘肃省和全国平均水平，相对落后。

（一）农业生产稳步发展，特色产业不断壮大

农业产业化水平进一步提升。全年完成农作物播种面积10.1万亩，其中：粮食作物2.3万亩，蔬菜播种面积7.21万亩。全年粮食产量达到1.37万吨，预计蔬菜产量达到50万吨以上，肉、蛋、奶类产量分别达到4488吨、741吨、17424吨。设施农业建设大力推进，解决了6670名农民饮水安全问题，建成农村道路40公里。特色农产品收入在农民人均纯收入中的比重不断提高。2011年，农民人均纯收入预计达到8452元，同比增长13%。

（二）工业结构优化升级，发展后劲明显增强

大力实施"工业强区"战略。祁连山水泥股份有限公司生产系统改

造及平安水电站等项目相继建成投产，使全区工业经济发展的后劲不断增强；重新启动了兰州市连海经济开发区红古园区建设；兰州市经济技术开发区红古园区基础设施项目年内开工建设，工业经济向产业化、园区化迈进。2011年，实现工业增加值44.18亿元，同比增长18%，占年计划的100%，其中规模以上工业实现增加值42.36亿元。

（三）重点项目进展良好，招商力度不断加大

大力推进项目建设。截至2011年9月底，全区共实施各类项目78项。区列74项重点项目已开工建设53项，开工率达到72%。第三批资源枯竭型城市转型申报工作取得阶段性进展。年内完成全社会固定资产投资33亿元。不断加大招商引资力度。目前全区共引进总投资40.5亿元的招商引资项目20项，完成年计划20项的100%，到位资金10.77亿元，完成年计划11亿元的97.9%。

（四）商贸服务质量提高，消费需求明显增长

海石湾中心城基本形成了商业服务网络，餐饮娱乐、零售批发、家政装修等服务业态发展迅猛，实现了服务业数量扩张和质量提高，辐射带动力进一步增强；以农业龙头企业为主，中小型集散批发点为补充的农产品市场体系建设不断完善，各类农产品批发市场和农业合作组织不断壮大；金融、房地产、通信、互联网及中介服务、物流、快递等新兴服务业发展迅速，物流服务中心地位明显提升。在家电下乡、汽车下乡等一系列消费政策的带动下，消费保持快速增长。预计实现社会消费品零售总额19.75亿元，增长18%。

（五）社会事业全面发展，民生问题继续改善

全区4所中小学危房改造工程进展顺利，完成危改面积12026平方米。卫生医疗事业全面发展，红古、花庄两个卫生院改扩建项目已建成投入使用，区医院改造项目争取国家资金1500万元，10月底开工建设；新型农村合作医疗制度全面实行，参保人数42705人，参保率达到97.46%。积极推进就业再就业工作，城镇新增就业人数4272人，城镇登记失业率2.12%，就业培训3922人（次）。社会保险覆盖范围不断扩大，农村养老保险有序开展。文化体育建设不断加强，各类文化活动异彩纷呈，全民健身运动蓬勃发展，体育基础设施条件得到改善，建成了18条健身路径。

二 红古区资源开采及其他可开发利用资源现状

红古区以煤炭资源为主,由于历史上大规模的采煤活动,使得开采难度越来越大,可开采量越来越少,并且诱发了大面积的采空区沉陷。目前,红古区煤炭年产量不断萎缩,后备煤炭资源严重不足,矿区服务年限大大缩短。按目前年开采量计算,开采年限仅3.9年左右。

水资源供需日趋紧张,大通河、湟水河交汇纵贯全区后向东流入黄河,全长78公里,年径流量为46亿立方米。随着两河流域水资源的大量开发利用,特别是大型水电站的建设,两河水量逐年减少,红古区保障工农业发展及城乡居民生活的水资源供需矛盾日趋紧张,亟须通过水资源合理配置来缓解水资源供需矛盾。

土地供需矛盾日益尖锐,全区耕地资源少,城镇扩张、基础设施建设和工业发展占地呈逐年增加趋势,行业间、区域间和城乡间的土地利用矛盾日益突出,各行业、各部门和各乡镇的规划用地需求远远超出全区土地资源的总供给能力。

第二节 红古区资源枯竭型城市转型的必要性

由于煤炭资源枯竭,以窑街煤电为代表的煤炭开采及相关企业经营困难,发展乏力,无力在原地进行生产探矿、矿山建设、技术改造以及设备更新,导致许多矿井破产报废,传统煤炭资源型产业衰退严重。

水资源短缺、农业粗放经营极大阻碍了农业产业化发展,农业生产率过低,无法快速提高农业收入;同时农业的低生产率和土地供求矛盾束缚了众多劳动力人口,限制了人口的自由流动,不利于城市化进程和第三产业发展。

历经多年的煤炭地下开采,造成地表大面积沉陷,导致道路基础设施和房屋等地上建筑物大量毁坏,甚至矿山周围、道路两侧、城市周边及旅游景区的植被、地下水、自然景观和地质遗迹也受到不同程度的损坏。受产业结构和能源结构的影响,红古区大气环境属于典型的煤烟型污染,二氧化硫、氮氧化合物和烟尘、粉尘产生多,这也给生态环境造成很大破坏。

红古区产业结构不合理,2011年三次产业比重为7.5∶70∶22.5,第二产业过重，第三产业滞后，全区工业经济的产业层次偏低，布局不合理，相互配套能力弱，尚未形成真正意义上的产业集群。产品结构层次低，原材料与初加工产品多，高附加值及终端消费产品少；一般产品多，名牌产品少，初加工业和能源原材料工业较多，经济增长对资源的依赖度高，粗放型经济增长方式尚未实现根本转变。

由于历史原因，红古区资源型企业办社会问题比较突出。随着煤炭资源枯竭，红古区许多矿井进入衰退期，一些生产配套产品的工厂也被迫关、停、并、转，造成大批职工下岗，就业形势十分严峻。

在城市基础设施建设领域，与大多数矿业资源型城市一样，长期的资源开采在矿区形成了"大分散、小集中"的城乡交错格局，布局失调，功能弱化。受煤炭开采、坑口火电站、运煤专用线、高压输电线等影响，城市被分割得支离破碎，分区紊乱、混杂，城市建设欠账多，公共基础设施严重滞后，远远不能满足居民生产生活的基本需求。

第三节 提升红古区发展能力的模式选择

一 承接产业转移

在《中国西部大开发与经济转型》一书中，刘世庆先生判断西部经济总体上正处在"自我持续落后"向"自我持续增长"转型时期。在红古区产业调整过程中，要注重承接劳动密集型产业转移。由于东部地区劳动力工资大幅度上涨、土地供求矛盾突出，加之租金上涨、利润率下降、创新能力和国际竞争力减弱，最后，产业转型的压力，迫使东部地区转移劳动密集型产业。

此外，西部承接劳动密集型产业可以降低本地区产业发展成本。由于资本稀缺且宏观经济发展落后，通过承接过渡，获取成熟生产技术，吸收东部地区投资，可以促进西部地区劳动密集型产业的跨越式发展。先进的劳动密集型产业可以提高西部地区的就业率，为社会积累财富，推动宏观经济发展，增加西部地区产业结构调整的内生动力。

根据以上观点，红古区在接下来要注重承接东中部服装、玩具、纺织、日用品、食品等劳动密集型产业。由于本地区位于内陆，远离国际市场，交通约束成本高，购买能力欠缺，要克服以上困难，加快基础设施建设，更为重要的一点是，需要开发新兴市场，依附于兰州这个西部重要省会城市，辐射甘青宁、川渝，并利用靠近中亚及蒙古的区位优势，开拓海外市场，克服市场需求不足的缺陷。

二 资源开发与资源加工并举

按国际上通行的标准来衡量，一般来讲，人均收入超过1000美元，资本投入仍然是经济增长的主角，对经济增长的贡献最大；相对于国内最终消费需求和出口需求来讲，中间需求的增加是制造业迅速成长、产业链拉长的主要原因，这标志着一个地区即将或已经进入工业化发展中期。针对红古区经济发展所处的阶段来说，2011年人均GDP达到52272.72元，正向人均1000美元这个工业化加速时期指标迈进；此外红古区经济发展仍以资本投入为主，主要是社会固定资产投资为主，在2011年达到330129万元；在产业发展方面红古区从单一的资源采掘向绿色经济发展，不断深化产业层面、延伸产业链条。综上可以看出红古区正进入工业化中期阶段。

按照与原来资源型产业有无直接产业关联，资源枯竭型城市产业转型有"小转型"和"大转型"两种基本形式。

鉴于红古区GDP不足100亿元，地区经济规模较小，可以采取"小转型"方式，具体就是在原有资源型产业基础上向后延伸产业链，又称为"产业延伸"。利用红古区原有的产业集群和基础设施，发挥规模经济优势，此种转型的事实基础较好，转型难度较小，延伸产业链可以极大地增加资源价值，由此积累的资金又可以利用到发展城市接续产业当中，采取循序渐进的发展方式。红古区向来以煤炭资源为主，需要充分依靠窑街煤电集团公司在采掘业方面的专业优势，加快现有海石湾、天祝煤矿等技改项目建设进程，发挥专业队伍、专运公路、大型配煤站、战略集散平台等优势，积极发展经济，实施煤、电、建材和生物新技术及其"三废"和副产品一体化发展战略，加快构筑"煤、电、冶、加、建"一体化的新型产业体系。坚持引进与自主研发相结合，深入开展节能减排工作，加强煤、电、建材产业"三废"和副产品综合利用，发展粉煤灰砌块、复合水泥、煤矸石发电、油页岩尾气发电、沼气发电等循环产业。根据区位优势和工业发展现状，以中国铝业兰州分公司为基础，以45万吨电解铝、25万吨铝材板和3×300千伏自备电厂、16万吨碳素厂等项目为中心，推进以发电、电解铝、铝精加工为主的有色冶金产业集群发展，做大电解铝、做精铝加工，实现铝电联产，重点发展铝系列和铝合金系列产品，适时引入铝材延伸制品等产业项目。

从三次产业的角度看，资源枯竭型城市产业转型的具体途径主要有"退二进一"、"退二进二"、"退二进三"三种。

所谓"退二进二"就是讲城市经济活动中心从资源采掘业转向其他的第二产业。这样有利于城市提高产业的附加值，优化产业结构，但与此相对应的是需要较大规模的资金成本和相应人才技术及市场。要改变本地区落后状况，就要改变以往东西部垂直分工格局，即西部开发资源、东部加工制造的格局。"西电东送"、"西气东输"工程在一定程度上造成西部地区资源流失，造成自我积累严重不足，没有充分将资源优势转变为产业优势。红古区拥有丰富的水电、石油、天然气、煤炭、有色金属资源，利用一部分资源能源留在西部，有选择地发展耗能型工业，如天然气工业、有色金属加工工业等。西部天然气、电力加之矿产优势是一种能够吸引资本和产业西进的优势。另外，利用靠近兰州和西宁两大省会城市的区位优势，市场需求量大，前景广阔。

三　农业集约化与市场化

红古区农业资源得天独厚，分布在两条河谷地带的优质耕地有7.2万亩，境内的谷丰渠、湟惠渠、海石渠、窑街二渠共四条灌渠形成了完善的自流灌溉体系，覆盖全区绝大多数耕地。位于川区北部的坪台地总面积9.75万亩，可开发利用面积6.19万亩，现已开发3.5万亩。红古区农业已基本形成以精细蔬菜、高效养殖、优质果品、农产品深加工为主的四大支柱产业和牧草、水产、花卉、食用菌等特色产业，这里已经被确立为甘肃省5万亩高效农业示范园区，兰州市无公害蔬菜生产基地、兰州市最大的副食品基地、奶源基地和果品基地。已建成宏伟、维特尔、介实、陇华、绿源五大专业从事瓜果蔬菜贮运、保鲜、加工的龙头企业和平安、水车湾两大农副产品批发交易市场。

但同时红古区农业发展也存在诸多瓶颈。耕地面积有限，农业人口多，达4.8万人，占全区总人口的34%。农业人口中具有劳动力的有3.77万人，其中具有初中以上文化程度的有1.79万人。由于耕地面积狭小，农业富余劳动力较多。

耕地不足是红古区农业发展的短腿，但区内便利的灌溉条件和丰富的光热资源有利于设施农业的发展，而且以日光温室为代表的设施农业在红古区经过20多年的发展，已经在技术更新、设施水平的提高及经济效益增加等方面取得一定的成绩。红古区应依托这一优势，立足于现有的设施农业基地和园区，有计划地扶持蔬菜、果品、养殖业的发展，将日光温室、普通大棚、高架大棚通盘考虑，引进、消化、吸收设施农业新技术，如节水灌溉、连作障碍克服、无土栽培及无公害标准化养殖，并注重农民培训，使其及时掌握农业新技术的应用。

红古区是兰州市的远郊区，农业发展要充分以兰州市场为导向，利用区位优势发展依附于本地区需求的市场化农业，将红古区逐渐发展成为主要以满足兰州市场需求的农业生产基地。

四　以第一、第二产业带动第三产业发展

第三产业是配合其他产业发展的配套服务业，在第一、第二产业发展不充分的情况下发展第三产业犹如无本之木，例如金融业、物流仓储、餐饮服务等行业缺乏服务对象，自然而然地导致第三产业发展滞后。

红古区居于兰州与西宁之间，国道G109线穿区而过，更为突出的一点是背靠正在开发中的国家第五个新区——兰州新区。目前已经包括有中石油国家战略石油储备库、吉利汽车、三一重工在内的多家国内外大型企业落户新区。在第一、第二产业发展较为充分的前提下，应依托红古区的区位优势，规划建设石化、高端装备、新能源新材料等七大产业集群以及高新技术产业。未来红古区应以发展仓储物流、批发、文化娱乐、休闲观光等为主的现代化服务业。全力打造海石湾东口专业市场功能区和海石湾西口物流仓储区，重点发展物流输送及仓储、商品配送中心、快递业务，配套建设各类专业批发市场；充分利用沿黄旅游景观通道，统筹规划沿黄文化生态旅游开发项目，抓好沿黄文化旅游区、湿地生态旅游区、窑街国家矿坑博览旅游度假区建设，努力进行区域性旅游观光开发项目建设。以华龙广场马门溪龙雕塑为中心辐射区，以海石湾镇为核心作为中心旅游接待、服务区域，完善旅游基础设施建设。打造以"恐龙之乡，人文沃土"为旅游形象的旅游卫星城市。在平安镇以农业观光体验、农业科普教育、特色农产品观光等为重点培育项目，带动红古区旅游发展。逐渐将红古区打造成兰州市及兰州新区的服务型卫星城。

五 将发展金融业与城市转型及城乡一体化相结合

城乡一体化是城市化发展的一个新阶段，是随着生产力的发展而促进城乡居民生产方式、生活方式和居住方式变化的过程，是城乡人口、技术、资本、资源等要素双向流动，相互融合，互为资源，互为市场，互相服务，逐步达到城乡之间在经济、社会、文化、生态上协调发展的过程。城乡一体化水平的提高可以缓解资源型城市过度依赖第二产业的现状。人口、资本等因素的城乡流转将逐渐打消城乡隔阂，促进城市化，带动运输、餐饮、娱乐、金融等服务业的发展，扩大地区消费，解决内需不足和产业结构不合理等问题。

库兹涅茨1955年提出的倒"U"形曲线规律，即人均财富的增长和人均财富差异的这两者之间的关系，以一个倒"U"形的形式发展。发展中国家的金融发展与二元经济的发展也遵循该规律。即在经济发展的初级阶段，金融发展加剧了二元结构，当金融发展与经济发展达到临界点时，金融发展将减弱二元经济结构。

20世纪80年代，发展中国家大量生产能力过剩，但无法与剩余劳动力结合，进而不能促进经济发展。在古典和新古典二元结构理论不能解释这种现象的情况下，特拉西克将凯恩斯理论引入二元经济发展框架中，试图从有效需求和生产能力利用的角度将凯恩斯理论运用于发展中国家。他从信贷市场、商品市场和土地市场三个方面解释有效需求不足存在的原因。信贷市场不完善限制了有效需求，而信贷市场不完善主要表现在利率机制的失灵与金融中介机构的缺乏；商品市场不发达导致的交易障碍加大了有效需求不足的可能性；土地市场中土地的不可流动性和不可分割性也会降低有效需求。显然，为了促进有效需求，刺激经济发展，进而推动二元经济结构调整，必须理顺利率机制，大力发展金融中介机构，完善市场机制等。

一个地区要提高经济发展层次离不开金融业的发展。经济发展、产业结构调整、城乡一体化急需金融业的资金支持。在红古区转型的过程中，特别应注意农村金融业的发展。农村地区资金需求广泛，不仅基础设施建设需要大量金融配套资金投入，而且涉农企业生产经营需要方便快捷的金融资金供给，农民改善生活需要全方位的金融服务。

目前，金融支持城乡一体化存在以下几个问题。

首先，农村金融主体供给短缺，难以满足城乡一体化对大规模资金的需求。目前，金融机构在农村金融市场的渗透率和覆盖面远不能满足城乡一体化的发展需求。一是政策性金融组织服务功能单一，难以对农业生产安排资金支持。二是国有商业银行对农村地区的盈利预期较低，逐步收缩在农村的营业网点，支农信贷资金明显减少。三是农业信用社难以支持大规模资金收放。邮政储蓄的只存不贷，加剧了农村资金的流失。

其次，农村金融产品供应单一，难以满足城乡一体化发展对多样化金融服务的需求。主要是因为商业银行的贷款结构不断调整，涉农贷款显著降低。商业银行以盈利为目的，对贷款的选择性增强，准入门槛不断提高，支农贷款逐渐减少。

最后，金融避险机制发展滞后，难以满足城乡一体化发展对规避风险的要求。一是农业保险体系尚未建立，农业贷款风险得不到合理的补偿。由于农业保险赔付率高、利润率低，使得农村保险业发展缓慢。二是缺乏成熟的农产品期货市场，使风险高度集中于农村信贷机构，因此迫切需要健全金融风险规避体系。

解决好红古区农村金融发展问题需从以下几个方面着手。

首先，稳步推进农村金融组织创新，积极培育多元化的新型农村金融服务主体。深化农村信用社改革，强化支农职能；积极引导股份制银行到农村地区开展业务；完善邮政农村信贷政策；规范和发展农村民间金融，逐步放开农村金融市场准入，减少行政许可审批；积极推进村镇银行、小额贷款公司、农村资金互助社等新型农村金融组织发展。

其次，加快推进金融产品和服务方式创新，满足城乡一体化多层次、多样化的金融需求。在统筹城乡发展过程中，城乡改造、城镇化建设等需要大量信贷资金支持，土地承包经营权的流转迫切需要与之相适应的信贷产品。由于农村农户和企业缺少抵押物，考验着农村金融机构的产品研发和服务能力。例如在客户的选择上，从农村的实际出发，对目标客户进行细分（农村居民、村镇居民、农村微小企业和农业中小企业），并研究每类客户的金融需求，设计并提供差异化的产品和服务。就信贷产品而言，村镇银行应更加注重通过借款人的还款能力和现金流量的分析，决定贷款的额度和周期，而不是片面地强调有形抵押物。

最后，借鉴同行业先进经验，提高自身金融服务水平。为应对未来农村金融市场激烈的竞争和为农村发展提供更优质的金融服务，各家金融机构应该互相借鉴先进经验，尤其是向外资村镇银行学习先进银行管理文化，其管理模式、业务发展模式、风险控制模式，都值得本土银行学习。一是借鉴业务拓展模式、重视市场调查；二是完善激励约束机制；三是根据市场特点、客户实际情况设计产品；四是风险评估管理。在贷款风险管理上，不是片面强调有形抵押物，注重分析借款人的行业风险、现金流量、还款能力等。强调在掌握客户财务状况的同时，从其日常经营中获得更为及时和动态的信息，随时了解客户风险状况。

第七章 结语

第一节 研究归纳与建议

一 研究总结

本篇通过有针对性地从西部地区三大典型问题（贫困问题、民族问题、资源枯竭问题）出发，进行大量的实地调研并结合现有学术成果，对于西部问题地区自我发展能力模式进行了研究，结论主要包括以下三个方面。

1. 通过对西部贫困地区自我发展能力和扶贫开发效率评价的研究发现，新一轮西部大开发战略的实施使西部贫困地区的经济、社会、环境和人力资本综合发展能力得到了提升，为贫困地区有效、可持续发展奠定了基础。国家扶贫重点县的扶贫资金有效地缓解了地区的贫困状况，大大降低了贫困人口的数量，提高了当地的发展能力，但是相对于非扶贫资金而言，无论是绝对数量还是增长速度上都是所不及的。因而，需要继续加大反贫困力度，注重扶贫模式的选择和扶贫开发效率的提高，促进群体的显性进化能力，给予贫困地区政策支持和财政扶持；同时激发群体的隐性进化能力，积极引导非扶贫资金的投资方向，扶助贫困地区公益事业的发展，不断提高贫困地区的自我发展能力，帮助西部贫困地区打破生产要素瓶颈，促进贫困地区贫困人群的全面发展。

2. 通过对西部民族地区的数据分析，可以看出，近年来西部民族地区的经济发展水平总体趋势是提高的，尤其是农业产出效率相对较高。同时，地处西部的民族地区是一个自然条件差异很大的地区，区域经济的发展不仅要考虑经济效益，还应当注重提高生态效益，否则会产生外部不经济现象，反过来又会制约该地区的经济效益和社会效益。西部民族产业尤其是农业未来的可持续发展特别需要注重对资源的合理优化使用，在节约使用现代资源同时，提高资源利用效率。研究发现，西部民族地区自我发展能力快速提升主要得益于政府能力的快速提升，即国家启动实施的西部大开发战略，国家战略、政策支持对于西部民族地区发展具有强烈的促进作用，这虽然违背了市场经济原则，但符合当下的中国国情。一方面，西部民族地区产业层次较低，而贴近民生的服务业发展相对滞后，带动辐射区域自我发展能力仍有待于提高。另一方面，由于受限于欠发达的市场经济、交通通信等经济因素以及语言、宗教信仰等社会因素，致使西部民族地区生产要素流动缓慢，人的自身发展能力欠缺，区域与外部，甚至区域之间接触、交往较少，人的获取新信息能力和提升思想观念发展受限。

3. 通过对西部地区三批资源枯竭型城市发展能力模式进行研究，并从经济发展能力、社会发展能力、生态环境承载能力、金融服务能力、地方政府调控能力五个方面评估了该类区域的自我发展能力，本书发现，随着城市赖以生存的资源逐步枯竭，当地出现经济严重衰退、贫困人口增多、生态环境恶化等问题，经济社会发展能力呈现停滞的趋势。但在政府大力推动城市转型发展的背景下，注重转型模式和项目执行，帮助资源枯竭地区实现经济转型、打破资源濒临枯竭的生产要素瓶颈、促进接续产业和新兴产业的发展，提高了西部资源枯竭型城市的自我发展能力，使资源枯竭地区的可持续发展取得较为显著的效果。但在发展中还需要注重加大西部资源枯竭型城市的转型力度，积极引导转型资金的投资方向，扶助资源枯竭型地区金融服务业的发展，从而更为有效地提升西部资源枯竭型城市的发展能力。

二 研究建议

基于上述研究结论，提出以下六方面关于构建西部问题地区自我发展能力模式的建议。

（一）转变政府职能

加速经济模式转型实现西部问题地区经济的突破发展不是一朝一夕的事情，其发展需要对现有的经济增长模式进行改革和创新，对农业发展方式进行合理的规划和引导。这也是西部问题地区提高区域自我发展能力的必由之路。

首先，要加快转变政府职能，完善农业服务体系。要改变"小规模、分散化"的小农经济发展模式和"高消耗、高污染、低利用"的粗放型增长方式，必须加强对现代农业的引导和扶持，建立有效的支农惠农政策支持体系。

其次，要提高基层干部和广大农户的质量意识和现代农业观念。

最后，要为农业生产提供组织保障，加快发展现代农业组织。推进农民专业合作组织建设，培育和扶持一批能贯穿整个产业链的懂技术、通市场、会经营、带动能力强的新型农民合作组织和企业法人组织，使其在提供信息、寻找市场、产销对接、维护农民利益等方面为农户服务，以不断提高农业组织化、市场化和产业化程度。

（二）加强对产业的规划和引导

在土地、资源有限，产品技术含量低以及减少环境污染等多项制约条件下，要提高当地的工业化、现代化水平，必须加强对产业的科学规划和引导，要优化产业布局，引导产业向园区集中，增强重点地区产业集聚和辐射能力，以园区建设促进整体产业水平的提高。

首先，要加快产业的转型升级，从原有的追求速度、规模转向追求水平、效益和质量的轨道上来。

其次，要引导产业向园区集中，积极承接国内外产业转移。

最后，要加快经济产业聚集区建设，推进资源节约和环境保护。以经济示范企业、低碳工业制造园区及生态农业示范基地建设为载体，推进经济发展。

（三）创新投入扶持机制

扩大原料基地规模、产业园区建设以及新产品开发和技术改造等均需要巨大的资金投入，仅靠地方财政有限的财力还远远不够，必须创新投入扶持机制，不断拓宽投融资渠道，形成政府、企业、金融机构和市场有机结合的多元化投资体系。

首先，应改变财政支持资金以直接补贴为主的方式，而更多采用贴息、补助、以奖代补等间接优惠方式，并积极利用WTO"绿箱"补贴政策，加大对绿色农产品生产者的补贴，鼓励企业投资绿色低碳技术；其次，在争取国家和省项目资金上要提高项目实施成效和资金使用效率，建立对投入项目建设和实施效果的全面考核与奖励机制；最后，改革现行的银行信贷管理体制，建立绿色信贷风险补偿机制，完善企业信托担保组织，提高企业整合资源的能力，使农户和企业争取更多的金融支持。同时，要运用市场机制，建立多渠道、多层次的投资机制。

（四）加快区域合作步伐

要提高资源整合能力，西部问题地区应紧抓交通瓶颈解除以及深入实施新一轮西部大开发战略的良好机遇，积极利用东部沿海地区产业向中西部地区转移的时机，正确处理局部与整体、当前与长远的关系。应着力深化区域合作，淡化行政区经济功能，促进资金、技术、劳务等要素自由流动。整合各地资源优势，形成区域分工，避免产业结构的趋同。跨行政区的重大战略资源的开发、重大承接项目等可由上级政府部门与各行政区共同组成权威性区域合作协调机构进行协调。推进建立省（市）际间产业转移统筹协调机制、重大承接项目促进服务机制，推动相关行政许可跨区域互认，做好产业转移与对口支援的协调衔接工作；充分发挥行业协会、商会的桥梁和纽带作用，通过委托管理、投资合作等多种形式与发达地区合作共建产业园区，实现优势互补、互利共赢、联动发展。同时要加大产权制度改革力度，充分发挥企业的主体作用，在重点行业及领域，推动跨地区间企业的强强联合、兼并重组和投资合作，提高产业集中度和配套协作能力；大力培育区域市场，发展连锁经营，逐步实现统一的市场体系。

（五）改善投资环境

要提高招商引资能力，实现地方经济的突破发展，就必须扩大对内对外开放力度，提升配套服务水平，吸引项目和资金，促进产业向本地集聚和延伸，以增强发展活力和动力。

首先，要积极改善投资环境，完善公共管理与服务。

其次，创新招商引资观念，加大招商引资力度。积极拓展招商引资渠道，运用"政府推动、企业承办、市场运作"的模式，形成联合招商的大宣传、大促销网络。积极引进龙头企业和产业资本，加快资源向经济效益的转变。加强对招商引资项目的全程跟踪管理，提高项目资金到位率和落实率。

最后，加快第三产业发展步伐。各地方政府要利用交通基础设施改善的大好机遇，统筹规划，鼓励和扶持在交通节点及高速公路沿线建立各种农副产品批发市场、各种专业市场，积极发展劳务、金融、技术等生产要素市场。同时大力发展旅游业，推动沿线区域的商品流通、劳动力就业、经济发展。

（六）加强人才培养与开发

欠发达地区在发展现代农业、工业园区建设、企业管理和招商引资工作中均需要大量的人才支持和智力保障，才能不断提升自身竞争力和发展能力。

首先，应重视培养人才。通过建立多层次、全方位的培训体系，把提高农民素质、培养新型农民群体作为加快农业现代化发展的重要任务。各级政府应通过绿色、低碳技术推广，科技人员下乡等活动大力开展农民科学发展技能培训，以提高农业生产者素质。各县乡镇可依托农村专业合作组织开展技术培训和经验交流，在农村培养一批掌握技术和擅长经营管理的农业骨干人才，发挥领导和示范带头作用。

其次，要把引资、引智与引进技术相结合，采取"走出去、请进来"的办法，到国内外发达地区观摩、学习先进的管理经验，引进相关技术和人才，不断提升核心竞争力和自主创新水平。同时，为了弥补欠发达地区高素质人才的短缺，应鼓励刚毕业的大学生积极投身于相关产业的开发和建设，参与乡镇及企业的管理，并在其薪酬待遇方面给予高额补贴。高素质人才的加入有助于现代经营理念的形成。

第二节　研究展望

本书认为，西部地区是一个复杂的经济—社会—生态复合体，其自我发展能力的内涵与外延十分丰富。西部大开发已经走过十余年的风雨历程，在十八大精神的指引下和党中央、国务院各项促进西部发展的政策支持下，面对各国应对气候变化的融合与冲突、金融危机的挑战与机遇、自然灾害与边疆安全问题的凸显，取得了有目共睹的成就。然而，东西部虽然相对差距缩小但绝对差距依然在扩大。西部问题地区新一轮西部大开发成功与否，关键在其自身。启动自我发展能力，对于坚定不移地深入推进大西部开发的信心来说，至关重要。

区域自我发展能力取决于系统内部的自组织能力及与外界进行物资、信息、人才及资金交换的深度与广度。在目前及未来一个较长时期内，西部地区的自我发展能力较之于中东部而言，将处于一个相对较弱的状态，而且这一状态短期内较难改变。西部地区的自我发展能力主要体现在其经济发展能力和社会发展能力以及制度创新、技术创新能力等方面，其中尤为重要的是地方财富积累、学习与调整能力与社会资源的动员。区域自我发展能力提升需要产业支撑，充分利用区域条件培植区域优势产业是西部区域经济发展的必由之路。进入新的历史发展时期，西部问题地区的发展模式必须更加强调将区域资源优势转变为经济优势和动态的市场竞争优势,培植优势产业形成支撑西部经济发展的"支点",通过对"支点"的不断创新和升级提升西部问题地区发展能力,这对于整个国家经济社会的发展具有重要的作用。

第二篇

对外开放与区域自我发展能力研究

第一章 引言

第一节 研究背景和意义

一 研究背景

十一届三中全会以后，我国把对外开放作为一项长期基本国策确定下来，这是经济全球化、一体化的客观要求，也是我国经济持续发展的不竭动力。尤其是十六大到十八大的十年，被称为经济发展的"黄金十年"，同时也是对外开放实现跨越式发展的十年。在新的时期，"十二五"规划以及十八大报告中都提出要继续提高对外开放水平，面对对外开放的新形势，实行更加积极主动的开放战略。对外开放由出口和吸引外资为主转向进口和出口、吸收外资和对外投资并重，不断拓展新的开放领域和空间，扩大和深化同各方利益的汇合点，完善更加适应发展开放型经济要求的体制机制，有效防范风险，以开放促发展、促改革、促创新。坚持扩大开放与区域协调发展相结合，协同推动沿海、内陆、沿边开放，形成优势互补、分工协作、均衡协调的区域开放格局。[①] 在国家不断提高对外开放水平和适时改变开放战略的背景下，针对西部地区的实际情况，新一轮西部大开发"十二五"规划强调全面提升对内对外开放水平，建立有利于西部地区又好又快发展的体制机制。深化重点领域和关键环节改革，加强与中东部地区互动合作，加快发展内陆开放型经济，推动沿边地区开发开放。

现阶段的对外开放与之前相比，有两大特点：首先是更加注重区域间的协调发展和开放形式的多样化；其次是更加注重进口能力和对外投资。这是因为我国综合国力不断增强，已经是世界第二大经济体，2011年货物贸易进出口总额跃居世界第二位，并且已经连续三年成为世界货物贸易第一出口大国和第二进口大国。我国的出口和吸引外资之所以能快速发展，都与我国有大量廉价的劳动力分不开，廉价的劳动力节约了成本，因

---

① "十二五"规划纲要（全文）。

而使商品具有很强的竞争力。然而现阶段，我国人口红利逐渐消失，这必然会对我国传统对外开放政策下的国际竞争力产生不利影响，也不利于我国经济的持续发展。特别是对于西部地区，不仅经济发展水平远低于东部地区，在国际舞台上更是缺乏主导权。

针对西部地区情况，国家越来越强调西部地区要增强自我发展能力。2002年党的十六大报告中就提出"西部地区要进一步解放思想，增强自我发展能力，在改革开放中走出一条加快发展的新路"；2011年"十二五"规划中又一次提出"……大力发展科技教育，增强自我发展能力"。

本篇认为要提高西部地区的发展能力，在合理有效利用此区域内资源的基础上，还必须通过对外开放借助外部力量。对外开放与区域自我发展能力是相辅相成、相互影响的，正是基于这样的考虑，本篇主要研究他们之间的相互关系以及如何通过对外开放提高区域的发展能力。

二 研究意义

（一）理论意义

从外向型经济发展的角度，研究如何通过选择适合的对外开放策略来提升区域的自我发展能力，实现区域的可持续发展。本篇通过对对外开放及区域自我发展能力相关理论的梳理，对外开放必要性及环境的分析，区域自我发展能力的内涵现状介绍，剖析对外开放与区域自我发展能力相互作用的一般机理，提出了提升西部地区自我发展能力的模式选择。一个地区的自我发展能力不仅与其开发使用本地自有要素的程度有关，同时也与对外开放，使用外部资源的能力有关，本篇主要研究的是一个区域如何通过提高对外开放水平，选择适合的开放模式来提高自身发展能力的问题。这对于丰富区域经济学理论体系、探索区域自我发展能力问题以及针对西部地区的实际情况来发展经济很有借鉴意义。

（二）现实意义

通过西部地区对外开放与区域自我发展能力的研究，可以提高西部地区对外开放水平，选择适合的开放战略，增强西部地区发展能力，提高经济发展水平，促进西部地区持续、稳定的发展。改革开放以来，我国经济获得了快速的发展，在世界经济中成为越来越重要的一员。我国经济是世界经济的一部分，同时西部地区的经济也早已成为世界经济的一部分，西部地区若不适应世界经济发展的大环境，开放缺乏灵活性，将会继续在国内经济中处于落后地位，在世界经济中处于被动地位。本篇的研究可以为西部地区提高区域自我发展能力，形成自己的发展特色，促进本地经济持续健康发展提供思路。而且，随着对外开放水平的提高，区域自我发展能力将逐渐形成，也有利于西部地区经济、社会的稳定，特色文化的形成，不断提高民众的生活水平和质量。

第二节 国内外相关研究

一 对外开放的相关研究

改革开放的伟大决策改变了中国，总结梳理关于对外开放的相关文献，已有研究主要可归为以下几类：（1）关于对外开放进程的研究。在胡鞍钢和门洪华（2008）看来，对外开放的战略布局应围绕国家战略、地区战略和全球战略的平衡协调展开。从对外开放的地域进程来看，经历了5个经济特区（深圳、珠海、汕头、厦门以及海南省）的设置、14个沿海港口城市（大连、秦皇岛、天津、烟台、青岛、连云港、南通、上海、宁波、温州、福州、广州、湛江和北海）的开放、沿海经济开放区（长江三角洲、珠江三角洲、闽南三角地区、辽东半岛、环渤海地区）的开辟以及浦东开发、内地开放再到全面对外开放几个阶段。从对外开放领域方面的进程来看，经历了从对国际商品市场、资本市场、技术市场、劳务市场的开放，到能源交通等基础产业以及金融、保险、房地产、科技教育、服务业等领域的开放。（2）关于对外开放的战略研究。陈国林与淳悦峻提出，要有效实施"走出去"战略，就必须发挥政府和企业两方面的积极性；项本武的研究认为，我国的对外开放战略要随着国情适时调整，从奖出限入的贸易战略、奖入限出的资本战略转移到以国际收支平衡为目标的、以对外直接投资为重点的对外开放战略上来。（3）关于对外开放影响的研究。祁海认为，中国电影业不应该害怕对外开放，魏浩认为，对外开放影响地区间收入差距的三个因素中，出口差距的作用最大，进口差距的作用其次，外资差距的作用最小；章波娜的研究认为对外开放使青年人的交往观念产生了很大改变。（4）关于对外开放和经济安全关系的研究。对这一问题不同学者持有不同的观点，桑百川（2006）的研究认为对外开放与国家经济安全不总是对立的，对外开放从根本上是有利于国家经济安全的；而唐笑（2008）的研究认为30多年改革开放给中国经济生活带来的最明显的变化莫过于风险和不确定性的增加。关于对外开放的研究还涉及对中国重要领导人的对外开放思想的比较研究，对对外开放纵横向的比较研究，等等。

二 区域自我发展能力的相关研究

国外对能力的研究最早可以追溯到亚当·斯密（1776）时期，在他的经典著作《国富论》中通过对劳动分工的分析，认为分工可以提高劳动效率，从而增强个人创造财富的能力。新古典经济学家马歇尔、彭罗斯（1959）以及理查德森（1972）等以企业为主要研究对象，发展了企业能力理论，成为20世纪后期经济学的一个研究热点。阿玛蒂亚·森对人的可行能力进行了分析，他从自由的发展观提出了能力理论的分析框架。联合国计划署关于人类发展能力的报告，从不同方面呼吁全球持续关注人类整体生活水平的进展。这些研究从人和企业的角度对能力问题进行研究，但国外对区域自我发展能力的研究还很少。

在我国，目前对区域自我发展能力的研究是一个比较热门和重要的课题，然而在中国知网上通过对区域自我发展能力的检索，得知截至目前也只有十几篇文章。这些研究主要集中于区域自我发展能力概念的界定，指标体系的设计，产业、人力资本和基础设施对区域自我发展能力的影响，从主体功能的视角研究西部地区的自我发展能力以及特殊地区的自我发展能力等。但目前对区域自我发展能力的研究还没有明确的概念、统一的指标体系，还处于初级阶段，研究还是不够规范，研究的视角也比较狭窄。

三 对外开放与区域自我发展能力结合的相关研究

通过文献检索，本书发现对对外开放与区域经济增长、对外开放与区域发展的研究居多，但以对外开放与区域自我发展能力相结合为主题的研究还没有得到学术界的广泛关注，本书认为对外开放与区域自我发展能力的相互影响是非常重要的，并将在这一方面做一些尝试。

第二章 相关理论分析

第一节 对外开放的相关理论

区域对外开放能在不同方面促进区域经济的发展，提升自我发展能力。区域经济发展中比较典型的理论主要有"发展极"理论、梯度理论、输出基础理论等。接下来部分将对这些理论的基本观点以及各自在区域对外开放中的作用分别进行阐述。

一 "发展极"理论

"发展极"理论是由法国经济学家弗朗索瓦·佩鲁（Francois Perroux）于20世纪50年代提出的。这一理论是以区域经济发展不平衡规律作为出发点，主要包括空间分布不平衡和产业发展不平衡两部分。其核心思想是：在经济增长中，不同部门、行业或地区是按照不同的速度不均衡增长的，由于某些主导部门，或者有创新能力的企业、行业在一些地区或大城市聚集，形成一种资本与技术高度集中、具有规模经济效益、自身增长迅速并能对邻近地区产生辐射作用的"发展极"，通过优先发展具有"发展极"优势的地区经济，发挥辐射、带动作用，从而实现相邻地区经济的共同发展。

佩鲁认为，一国经济是由各种经济空间构成的。这些经济空间不是简单的几何空间或地理空间，而是社会经济中各种部门之间的经济关系。在这个经济空间中，某些经济部门由于具有向心力和离心力，从而能逐渐发展成为各种经济中心，每个中心都能发挥吸引力和扩散力，并形成特定的作用范围，从而构成相互交叉，不受地区和国界限制的经济空间。当然，并不是每个部门、行业或地区都可以成为"发展极"，要建立"发展极"，必须具备以下前提条件：一是必须存在有创新能力的企业和企业家群体。企业家是经济增长的主要动力，他们的创新能力能够对企业的技术和制度进行革新，使有创新能力的企业不断壮大，并能通过其影响力，带动一批新企业进行模仿创新。这些企业在增长极的影响和作用下，又可形成增长中心；二是必须具有规模经济效益。规模经济效益有利于降低生产成本，提高经济效率和效益。发展极所在地区不仅要聚集大量的经济部门，还要集中具有一定规模的资本、技术、人才、生产等，以形成规模经济效益，最终实现共同的利益分享；三是需要适当的外部环境，如一定的资金、技术、人力、机器设备等硬件环境和熟练的劳动力、良好的投资政策等软环境，便于投资和生产。在满足了以上前提条件的基础上，主要可以通过以下两种途径来形成"发展极"：一种是通过市场机制的自发调节自动产生"发展极"，引导某些企业和行业在大城市和发达地区聚集发展；另一种是由政府通过经济计划和重点投资来主动建成"发展极"。

发展极的作用机理主要从发展极的两种效应中体现。

（一）支配效应

"发展极"理论是以"支配学说"为基础的。"支配效应"又称"主导产业部门效应"，是指在区域经济发展过程中，某些主导产业部门和具有创新能力的行业或企业处于支配地位，另一些企业或部门则处于被支配的地位，处于支配地位的部门或企业对处于被支配地位的部门或企业施加不可逆转的影响。

在现实的经济发展中，经济单位之间不均衡的影响产生了一种不对称关系，一部分经济单位处于支配地位，而另一部分经济单位则处于被支配地位。一般来说，增长极中的推动性单位都能产生不同程度的支配效应，通过与其他经济部门间的商品供求以及生产要素的相互流动对这些经济单位产生支配影响，形成拉动作用。如果一个重要的经济单位，处于重要地区，具有较大的生产规模，能够影响商品交换的条件，就有可能成为支配单位。具有支配作用的单位可以是具有较强发展优势的企业、行业、部门，也可以是地区、国家。经济生活中的支配作用普遍存在，大企业对小企业、工业对农业、新兴产业对传统产业、城市对农村、发达国家对发展中国家、发达地区对落后地区，都存在着支配关系。

一般而言，区域经济中推进型企业作为主导产业或者具有前向联系和后向联系关联度较强的主要产业都具有不同程度的支配效应，通过与其他经济单位间商品供求和生产要素的流动来对某些经济单位产生支配作用。因此，经济发展是一个支配单位起主导作用的动态不平衡发展过程。

（二）极化与扩散效应

极化效应是指迅速增长的推动型产业吸引和拉动其他经济活动不断趋

向于增长极的过程。在增长极上,由于推动型产业对周围地区的劳动力、资源、资金、原材料、技术等吸引,首先出现经济活动和经济要素的极化,然后形成地理上的极化,从而获得各种集聚经济效益,即内部和外部规模经济效益。而规模经济能用较少的投资创造更好的投资发展环境,反过来又进一步增强增长极的极化效应,从而加速其增长速度和扩大其吸引范围。由于增长极本身拥有的先进产业对生产要素会产生强大吸引力,又因为区域之间的相互合作,使得周围地区的生产要素和经济活动不断向增长极集中,加快了增长极自身的发展,使其具有一种自我发展的能力,不断地积累有利因素,为自身进一步发展创造有利条件,但同时加剧了区域间的不平衡。

扩散效应是指随着增长极的发展,其不断向周边地区输送人才、资金、技术等生产要素,刺激并促进周围地区的发展,使其逐步赶上增长极地区。扩散主要有两类,即跳跃式扩散与邻近扩散。前者是指扩散发生在规模相等或相近的增长极中,如新的经验、工业新技术的扩散等;后者是指扩散发生在紧邻的地域空间,如农业技术、社会生产方式的扩散等。扩散效应促成各种生产要素在一定发展阶段上从增长极向周围不发达地区扩散,从而产生一种缩小地区间经济发展差距的运动趋势。

"发展极"的极化与扩散效应主要表现在四个方面:(1)技术的创新和扩散。技术创新包括开发新技术或者将已有的技术进行改革升级,"发展极"中有创新能力的企业不断向其他地区推广新的技术、产品、生产与管理模式,同时又从其他地区引进新技术和人才。(2)资本的集聚和输出。"发展极"中拥有大量的资本和生产能力,为了自身的发展,从其他地区和部门大规模地吸引投资,集聚更多的资本。同时,为了满足自身进一步的发展,"发展极"地区和部门向其他地区和部门输出资本,促进这些地区和部门的经济进步。(3)产生规模经济效益。"发展极"中企业和产业集中,生产和经营规模庞大,生产成本和经营费用得以降低,形成了规模经济,从而能够取得一种成本优势。(4)形成凝聚经济效果。"发展极"地区能不断地从外部吸收资金和人才,并不断地向其他地区输出创新产品和新的企业,使人口、资本、技术、贸易、生产等高度集中,从而经济实力迅速增强,就业机会增多,形成良性经济循环,发挥中心城市的凝聚作用。

发展极理论自从20世纪80年代传入我国以来,我国经济学家对其进行了研究和扩展，对我国区域经济的发展产生了很大的影响。陆大道（1984）从增长极理论延伸出点轴开发系统理论，认为以各区域城市为点，培育特大城市增长极，以交通干线、能源输送线、水源等基础设施为轴，组成不同层次的点轴空间结构，形成相对密集的社会经济带，通过重点轴线的开发和扩散效应，带动区域及区域间的经济发展。同时，通过对增长极理论的深入研究而提出的区域经济开发模式也涌现出来，如20世纪90年代出现的"交通经济带"理论、厉以宁的"多中心联网辐射"理论、魏后凯的"网络开发"理论等。此外，王缉慈（1998）提出的高技术产业开发区是一种带动地区经济发展的特殊增长极。

二 梯度理论

梯度推移理论源于美国哈佛大学教授雷蒙德·弗农（Raymond Vernon）提出的工业生产的产品生命周期理论。产品生命周期理论认为，工业各部门及各种工业产品，都处于生命周期的不同发展阶段，即经历创新、发展、成熟、衰退等四个阶段。此后威尔斯和赫希哲等对该理论进行了验证，并作了充实和发展。

区域经济学家将这一理论引入区域经济学中，便产生了区域经济发展的静态梯度转移理论，其主要的论点如下。

1. 由于地理条件、资源禀赋等原因，区域之间客观上存在着经济、技术发展水平的梯度差异，使得经济技术的发展在各区域之间是不平衡的，从而形成区域间经济技术梯度。一般情况下，拥有较高技术水平的产业往往发端于高梯度区域，并遵循生命周期阶段的更替次序向低梯度区域推移。从而经济技术客观上存在由高梯度区域向低梯度区域推移的趋势。在区域经济梯度推移中，作为扩散源的核心区有进行推移的内在动力和市场的外在压力，而作为接收地的边缘区需要吸收扩散以促进边缘区的经济技术发展。

2. 衡量区域经济梯度水平的核心是产业结构优劣。一个区域的经济兴衰往往取决于其产业结构优劣，而产业结构的优劣则取决于区域经济部门特别是主导产业部门在产品生命周期中所处的发展阶段。如果某个区域的主导产业部门主要由产品生命周期中的兴旺部门构成，则该区域经济在今后一段时间里保持高速增长，那么该区域即成为高梯度区域。相反，若一个区域的主导产业部门主要由衰退部门构成，且具有地区经济增长缓慢，失业率增加，人均收入减少等状况，则该区域为低梯度区域。

3. 科技进步有助于推进产业结构的更新。由科技进步引致的创新活动，包括新产业部门、新技术、新产品、新的生产管理与组织方法等，大都发源于高梯度地区，随着时间的推移和产品生命周期阶段的变化，按顺序逐步由高梯度地区向低梯度地区转移，推进产业结构的更新。

4. 梯度推移主要是通过多层次城镇系统拓展开来的。区域经济梯度推移的一般形式是经济要素由发达区域向次发达区域推移，中心城市向中小城镇、进一步向农村推移。梯度推移是按"梯度最小律"推移。因为只有处于第二梯度上的城市，才具备较强的能力接受并消化第一梯度的创新产业部门和创新产品。随着产业的成熟与老化，逐渐向处于第三梯度、第四梯度的城镇推移，直至乡镇、农村。

静态梯度推移理论肯定了区域经济发展中因差异形成不同梯度的客观状况，力图把各个区域固定在特殊的阶段上，梯度的确定指标单一简单化。为了弥补这一缺陷，我国经济学者将缪尔达尔的循环累积因果理论引入到梯度推移理论中，开创性地分析了梯度发展的动态性，从而把梯度推移理论从静态提升到动态上来。根据循环累积因果论，区域经济的发展是极化效应、扩散效应和回程效应这三种效应同时作用的结果。动态梯度推移理论克服了静态梯度推移理论的缺陷，对高低梯度地区的发展策略的选择更加符合区域经济发展的实际。同时动态梯度推移理论在强调梯度可变的前提下指出，高梯度地区必须做到不断创新和适时淘汰已进入成熟和衰退期的夕阳产业才能保持其地位。同时，低梯度地区也要创新，以后发优势成为高梯度地区。

梯度推移理论是在 20 世纪 80 年代初引进我国的。我国学者在总结以往区域经济发展的经验和教训的基础上，把梯度推移理论引入我国生产力布局和区域经济研究中，针对我国幅员辽阔，各地生产力发展水平、经济技术水平和社会发展基础差异较大的状况，运用这一理论探讨发展重心的空间转移，调整整个国家的产业结构。

根据梯度推移理论，国内不少学者认为我国区域经济发展不平衡的特点使我国形成了明显的经济技术梯度。学者刘再兴对梯度理论在我国的表述是：无论是在世界范围内，还是在一国范围内，经济技术的发展是不平衡的，客观上已形成一种经济技术梯度。有梯度就有空间推移。生产力的空间推移，要从梯度的实际情况出发，首先让有条件的高梯度地区引进掌握先进技术，然后逐步依次向处于二级梯度、三级梯度的地区推移。随着经济的发展，推移的速度加快，可以逐步缩小地区间的差距，实现经济分布的相对平衡。我国学术界围绕这种观点展开了广泛持续的争论，引申了一系列新的空间梯度推移理论。

（一）反梯度推移理论

1984年我国学者郭凡生首次提出了"反梯度推移理论"。该理论认为，现代科学技术有三个基本走向，即向贸易比较发达区域转移；向智力资源比较发达、技术水平比较高的区域转移；向自然资源比较丰富的区域转移。反梯度推移理论强调只要经济发展需要，而又具有条件，就可以引进先进技术，进行大规模开发，而不管该区域处于哪个梯度；落后的低梯度区域也可以直接引进采用世界最新技术，发展自己的高技术，实行超越发展，然后向二级梯度、一级梯度区域进行反推移。同时，反梯度推移理论还揭示了梯度推移理论存在的缺陷。一是随着经济的发展，技术转移的加速大多在高梯度区域之间进行，而不会按梯度从高梯度向低梯度区域转移。如果技术梯度转移所产生的扩散效应弱于政府调控与市场机制双重作用下产生的极化效应，区域间经济差距将会逐渐扩大。二是梯度推移理论忽视了经济技术水平、地理区位、资源禀赋条件、产业优势和专业化程度等多种因素的影响和制约，把技术梯度作为决定投资的区域倾斜和重点开发区域的时序选择的唯一因素，对经济的发展具有局限性。

（二）多种梯度推移并存理论

多种梯度推移并存理论认为，技术的空间推移可以分为三种类型：一是纯梯度式推移；二是纯跳跃式推移；三是混合式推移。在不同时代、不同国家和地区，这三种不同类型的技术空间推移产生的作用大小不同。在经济发展水平低下的时代和国家，由于空间推移的规模很小，速度很慢，这时梯度推移的作用相对明显；随着经济的发展，特别是运输、通信手段的现代化，技术空间推移的规模大幅度扩大，推移的速度飞速加快，跳跃式推移起着重要作用。在同一个历史时期内，发达国家中的跳跃式推移占优势；欠发达国家中的梯度式推移占优势。

三 输出基础理论

1955年美国经济学家道格拉斯·诺思（D. North）在其论文《区位理论与区域经济增长》中提出了输出基础理论，认为区域经济增长的动力来自外部需求的拉动，区域外部需求的增加是区域增长最为关键的初始决定因素，该理论后经蒂博特（M. Tiebout）、罗曼斯（Romans）、波洛夫（Perloff）以及博尔顿（Bolton）等人的发展而逐步完善。

输出基础理论倡导区域经济增长的主要动力是区域外生产需求的扩大，区域经济的增长取决于其输出产业的增长。根据诺思的观点，一个区域要求得发展，关键在于能否在该区域建立起输出基础产业，而特定区域能否成功地建立起输出基础产业，又将根据它在生产和销售成本等方面对其他区域所拥有的比较利益而定。在区域经济发展中，区域对外输出的数量越多，其输出部门的收入也就越多，来自输出的收入，一部分被用于满足以输出为目标的基础设施建设，扩大和改善输出基础。同时由于输出部门的生产活动需要区域内非输出部门的配合，输出部门的扩张使得区域内生产和服务业也得到不同程度的发展，带动了区域经济的发展。

根据这个理论，任何区域在寻求对外开放以实现经济发展中，都应不断增加输出产品的生产，不断提高产品的竞争力，开拓占领市场，同时在吸引外资时，也应重点考虑面向出口的部门和产业，开发新的出口产品，带动整个区域经济的发展。

第二节　区域自我发展能力的相关理论

区域自我发展能力是指区域内经济系统依靠自身内部的经济效益，通过区域内的自然资本、人力资本、物质资本和社会资本的积累，形成能够自我生存和自我发展的能力。区域自我发展能力强调区域经济发展的自身基础和自我造血功能，也不排斥外部力量对区域经济发展的推动作用。区域自我发展能力对一个地区的经济增长起到决定性的作用，是一种长久发展能力，这种能力包含要素凝聚能力、资源组合能力、科技进步能力、制度创新能力、科学决策能力等五个方面。区域自我发展能力的相关理论对指导区域经济的增长具有重要作用。

一　竞争优势理论

区域竞争力是区域内经济主体在市场竞争中所形成的自我发展能力，或者说是一个区域具有的吸引、拥有资源，占领和控制市场的能力，为其自身发展所具备的资源优化配置能力。20世纪80年代，美国哈佛大学教授迈克尔·波特（Michael E. Porter）提出了竞争优势理论。波特认为，一个国家能否在国际市场上取得竞争优势，关键在于主导产业或行业是否具有优势。生产效率的提高有助于优势产业或行业的建立，提高生产率的根源在于产业和行业的创新。而一个国家的优势产业能否在国际竞争中占据优势，关键在于生产要素状况、需求状况、相关支撑产业以及企业战略和组织结构这四个因素。

对波特竞争优势理论的分析可以扩展到区域自我发展能力研究中。区域自我发展能力就是区域内各种经济主体参与竞争的综合能力。区域自我发展能力可以说是一种综合竞争力，决定这种综合竞争力的核心是产业竞争力，即区域内拥有具有较强竞争力的优势主导产业。这些主导产业在生产规模、劳动效率、产品质量、品牌、生产的新技术开发、管理销售经验等方面具有各种有利的条件。除此之外，区位条件、劳动力和资金的供给、政府的政策等外部因素，都能增强区域竞争力，进而提升区域自我发展能力。

在我国，很多学者进行了区域竞争力的研究。王秉安、陈振华（2000）从资源配置的角度研究了区域竞争力，认为区域竞争力是一个区域为其自身发展而在其自身区域中进行资源优化配置的能力，也就是一个区域为了自身经济发展所具有的对区域内外资源的吸引力和市场竞争力。王与君（2000）指出区域竞争力是区域内为产业创造价值所提供的环境支持能力，是一个区域内产业利用现有资源创造更多价值的能力。左继宏、胡树华（2005）基于提高竞争力的最终目的，即促进国民经济的持续增长，认为区域竞争力是区域依据其区位特点，通过实现产业的合理分工与合作，吸引利用资源来促进经济社会可持续发展的综合能力。而郭秀云（2004）从要素综合的角度对区域竞争力进行界定，认为区域竞争力是一个区域在与其他区域竞争中所具有的相对优势，包括经济增长潜力、资源优化配置能力和市场占有能力等，是社会、经济、文化、制度、政策等多种因素综合作用的结果。

二 区域创新理论

区域自我发展能力的提升离不开创新，创新不仅可以发掘区域优势，促进区域经济的增长，提高区域生产率和竞争力，还有助于充分调动区域内外的有利因素，对产业结构进行调整和升级，提高区域的自我发展能力。创新理论最早是由美籍奥地利经济学家熊彼特（Joseph Alois Schumpeter）1912年在其著作《经济发展理论》中提出的，他认为创新就是建立一种新的生产函数，即重新组合生产要素和生产条件，并引进到生产体系中，使原先的技术体系发生变革。此外，他还进一步指出了创新的五个方向，即产品创新、技术创新、市场创新、资源配置创新、组织创新。

区域自我能力的发展是凭借区域内的自然资源优势、已有产业优势和区域分工优势来发展本区域的经济，区域自我能力的提升需要依托区域创新来带动整个区域的经济发展。区域创新有助于区域自我能力的发展主要表现在：第一，区域创新可以优化、整合区域内的创新资源，形成区域新的自我发展能力，保证区域内经济增长的质量。第二，区域创新的建设会促进区域内高新技术的发展，而高新技术的发展必然导致区域内新兴产业和新的经济增长点的形成，提高区域自我发展能力。第三，区域创新有助于提高区内产业对先进技术的消化吸收能力，同时有助于提高产业的自主创新能力，使区域内的新产品和技术含量高的产品不断增加，同时对区域内的弱势产业提供新技术和技术服务，强化了区域自我发展能力。

第三节 区域经济合作的相关理论

随着世界经济全球化发展的趋势，区域经济合作发展势头强劲并成为当今世界经济发展的一大特征。自1954年荷兰经济学家丁伯根（Jan Tinbergen）提出"经济一体化"定义以后，随着区域经济合作实践的不断深入，以区域经济一体化为核心的区域经济合作研究不断深化。所谓区域经济合作是指经济主体为了谋求共同的利益，包括社会利益和经济利益，采取共同的经济政策以实现专业化分工和进行产品交换，达到生产要素在区域空间范围内的自由流动，实现区域经济整体协调发展的过程。在当今社会经济发展中，每一个区域的经济发展都受到自然条件、社会条件、经济条件、技术以及经济政策等多种因素的制约，为了消除区域之间阻碍经济贸易发展的障碍，实现区域内互利互惠、协调发展和资源优化配置，带动区域间经济发展，区域经济合作成为社会经济发展到一定阶段的产物。而区域经济合作理论的产生，对社会经济的发展具有重要的指导作用。

一 绝对成本优势理论

绝对成本优势理论是区域经济分工与合作的思想源头，这一理论源于英国古典政治经济学家亚当·斯密的国际分工与贸易理论。亚当·斯密在其1776年的经典著作《国民财富的性质和原因的研究中》，对国际贸易与经济发展的相互关系进行了系统阐述，提出了绝对成本优势理论。亚当·斯密在其著作中极力倡导自由贸易，认为各国在不同的产品生产上具有优势，不同国家分别专业化生产具有绝对优势的产品，去交换其他产品，这导致了市场范围的扩大促进了区域分工合作，并带来规模经济效益，进一步促进各国的经济增长，同时区域分工使得生产产品多样化，有利于社会福利的增进。按照斯密的理论，任何区域以其绝对有利的生产条件进行经济专业化生产都能够提高生产效率，以生产成本最低的产品进行区域交换，会使各区域的资源、劳动力、技术、资本得到最有效的利用，从而增进区域利益。

依据绝对成本优势理论，由于各区域的地理条件、自然禀赋以及后天生产条件上的差异，每个区域都有其绝对有利的、适合于某种特定产品的生产条件，这种特定的生产条件导致了生产成本的绝对低廉。但是，绝对成本理论存在着一个明显的缺陷，即对于没有任何绝对优势的区域是如何参与区域分工并从中获利的问题没有解答。虽然该理论存在一定的缺陷，但是在区域经济合作的初期，区域内部确实存在着明显的绝对成本优势，使得具有优势的一方从不具有优势的一方获利。而成本劣势的一方也可以通过合作，从成本优势一方借鉴和学习其高新技术、管理经验方法等来促进生产效率的提高，缩小成本差距，提升自我能力发展。

二 比较成本优势理论

比较成本优势理论是由英国古典经济学家大卫·李嘉图1817年在其著作《政治经济学及其赋税原理》中提出的。李嘉图以劳动价值论为研究基础，通过分析两个国家生产两种产品在独个生产要素上的差异，从理论上证明了经济发展落后的国家和地区能够利用自身的比较优势在区域分工和贸易中获利，解决了斯密绝对优势理论的缺陷。

根据李嘉图的比较优势理论，地域分工不能仅限于生产成本的绝对差异，只要区域之间存在着生产成本的相对差异，各地区就可以利用不同产品在生产上所具有的比较优势进行合理的区域分工，并各自从中获利。该理论认为，在资本和劳动不能在不同国家或区域之间完全自由流动的前提下，不能按照斯密所说的以绝对成本高低实现地域分工和贸易，应按照比较成本高低进行地域分工和贸易，集中生产优势较大或劣势较小的产品，这有利于地域分工和贸易。正所谓"两利相权取其重，两弊相权取其轻"，由于区域间生产技术的相对差别引起生产商品的相对成本差异，因此在所有产品生产上处于绝对优势的国家或地区不必生产所有的商品，而只应该生产并出口最大优势的商品；处于绝对劣势的国家或地区也不能什么都不生产，可以生产劣势相对较小的商品，使得各个国家和地区的资源充分有效利用，增加彼此的利益。

针对我国区域经济发展中存在的问题，我国学者从实证角度分析了该理论。杨开忠（1993）认为，随着经济的发展，由区域外生比较优势决定的区域分工逐渐使一些地域形成集聚区，形成传统的中心—外围结构，这种结构包括两种固有形式：一是垂直的部门—空间分工，即中心区以制造业为主，输出制成品，外围区以初级产品为主，输出原料、农产品等；二是水平部门—空间分工，即中心区和外围区在制造业部门分工，外围区以自然资源密集型和劳动密集型生产和输出为主。林毅夫、蔡昉、李周（1999）批判了以牺牲经济整体进步而实现少数产业发展的赶超战略，指出应依据比较优势制定区域发展战略，所扶持的产业不应该依赖于扭曲的价格和地方保护政策。认为遵循比较优势是一种有效的发展战略，可以使一个区域内经济的产业和技术结构充分利用其资源禀赋的比较优势得到发展，有利于维持经济的持续增长。

三 要素禀赋理论

要素禀赋理论（H－O模型）是以区域内各种生产要素的相对丰裕程度来解释国际贸易产生的原因和产品流向的理论，是由瑞典经济学家赫克歇尔1919年提出的，后经俄林（B. Ohlin, 1933）深入发展。该理论认为，国际贸易的产生是由于各国产品的相对生产成本存在着差异，而这种差异的产生主要是因为各国或地区的生产要素禀赋不同。在各国或地区生产同一产品的技术水平相同的情况下，由于每个国家或区域内生产要素禀赋各不相同，必然导致生产要素相对价格的不同，进而造成同种商品在不同国家或地区相对价格差异，形成了不同国家或地区具有差异的生产条件和生产成本，由此产生专业化的区域分工合作与贸易。根据赫克歇尔－俄林的理论，由于生产要素禀赋差异，具有禀赋优势的生产要素相对价格低，利用这些要素生产的商品成本也相对较低；相反，具有禀赋劣势的生产要素由于稀缺，价格高，则用于生产的商品成本相对较高。那么在商品区域贸易中，各国或地区应集中生产并出口本地区生产要素相对丰裕和便宜的产品，同时进口本地区生产要素相对稀缺和昂贵的产品。要素禀赋理论把区域贸易、区域分工和生产要素禀赋紧密地联系起来，为区域经济合作的实现奠定了理论基础。

我国学者在吸收了国外要素禀赋理论的基础上，根据我国的实际，赋予了其自己的思想。如陈秀山、张可云（2004）认为发展中国家和落后地区单纯以自己外生的成本和资源比较优势来确定分工格局和贸易结构，长期内强化了自身低水平的产业结构，不断扩大了同发达国家和地区的经济发展和技术水平的差距，不能形成竞争优势，长期发展有可能会陷入"比较利益陷阱"。孙久文、叶裕民（2003）认为发展中国家和落后地区不应该局限于发展低层级行业，应该通过引进先进的技术、资金、管理经验等稀缺资源，弥补资源禀赋不足的缺陷，及早地发展相对较高层级的产业和产品。而张敦富（1999）认为要素禀赋理论是建立在严格的假定条件基础上，完全竞争、不变的规模收益，固定的劳动和资本两种生产要素且两区域内的生产要素同质，然而在现实情况中，任何一个区域内都不能与假定条件完全相符。此外，要素禀赋理论忽略了技术作为生产要素在区域分工中的作用，以及要素替代、运输、规模经济、聚集经济等因素。

四 共同市场理论

关税同盟理论和自由贸易区理论作为国际区域经济一体化的基本理论，是以成员国之间的生产要素不可自由流动为前提条件。而1956年斯巴克（Spaak）根据完全竞争市场下的规模经济理论提出了共同市场理论，它是比关税同盟理论更高一个层次的有关国际区域经济一体化的理论，它不仅通过关税同盟而形成的贸易自由化实现了产品市场的一体化，而且通过消除区域内要素的自由流动障碍，实现了要素市场的一体化。在共同市场中，生产要素完全自由流动，在逐利动机驱使下，生产要素尽可能向获得最大收益的地区流动，由于社会政治和人类偏好不同等原因，使得劳动生产要素并不一定会因共同市场的建立而出现大规模的流动。但资本由于存在收益的不相等，造成资本的边际生产率在不同地区存在差异，那么资本会不停流动，直到各地区的边际生产率相等为止。

当经济一体化不断发展形成共同市场后，市场内消除了贸易保护主义，实现了贸易自由化，区内生产要素可以自由流动。一方面，使在共同市场内的生产重新进行区域分工合作，实现专业化、大批量的生产，提高资源的配置效率；另一方面，共同市场内生产的扩大使生产向外扩张，促进区内经济的增长和发展。

共同市场是区域经济一体化所形成的利益共同体，区域经济的合作需要建立一种共同市场，以此来促进整个市场内劳动力、资本、服务、资源等生产要素的自由流通，加快整个区域内经济的快速增长。迄今为止，全球主要的共同市场有：中美洲共同市场、东南非共同市场、欧洲煤钢共同市场、东非共同市场、南方共同市场、海湾共同市场、欧洲经济共同体。

五 地域分工理论

地域分工是社会生产力发展到一定阶段的产物，现代社会生产力的发展离不开分工，分工表现为各种社会劳动的划分和独立化。马克思认为，区域分工既包括部门间、企业间和企业内部的分工，也包括把一定生产部门固定在国家一定区域的分工。地域能够使各区域充分发挥资源、要素、区位等方面的优势进行专业化生产，推动生产技术的提高和创新，提高产品质量和管理水平，使各区域的经济效益和国民经济发展的总体效益得到提高。

随后苏联经济地理学家巴朗斯基（Nikolay Nikolayevich Baranskiy）继承和发展马克思分工理论，从地理学的角度对地域分工理论进行了详细的阐述。巴朗斯基认为区域分工的形成和发展是受经济利益驱动的，区域分工的形成促进了经济区域的专业化生产，提高了劳动生产率。他把地理分工分为绝对地理分工和相对地理分工两种，前一种是某个国家或地区，由于自然条件和社会条件的限制，完全不能生产某种产品而只能从另一个国家或地区输入来满足本国或地区的消费；后一种是某个国家或地区虽然生产某种产品，但生产成本较高，出于利益最大化的原则因而从他国或地区输入这种产品。区域分工形成后，每个国家或地区根据自己的优势进行专业化生产，以降低生产成本获取较高收益。此外区域分工通过区域间产品交换实现其专业化生产的产品价值和满足本地区不能或不利生产的产品需求，扩大了区域的生产能力，增进了区域利益。

第三章　西部地区对外开放的内涵及其特点

第一节　对外开放的含义和特点

一　对外开放的含义

对外开放是指在独立自主、自力更生的基础上，遵循平等互利、互守信用的原则，同世界各国发展经济合作和技术交流，是加速我国社会主义现代化建设的重大战略决策，其目的是加快发展我国社会主义经济。

改革开放30多年来，我国成功实现了从计划经济体制向社会主义市场经济体制、从封闭半封闭向全面开放的伟大历史转折。对外开放现在已成为我国的一项长期基本国策，成为我国在十一届三中全会以后所发生的伟大历史性转折的根本标志之一，成为10亿中国人开始走上有中国特色社会主义道路的根本标志之一。

所谓"开放"是相对于"封闭"而言的。由于新中国成立后一个时期内国际帝国主义对中国的封锁和包围，再加上以后很长一段时间里"左"的思想路线的影响，使我们在强调独立自主、自力更生的同时，在抵制西方政治和文化侵蚀的同时，也割断了与外部世界的经济联系。因此，我们现在实行的对外开放，确切地说，就是全面恢复和发展我国对外经济联系。它包括三个方面的具体内容：一是引进外资，即大力引进国外金融资本和产业资本；二是引进外国技术，即努力吸收和消化国外先进科学技术和管理；三是发展对外经济贸易事业，这不仅包括产品出口，而且包括劳务、技术的对外输出和跨国经营。

李罗力（1984）指出我国实行对外开放政策的理论含义有以下三层意思。

第一，它意味着我国由封闭型经济模式开始转向开放型经济模式。众所周知，我们国家在过去30多年里基本上走的是一条与外部世界很少发生经济联系，实行自我循环和自我平衡的那样一种孤立的经济发展之路。现在我们正在发生根本的转变，这包括两个方面：一方面，我们要把国外的产业资本和金融资本吸引进来，把国外先进的技术和经营管理吸引进来，改变我国经济的落后状态，迅速赶超世界先进水平；另一方面，我们要通过产品出口、劳务和技术输出以及跨国经营等方式，大力发展我国的外经外贸事业，全面走向世界市场。在国际竞争中求压力，求活力，求效益，求进步，使我国迅速发达和富强起来，早日跻身于世界经济强国之列。

第二，它意味着我国开始从过去以高度集权和用行政手段管理经济为特征的产品计划经济体制，大踏步地转向以指导性计划为主和用经济手段管理经济为特征的社会主义商品计划经济体制，这是我国实行对外开放的更根本和更深刻的内涵所在。

第三，我们的对外开放是全方位的开放。这包括两个方面：一是对外全方位开放，不仅对西方世界开放，而且对苏联东欧国家也应实行开放；不仅对大国、发达国家开放，而且对中、小国家、第三世界国家也要实行开放；二是对内全方位开放，不仅沿海城市要对外开放，而且内地也要逐步实行对外开放。另一方面，如果我们把对外开放的含义再扩展一下，那么它将意味着我们不仅仅是在经济上要实行对外开放，而且在政治上、观念意识上、教育文化上也要逐步实行对外开放，这当然不是说我们把国外那些腐朽反动的东西也要引进来，而是说要向国外一切先进的和好的东西学习，要取其精华，去其糟粕，全面吸收营养。在改变我国落后的经济面貌的同时，也要改变我们现行体制中和观念意识中关起门来发展经济的思想。事实上，这也是不依人们的意志为转移的客观发展趋势，经济上的对外开放必然带来政治、文化乃至整个上层建筑的对外开放，这是毫无疑义的。当然，这种全方位的对外开放需要在一个较长的历史时期内逐步地、分阶段地、有重点有层次地，并且在客观条件允许的情况下得以实现，但这并不妨碍我们应当从长远的和整体的角度上来认识和把握这个根本发展方向。

沿海开放、吸引外资、发展制造业等是我们前30年对外开放的主要内容和重点，当前，世界经济格局发生深刻变化，要求我们需要更加科学发展。2001年，中国加入WTO，我国的对外开放进入新的阶段，这意味着中国在全面融入经济全球化方面将迈出实质性步伐。在这一新阶段，中国实施的对外开放战略应当是建立以经济全球化为平台的开放型经济。

中国的对外开放分为"向东开放"和"向西开放"两个部分，"向东开放"利用的是我国东部绵长的海岸线,"向西开放"实质是利用我国西部的地缘优势,来充分发展我国与中亚、西亚、中东等国家的联系。

二 对外开放的特点

我国对外开放具有以下主要特点。

(一) 对外贸易向多元化、可持续方向转变

一是贸易结构进一步优化。高新技术产品、机电产品等高附加值产品出口逐年增长,高耗能、高污染和资源性产品出口逐年下降。能源等资源性产品和先进技术装备进口逐年增加。

二是贸易方式逐步转型升级。为转变贸易增长方式,我国积极引导加工贸易向一般贸易转型。从2006年开始,一般贸易进出口增幅开始高于加工贸易的增幅,高出11.2个百分点,到2011年继续提高,高出46.5个百分点。

三是贸易主体更加多元化。随着对外贸易的不断发展,外资和私营经济在贸易中的比重越来越大,非国有经济在进出口贸易中地位日益提高。目前,非国有经济已成为推动贸易激增的主要力量。从2003年至2011年,私营企业在贸易进出口中的增长比例一直高于其他类型的企业。

(二) 利用外资从数量扩张向质量优化转变

我国吸引外资已经逐步从以追求数量为主转向以提高质量为主,利用外资开始逐步"升级换代"。

一是向提高技术水平转变。随着我国整体产业水平的提高和投资竞争的加剧,一些跨国公司加快向中国转移新技术和研发能力,大大提高了中国利用外资的质量。截至2011年底,外商在华设立的研发中心已愈1400家。据联合国贸发会议的研究,中国已经成为全球跨国公司海外研发活动的首选地,有高达61.8%的跨国公司将中国作为其2005—2009年海外研发地点的首选。外商在电子及通信设备制造业、交通运输设备制造业、医药制造业、化学原料及化学品制造业等行业以多种方式投资设立研发中心近700家,这在发展中国家是绝无仅有的。

二是向优化外资产业结构转变。我国鼓励外资重点投向高新技术产业、先进制造业、服务业、农业和环保产业,严格限制高污染、高能耗的项目进入。在优化外资结构政策的引导下,几年来,外资比例在制造业中略有下降、在服务业中不断上升,特别是在软件、数据处理、商务中介、

动漫制作、设计、研发等服务外包领域，中国承接的国际服务外包已颇具规模。目前，服务业已经成为我国利用外资增长最快的领域。越来越多的大公司将后勤办公、顾客服务、商务服务、研究开发、咨询分析等非核心的服务业务外包放在中国。外资结构的不断优化，全面提升了我国在全球产业链、价值链和创新链中的地位，进一步增强了我国经济的国际竞争力。

国际贸易的发展，既为发达国家提供了进行技术创新的充足资金，又为发展中国家创造了学习先进技术的机遇。随着我国改革开放的进一步深化，技术进步在我国经济增长中的作用日趋突出，根据南北贸易与技术转移的理论模型，我国目前处于经济赶超的初级阶段，技术贸易以技术引进、转移和模仿为主，技术贸易表现为逆差，在总量上其逆差的幅度将呈现不断增大的总体趋势。

20 世纪 90 年代以来，我国的技术贸易在对外贸易总额中的比重不断提高，其中技术进口占全国商品进口总额的比重迅速上升，从 1991 年的 5.42% 跃升至 1997 年的 11.19%；而同期技术出口占全国商品出口总额的比重也从 1991 年的 1.78% 升至 1997 年的 3.02%（见表 3-1）。

表 3-1　　　　　　　　技术进出口贸易的金额及比重的变化

年份	1991	1992	1993	1994	1995	1996	1997
技术出口总额（亿美元）	718.4	849.4	917.6	1210.4	1487.7	1510.7	1827.0
技术出口占总出口的比重（%）	1.78	1.78	2.37	1.32	1.70	3.11	3.02
技术进口总额（亿美元）	637.9	805.9	1039.5	1156.9	1320.8	1388.3	1423.6
技术进口占总进口的比重（%）	5.42	8.18	5.88	3.55	9.87	10.99	11.19
技术贸易总额（亿美元）	1356.3	1655.3	1957.1	2367.3	2808.5	2899	3250.6
技术贸易总额占贸易总额比重（%）	3.49	4.89	4.23	2.41	—	—	—

资料来源：根据《中国统计年鉴（1998）》整理所得。

（三）"走出去"格局逐步向宽领域、多层次转变

2012 年，经商务部核准或备案的境外中资企业达到 1.3 万家，比 2002 年增长超过 1 倍。十年来，我国"走出去"已基本形成"亚洲为主，

发展非洲，拓展欧美、拉美和南太"的多元化市场格局。

一是"走出去"的领域逐步扩大。已由原来的贸易、航运和餐饮等逐步拓展到生产加工、资源开发、工程承包、农业合作和研究开发等众多领域。行业分布日益广泛，逐步向信息、采矿、制造业、建筑、交通运输、电子通信、石油化工、电力、农林牧渔等多个行业拓展。并且通过收购、兼并等国际通行方式进行合作的企业越来越多。

二是"走出去"的层次逐步提高。我国的对外投资方式已由建点开办"窗口"、"绿地投资"，逐步发展到投资办厂带动国产设备材料出口、跨国购并、股权置换、境外上市、设立研发中心、创办工业园区等多种形式。

三是"走出去"的主体逐步壮大。在中央和地方国有大型企业继续发挥主导作用的同时，民营企业已逐步成为"走出去"的生力军。

四是"走出去"的范围逐步拓展。我国已有3万多家企业开展跨国经营，分布在近200个国家和地区，不仅亚洲是我国企业"走出去"的最大市场；对北美洲、大洋洲、非洲和亚洲的直接投资增幅在80%以上，对非洲和拉美的承包工程与劳务合作增幅在60%以上。

（四）对外合作方式与促进机制向多样性、灵活化转变

一是自贸区建设成为对外开放的新形式。我国加入WTO后，自贸区已成为我国对外开放的新形式、新起点，以及与其他国家实现互利共赢的新平台。自2003年以来，迄今我国已与亚洲、大洋洲、拉美、欧洲、非洲的29个国家和地区建设12个自贸区，涵盖我国外贸总额的1/4。与东盟签署并实施了自贸区货物和服务贸易协议，促进了"10+1"、"10+3"机制的深化。

二是多边、双边经贸合作促进机制更加多元化。近年来，我国与129个国家和地区、13个国际组织建立了多双边联委会机制180多个。已与123个国家签订了双边投资保护协定，对加强多双边经贸合作发挥了重要作用。

三是双边贸易的磋商机制进一步多样化。建立了中美战略经济对话、中日经济高层对话机制，加强了与主要经贸伙伴的协调与沟通。

四是在国际舞台上作用日益加大。我国充分利用国际舞台，为发展中国家争取更大的利益。

（五）出口贸易发展迅速，顺差额度大

"高出低进"和超常规增长的贸易顺差，构成外贸的主要特征，外贸进出口保持快速增长。改革开放以来，中国对外贸易一直保持良好的发展势头，在世界贸易中的地位明显提高。自20世纪70年代末以来，中国对外贸易规模呈现持续性的急剧扩大趋势。按可比价格计算，从1978年到2011年，中国进出口总额由355亿元增加到236402亿元，全国进出口贸易额年均增长速度达到16%。这个速度不仅大大超过了同期中国国内生产总值的增长速度，而且也高于同期世界贸易的增长速度。表3-2概括了改革开放以来中国对外贸易规模发展的基本情况。

表3-2　　　　　　改革开放以来中国对外贸易的发展

年份	出口总额（亿元）	进口总额（亿元）	进出口总额（亿元）	进出口总额增长率（%）
1978	167.6	187.4	355.0	42.11
1979	211.7	252.9	454.6	28.06
1980	271.2	298.8	570.0	25.38
1981	367.6	367.7	735.3	29.00
1982	413.8	357.5	771.3	48.96
1983	438.3	421.8	860.1	11.51
1984	580.5	620.5	1201.0	39.63
1985	808.9	1257.8	2066.7	72.08
1986	1082.1	1498.3	2580.4	24.86
1987	1470.0	1614.2	3084.2	19.52
1988	1766.7	2055.1	3084.2	0.00
1989	1956.1	2199.9	4156.0	34.75
1990	2985.1	2574.3	5560.1	33.78
1991	3827.1	3398.7	7225.8	29.96
1992	4676.3	4443.3	9119.6	26.21
1993	5284.8	5986.2	11271.0	23.60
1994	10421.8	9960.1	20381.9	80.84
1995	12451.8	11048.1	23499.9	15.30
1996	12576.4	11557.4	24133.8	2.70
1997	15160.7	11860.5	26967.2	11.74
1998	15223.6	11626.1	26849.7	-0.44

续表

年份	出口总额（亿元）	进口总额（亿元）	进出口总额（亿元）	进出口总额增长率（%）
1999	16159.8	13736.4	29896.2	11.35
2000	20634.4	18638.8	39273.2	31.37
2001	22024.4	20159.2	42183.6	7.41
2002	26947.9	24430.3	51378.2	21.80
2003	36287.9	34195.6	70453.5	37.13
2004	49103.3	46435.8	95539.1	35.61
2005	62648.1	54273.1	116921.8	22.38
2006	77597.2	63376.9	140974.0	20.57
2007	93563.6	73300.1	166863.7	18.36
2008	100394.9	79526.5	179921.5	7.83
2009	82029.7	68618.4	150648.1	-16.27
2010	107022.8	94699.3	201722.1	33.91
2011	123240.6	113161.4	236402.0	17.19

资料来源：中国经济统计数据库整理所得。

随着对外贸易的迅速发展，中国在世界贸易中的地位明显提高。但同时，国民经济对国际贸易的依赖程度，即中国对外贸易的依存度（进出口总额占国内生产总值的比例）呈现较大幅度的提高趋势。

表3-3　　　　　中国对外贸易依存度的变化　　　　　单位:%

年份	出口依存度	进口依存度	进出口依存度
1978	4.60	5.14	9.74
1979	5.21	6.23	11.44
1980	5.97	6.57	12.54
1981	7.51	7.52	15.03
1982	7.77	6.72	14.49
1983	7.35	7.07	14.42
1984	8.05	8.61	16.66
1985	8.97	13.95	22.92
1986	10.53	14.58	25.11
1987	12.19	13.39	25.58
1988	11.74	13.66	25.40

续表

年份	出口依存度	进口依存度	进出口依存度
1989	11.51	12.95	24.46
1990	16.00	13.79	29.79
1991	17.57	15.60	33.17
1992	17.37	16.50	33.87
1993	14.96	16.94	31.90
1994	21.62	20.67	42.29
1995	20.48	18.17	38.65
1996	17.67	16.24	33.91
1997	19.20	15.02	34.22
1998	18.04	13.77	31.81
1999	18.02	15.32	33.34
2000	20.80	18.79	39.59
2001	20.09	18.38	38.47
2002	22.40	20.30	42.70
2003	26.72	25.18	51.90
2004	30.71	29.04	59.75
2005	33.88	29.35	63.23
2006	35.87	29.30	65.17
2007	35.20	27.58	62.78
2008	31.97	25.32	57.29
2009	24.06	20.13	44.19
2010	26.68	23.60	50.28
2011	26.10	23.97	50.07

资料来源：中国经济统计数据库整理所得。

改革开放以来，中国国民经济发展对外贸易的依存度直线上升（见表3-3）。在改革开放前，中国的外贸依存度不到10%，而且主要是与苏联、东欧的往来，基本属于易货交易。改革开放以后，贸易规模迅速增长，对外贸易的依存度，以年均10%的速度递增，2011年对外贸易依存度已达到50%。

总的来看，自改革开放以来，中国对外贸易依存度的直线上升，从根本上反映了在人均自然资源相对贫乏、资本稀缺的情况下，经济的高速增长对扩大贸易的内在要求，这也恰恰是中国必须实行和不断扩大对外开放的必要性所在。

（六）我国贸易呈非均衡发展，加工贸易是对外贸易的主要形式

中国的加工贸易主要是承接外包，即进口原材料和中间投入，经过加工装配后再出口，一般包括"来料加工装配贸易"和"进料加工贸易"两种形式，"出料加工贸易"很少。2002年至2011年我国加工贸易进出口总额从3201.7亿美元增长到13052亿美元，占我国进出口贸易的比重由28.9%上升到35.8%。此外，加工贸易具有空间上的集中性。2002—2011年，中国不同类型的出口贸易总额如图3-1所示。

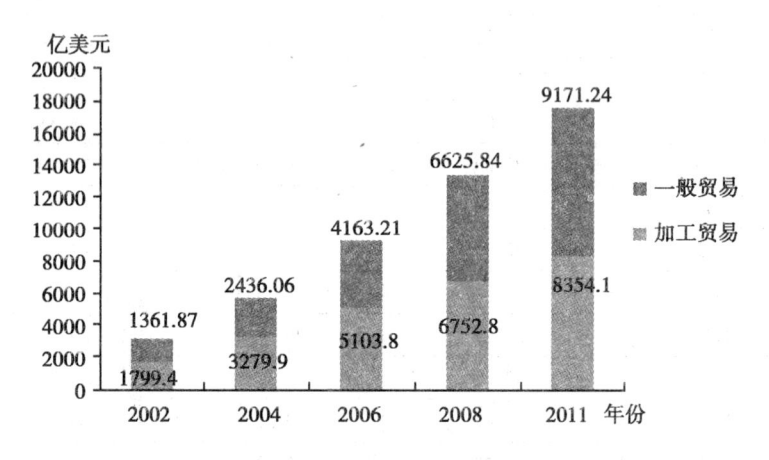

图3-1 2002—2011年中国不同类型的出口贸易总额

第二节 对外开放战略的回顾和总结

一 全国对外开放的历程

对外开放打破了长期闭关锁国的封闭状态，使中国融入国际社会主流，开创了历史的新纪元。中国对外开放成就卓著，对外贸易飞速发展，成功地利用外资并加大了"走出去"力度。

中国对外开放的进程，可以分为四个阶段：试验探索阶段——从1978年改革开放起到20世纪90年代初；全面开放阶段——从1992邓小平南方讲话到20世纪末；体制全面接轨阶段——从2001年到2006年以加入世界贸易组织；互利共赢阶段——2007年后（见表3-4）。

表3-4 中国对外开放的阶段划分

大阶段	时期	1978—2001		2002—	
	特征	以改革促开放		以开放促改革	
小阶段	时期	1978—1992	1992—2001	2002—2006	2007—
	特征	由沿海到沿江、延边	纵深发展	全方位、多层次、宽领域	互利共赢

(一) 试验探索阶段

该阶段从1978年改革开放起,至20世纪90年代初。1978年12月,中国共产党十一届三中全会召开,对外开放工作开始发生历史性转折,从此进入了一个新的发展时期。该阶段以重点开放沿海地区、建立经济特区并赋予特殊优惠政策为主要特征,经历了一个由点(经济特区)到线(沿海开放城市)、由线到面(沿海经济开放区)逐步推进和深化的过程。

中国全方位、多层次、宽领域的开放格局,经过先试验后推广,采取了分步骤、多层次、逐步推进的战略,经历了一个不断扩大和深化的过程。从宏观上看,以十一届三中全会为标志,中国开始了对外开放的历史性转变。

十一届三中全会指出,要在自力更生的基础上积极发展同世界各国平等互利的经济合作,努力采用世界先进技术和先进设备,这实际上提出了实行对外开放的方针。三中全会以后,中国在对外开放方面迈出了两大步:一是1979年7月,党中央和国务院根据广东、福建两省靠近港澳台、华侨众多的有利条件,决定对两省的对外经济活动实行特殊和优惠措施。二是决定在广东的深圳、珠海、汕头和福建的厦门设置经济特区,采取来料加工装配、补偿贸易、合资经营、合作经营,以及外商独资经营等多种形式,吸引外资。1980年8月,全国人大常委会批准了《广东省经济特区条例》。此后,这些经济特区相继兴建。

1982年9月,中共十二大召开,会议制定了全面开创社会主义现代化建设新局面的纲领。会议指出:"实行对外开放,按照平等互利的原则,扩大对外经济技术交流,是我国坚定不移的战略方针。我们要促进国内产品进入国际市场,大力扩展对外贸易。要尽可能地多利用一些可以利用的外国资金进行建设,并积极引进一些适合我国情况的先进技术,特别是有助于企业技术改造的先进技术,努力加以消化和发展,以促进我国的生产建设事业。"

十二大以后，中国在对外开放方面又一连迈出几大步。1983年4月，中共中央和国务院决定对海南岛实行经济特区的政策，以加速海南岛的开发。1988年4月建立海南省，并设立为经济特区。1984年4月，进一步开放北自大连、天津，南至上海、广州的14个沿海港口城市。这是扩大对外开放的一个重大步骤。1984年10月，中国共产党召开了十二届三中全会，通过了《关于经济体制改革的决定》，提出要积极发展多种经济形式，进一步扩大对外的和国内的经济技术交流，要充分利用国内和国外两种资源，开拓国内和国外两个市场，学会组织国内建设和发展对外经济关系两套本领。1985年2月，决定把长江三角洲、珠江三角洲和闽南厦门、泉州、漳州三角地区以及山东半岛、辽东半岛、环渤海地带开辟为沿海经济开放区，这是扩大对外开放的又一重大步骤。

这样，中国就形成了一个"经济特区—沿海开放城市—沿海经济开放区—内地"的多层次、有重点、点面结合的对外开放格局，在沿海形成了包括2个直辖市、25个省辖市、67个县，约1.5亿人口的对外开放前沿地带。引进外资、先进技术和设备步伐的加快，推动了中国现有企业的技术改造、产品的更新换代和结构的调整，并引进了一批新技术，开发了一批新产品，增强了中国产品出口创汇能力。

（二）全面开放阶段

以1992年春邓小平南方讲话为标志，中国的对外开放进入全面开放时期，我国对外开放形成全方位、多层次、宽领域的格局。

所谓全方位开放，就是不论对资本主义国家还是对社会主义国家，对发达国家还是发展中国家都实行开放政策；不仅在经济建设方面，而且在精神文明建设方面也坚持对外开放。所谓多层次，就是根据各地区的实际和特点，通过经济特区、经济技术开发区、沿海经济开放区、开放沿边和沿江地区以及内陆省区等不同开放程度的各种形式，形成全国范围内的开放。所谓多形式、宽领域，是指通过举办外资经济、对外经济贸易、引进先进技术、吸引外资、发展国际劳务合作、开发国际旅游业、跨国经营等各种方式，使开放领域在地区上由沿海拓展到内地，在产业上由农业、加工工业向基础产业、基础设施和金融、保险、商业等领域延伸，促进对外经济的加速发展，从而使国内经济面向世界，参与国际竞争，与世界经济接轨。

1992年3月，中国开放黑龙江、吉林、内蒙古、新疆、云南、广西6

省（区）的13个市、镇，形成了沿边开放的雏形。同年8月，进一步开放重庆等5个长江沿岸城市，以后又增加宜昌等为长江沿岸开放城市，形成了沿江开放格局。同时还开放了哈尔滨等7个边境、沿海地区省会（自治区首府）城市，以及太原等11个内陆地区省会（首府）城市，对外开放逐步向内地推进。十四大要求进一步扩大对外开放，形成多层次、多渠道、全方位开放的格局。十五大要求"完善全方位、多层次、宽领域的对外开放格局，发展开放型经济"。其间，在经济特区、开放城市和其他开放区，还兴办了多个经济技术开发区、高新技术产业开发区和保税区。

经过20余年的艰辛努力，中国的对外开放，从一开始的"点"，到1992年以后扩展为全国范围的开放；从对外贸易，到引进外资与技术，到对外经济技术交流与合作都取得辉煌成就。中国跻身世界十大贸易国之列，于在2001年11月11日加入WTO，为融入全球经济一体化打开了大门。

在这一时期，中国对外开放的特点表现为：一是开放的战略格局开始由沿海经济特区向内地扩散，对外开放扩大到全国各地和国民经济的众多领域。二是开放的战略重心开始由体制试点向全面制度建设转型，由政策导向逐渐向市场导向转变，如深圳、厦门特区已开始逐步对外商投资企业实施国民待遇。三是以开放促改革，对外开放的发展不断对贸易、金融等领域的改革提出要求。四是兼顾区域平衡发展。如发挥中心城市的作用，加快资源富集区的开放开发，鼓励沿边省区积极参与周边国家的次区域经济合作，建立边境自由贸易区与跨国经济合作开发区。1999年3月，正式实施西部大开发战略，之后又先后提出了振兴东部老工业基地战略和中部崛起战略。

（三）体制全面接轨阶段

2001年12月11日，中国加入WTO，标志着中国的对外开放不仅按照自己的时间表逐步展开，还将在国际制度规范下开放。对外开放进入一个崭新的阶段，即由有限范围和领域内的开放，转变为全方位的开放；由以试点为特征的政策性开放，转变为在法律框架下的可预见的开放；由以单方面为主的自我开放，转变为中国与WTO成员之间的相互开放。中国作出了广泛的"入世"承诺，不仅包括影响货物贸易的边境政策和国内政策、影响服务贸易的政策、与贸易有关的知识产权制度，而且在宏观经济体制和政府管理体制方面都作出了说明和承诺。中国政府切实地履行了各项"入世"承诺，通过大幅度削减关税水平，逐步取消非关税壁垒，进一步放宽服务市场准入，促进了中国对外贸易的迅速发展。中国顺利通过了WTO每年一次的过渡期贸易政策审议，获得了WTO及其成员的肯定。

（四）互利共赢阶段

党的十八大报告提出要"完善互利共赢、多元平衡、安全高效的开放型经济体系"。一方面，中国将坚持对外开放的基本国策，把"引进来"和"走出去"更好结合起来，扩大开放领域，优化开放结构，提高开放质量，完善内外联动、互利共赢、安全高效的开放型经济体系。另一方面，中国将始终不渝地奉行互利共赢的开放战略。从最初提出对外开放，到利用国内国外两种资源、两个市场，再到明确提出互利共赢的开放战略，中国的对外开放已经从立足于提升自身竞争力的适应性开放，进入全球化视野下以更加主动的姿态积极参与经济全球化的战略性开放阶段。

我国的对外开放已进入一个全新的发展阶段。

1. 从开放的路径上看，我国的对外开放走的是"梯度推进"的开放之路。从经济特区的创办到沿海港口城市的开放，再到开辟沿海经济开放区，又到上海浦东新区的开发和开放，及到内陆省会城市的开放，逐步形成了点、线、片、面依次推进的开放格局。这种"梯度推进"的开放格局，在不同区域采用不同的开放政策，既适应了生产力发展水平的要求，也对推进内陆省份的开放提供了很好的示范作用。但随着我国融入国际经济主流，原先的开放路径已显不足。我们应将有限范围内的开放转变为全方位的开放，将以单方面为主的自我开放，转变为中国与世贸组织成员之间的相互开放，用全新的开放理念，适应新的开放阶段。

2. 从开放的内容上看，我国主要是发展外向型经济。即以我们的比较优势参与国际分工，获得比较利益，带动经济的发展。通常的做法是：积极发展货物贸易出口，以货物贸易出口带动经济发展。我国货物贸易的出口占整个对外出口的2/3强，成为推动我国经济增长的"三驾马车"之一。据国家统计局的测算，刚刚过去的2001年，对外贸易拉动我国工业生产增长达2.9个百分点，我国对外贸易的依存度（即进出口贸易占国内生产总值的比重）逐年上升。加入WTO后，我国的开放必须遵守WTO所制定的为各成员国所普遍接受的规则。开放的深化，使我国的对外交往不仅触及商品贸易领域，而且触及非商品贸易、知识产权和国际投资等领域。因此，21世纪的对外开放，我国要从提高贸易依存度为重点的开放，转向参与以国际分工国际合作为重点的开放，从重视发展商品贸易转向同时重视发展非商品贸易，从向全世界销售产品为重点转向全球范围内配置资源为重点。开放内容的拓宽和开放重点的转移，要求我国在新阶段全面开放自己的市场。

3. 从开放的方略上看，我国主要采用的是"东倾式"的开放战略，即用优惠政策扶持东南沿海经济开放区。这种对局部地区的倾斜开放，使我国境内至今尚未形成统一的国内市场。加入WTO以后，我们受多边贸易体制框架的约束，要求国内体制必须与国际经济接轨。因此营造统一开放、竞争有序的环境尤为重要。这需要在总体上调整我国对外开放的战略，将过去的"倾斜式"开放转变为"均衡式"开放。在开放的地域、领域、手段上全面改变失衡状态。加入WTO后的国际竞争不仅局限在经济领域，而且渗透在政治、文化、军事、科技、地缘等方面。开放方略的转变，要求我们顺应变化的环境，探索新的开放方式，更好地参与国际合作和竞争。

中国改革开放30多年是在邓小平理论指导下推进的30多年，是建设特色市场经济体制的30多年，是经济体制改革与政治体制改革相结合、改革与开放相结合的30多年。改革开放的伟大成就举世瞩目，系统回顾30多年来的历程并总结历史经验，对于更好地推进改革开放进一步向纵深发展具有重要意义。

二 西部地区对外开放的历程

将我国划分为东部、中部、西部三个地区的时间始于1986年，由全国人大六届四次会议通过的"七五"计划正式公布。中国西部幅员辽阔、资源丰富、历史悠久，涵盖12个省区市，面积占全国的71.5%，人口占全国的27.5%，拥有中国85%的陆地边境线，在发展边境贸易上具有得天独厚的条件。

我国作为一个整体区域组织，西部地区与非西部地区的开放水平和政策是息息相关的。在新一轮西部大开发和中国加入WTO以前，我国基本上是以牺牲西部地区的开放利益来发展东部沿海地区，在这个阶段，西部地区的对外开放有起步早、规模小、发展缓慢的特点。

改革开放以来，我国区域经济发展战略调整共经历了三个阶段，第一次调整是区域经济平衡发展战略调整为非平衡发展战略，第二次调整是区域经济非平衡发展战略调整为协调发展战略，第三次调整是对区域经济的协调发展战略进一步完善。我国不同地区相互组合，作为一个有机整体，西部地区的对外开放历程也基本和这三次调整有关。

由于我国实行的不平衡的发展战略，我国不同区域的对外开放水平在不同时期的变化是不同的。我国西部地区的对外开放可以分为三个阶段：对外开放起步阶段、对外开放加速阶段和对外开放平稳发展阶段。

（一）对外开放起步阶段

我国西部地区对外开放的实施较早，十一届三中全会后不久，西部各省区陆续宣布对外开放。1978年12月，云南省瑞丽经国务院批准对外开放，1980年，云南省政府决定首先在中缅边境恢复小额贸易。1985年公布了《云南省关于边境贸易的暂行规定》，进一步放宽边境贸易政策，把云南所有边境县全部划为边境贸易区，并对小额贸易免缴海关税，云南边境地区的边境贸易全线展开。经过十年发展，到1990年初步形成了地方政府间贸易、边境民间贸易、边民互市等多层次、多形式、多渠道的边境贸易发展格局。

1979年，重庆市（当时隶属于四川省）宣布实行对外开放，1980年对外开放，到1983年取得自营出口权为止，重庆市一般性地恢复了对外经贸工作。1981年7月，甘肃省第一家外商投资企业兰光彩色冲印公司成立，引进外资2.6万美元，标志着甘肃省吸引外资实现零的突破。在此期间，西部各省区均实行了对外开放。在此期间，由于我国的对外开放处于起步和摸索阶段，以及国家政策的偏移和地理位置的相对闭塞，西部地区对外开放进程缓慢，规模较小。到20世纪80年代中期，西部地区的对外开放仍处于试验阶段而缓慢推进，其开放也是以简单地获取出口外汇收入和技术物资的进口为直接目的的，速度慢、水平低，更缺乏通过对外开放优化产业结构，使工业的门类齐全的意识，最终成为一种结构缺陷。同时西部地区也没有创造有利条件吸引人才，人才积累不足；有关利用外资的立法也不完善，各种基础设施也较落后，严重制约了西部地区的对外开放。

1988年，内蒙古出口2.9亿美元，占本区国内生产总值的5.88%，占全国出口总额的0.72%；广西出口5.4亿美元，占全国出口总额的

1.34%；四川出口 11.35 亿美元，占全省国内生产总值的 4.5%，占全国出口总额的 2.6%；贵州出口 1.1 亿美元，占全国出口总额的 0.27%；云南出口 4.7 亿美元，占全省国内生产总值的 7.09%，占全国出口总额的 1.17%；西藏出口仅 1500 万美元；陕西出口 2.7 亿美元，占全国生产总值的 0.69%；甘肃出口 1.5 亿美元，占全省国内生产总值的 3.78%，占全国出口总额的 0.37%；青海、宁夏和新疆出口分别为 4558 万美元，8000 万美元及 2.9 亿美元。而经济发达的东部地区省市，出口都在 10 亿美元之上。广东、上海分别达到 77 亿美元和 45 亿美元。西部地区出口额占全国出口比重之低，反映了其出口规模小、出口商品结构十分落后的现状，反映了其经济实力还不适应国际竞争的需要；但出口金额占本省区国内生产总值比重极小，又给人以希望，说明有扩大对外开放经贸交流规模的潜力可挖。但西部地区生产力发展水平的提高要有一个过程，与之相适应的对外开放度的扩大也要有一个过程。

（二）对外开放加速阶段

20 世纪 80 年代末期、90 年代初期到 20 世纪末，我国对外开放逐渐形成全方位、多层次、宽领域的对外开放格局，西部地区也逐渐在沿海、沿江和延边地区设立通商口岸，特别是重庆设立直辖市，促进了西部地区对外贸易的进一步发展。

1997 年 3 月 14 日，八届全国人大五次会议通过《关于批准设立重庆直辖市的决定》，重庆成为直辖市后，对外开放走向新的高度，对外贸易整体实力也进一步增强，图 3-2 表示重庆市对外贸易的差额和进出口增长率的变化，从中看出，进出口总值呈现出稳态、快速增长态势，实现了外贸逆差转顺差的突破和五年来连续跨越式发展。2000 年扭转逆差被动局面，实现顺差 2 亿美元。

在此期间，除了重庆市，西部其他省区对外开放也获得了长足的发展，从表 3-5 可以看出，1992—2010 年西部各省区对外贸易总额大幅增长，其中广西、四川、云南、陕西、宁夏、新疆 6 省区涨幅可观，增长逾 10 倍。从整体上看，西部地区对外开放的特征表现为以下几个方面。

1. 对外贸易额跃上新台阶。在此期间，西部地区对外贸易整体实力由弱转强，进出口总额呈现出持续稳定快速增长态势，根据表 3-6 可知，西部地区进出口总值由 1992 年的 86.07 亿美元发展到 2001 年的 168.68 亿美元，大约翻了一番，对外贸易以年均 2 个百分点的速度增长。进、出

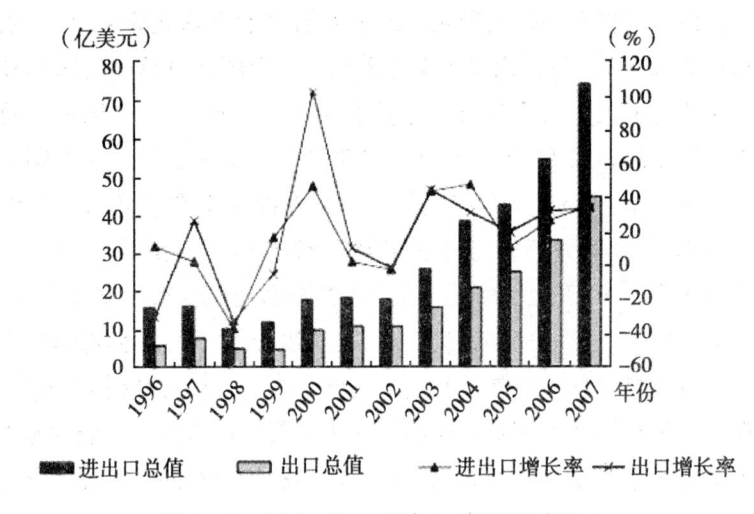

图 3-2 1996—1997 重庆市对外贸易情况

资料来源：中国经济信息数据库。

口都得到了极大的发展，并逐渐扭转长期逆差的状况。该阶段又可以分成两个小阶段，以重庆 1996 年设立直辖市为标志，之前西部地区贸易基本处于逆差阶段。一是因为西部地区生产力相对落后，不能满足人民群众日益增长的物质文化需要；二是因为西部地区生产技术和观念落后，在该阶段积极引进区域外部的先进技术和管理经验，这就导致进出口同时快速增长但进口增长更快的状态。1997—2001 年新一轮西部大开发和我国加入 WTO 之前，西部地区对外贸易基本处于顺差状态，这是因为前一段时间的资本积累和贸易制度不断完善，生产不断扩大，产品的国际竞争力不断提高，以及政府的积极引导措施和非西部地区的带动作用，西部地区出口规模不断扩大，并呈现出稳定增长的态势。

表 3-5　　　　　　　　1992—2010 年西部各省份贸易额　　　　　　单位：亿美元

年份	广西	内蒙古	重庆	四川	贵州	云南	西藏	陕西	甘肃	青海	宁夏	新疆	总和
1992	13.4	9.1	—	19.1	3.2	9.5	1.8	9.8	4.0	1.0	0.9	6.2	78.0
1993	20.6	9.9	—	22.3	3.4	11.7	1.9	13.1	4.0	1.0	1.0	7.7	96.8
1994	30.4	9.3	—	31.0	4.7	16.3	6.5	14.2	5.0	1.5	1.7	8.6	129.2
1995	30.9	10.0	—	34.8	6.6	21.5	2.2	16.8	6.0	1.5	2.2	11.7	144.2
1996	20.3	10.5	—	37.3	4.9	18.5	1.8	17.5	4.7	1.3	1.9	9.4	128.0
1997	28.7	10.7	16.6	18.2	6.3	16.8	1.8	17.3	4.8	1.3	2.3	11.2	135.9
1998	24.1	9.6	10.3	20.9	6.3	16.4	1.2	20.5	4.5	1.2	2.4	15.3	132.7

续表

年份	广西	内蒙古	重庆	四川	贵州	云南	西藏	陕西	甘肃	青海	宁夏	新疆	总和
1999	17.5	12.9	12.1	24.7	5.5	16.6	1.7	20.0	4.0	1.1	3.2	17.7	137.0
2000	20.3	26.2	17.9	25.5	6.6	18.1	1.3	21.4	5.7	1.6	4.4	22.6	171.6
2001	18.0	20.4	18.3	31.0	6.5	19.9	0.9	20.6	7.8	2.0	5.3	17.7	168.3
2002	24.3	24.3	17.9	44.7	6.9	22.3	1.3	22.2	8.8	2.0	4.4	26.9	206.0
2003	31.9	28.3	25.9	56.3	9.8	26.7	1.6	27.8	13.3	3.4	6.5	47.7	279.3
2004	42.8	37.2	38.6	68.7	15.1	37.4	2.0	36.4	17.6	5.8	9.1	56.3	367.0
2005	51.8	48.8	42.9	79.0	14.0	47.4	2.1	45.8	26.3	4.1	9.7	79.4	451.3
2006	66.7	59.6	54.7	110.2	16.2	62.2	3.3	53.6	38.2	6.5	14.4	91.0	576.6
2007	92.6	77.4	74.4	143.8	22.7	87.9	3.9	68.9	55.2	6.1	15.8	137.2	785.9
2008	132.4	89.2	95.2	221.1	33.7	96.0	7.7	83.3	61.0	6.9	18.8	222.2	1067.3
2009	142.6	67.7	77.1	241.7	23.0	80.5	4.0	84.1	38.7	5.9	12.0	139.5	916.5
2010	177.4	87.3	124.3	326.9	31.5	134.0	8.4	121.0	74.0	7.9	19.6	171.3	1283.8

资料来源：中国经济信息数据库。

表3-6　　　　　1992—2010年西部地区进出口状况　　　　单位：亿美元

年份	进口	出口	进出口差额
1992	35.89	50.18	14.29
1993	61.81	48.80	-13.01
1994	78.76	60.25	-18.51
1995	71.58	71.52	-0.06
1996	73.34	58.90	-14.44
1997	56.82	69.89	13.07
1998	60.93	64.66	3.73
1999	64.53	66.03	1.50
2000	77.25	89.01	11.76
2001	87.38	81.30	-6.08
2002	98.73	105.25	6.52
2003	130.96	145.61	14.65
2004	184.25	182.51	-1.74
2005	208.80	225.90	17.10
2006	250.22	304.10	53.88
2007	337.04	415.59	78.55
2008	443.24	577.96	134.72
2009	432.06	432.99	0.93
2010	627.00	618.58	-8.42

资料来源：中国经济信息网整理所得。

2. 进出口结构不断优化。初级产品进口有所加快，工业制成品的出口比重不断增加。八九十年代，特别是邓小平南方谈话之后，西部地区逐步解放思想，扩大开放程度和对外贸易规模，积极容身全国及国际大市场，加大对初级产品、原材料和高新技术和设备的引进，改造传统产业，提高生产效率和产品竞争力，工业制成品在出口产品中的比重不断增大。

3. 进出口企业主体呈现多元化。随着外贸经营权的逐渐放开和市场机制的不断完善，越来越多的所有制经济企业加入对外贸易的大军中，形成了国有企业、民营企业和外资企业等多种所有制经济齐头并进的新局面。

表3-7 1992—2001年西部各省级单位外资企业年底登记户数 单位：个

地区 年份	甘肃	广西	贵州	内蒙古	宁夏	青海	陕西	四川	西藏	新疆	云南	重庆	总和
1992	222	1915	276	326	91	9	589	2313	6	164	249	—	6162
1993	723	4368	740	734	261	63	1289	3787	27	508	753	—	13253
1994	925	5027	906	926	325	80	1652	5232	42	617	1018	—	16750
1995	1037	4876	997	1074	361	97	1894	5897	51	656	1286	—	18226
1996	1086	4338	1008	1134	377	117	68	6229	2272	600	1425	—	18654
1997	114	3658	1532	1057	622	401	1152	1052	74	2200	2313	4508	18683
1998	840	3452	1112	977	430	97	2452	3633	74	597	1575	2155	17394
1999	759	3018	947	919	392	83	2604	3730	70	447	1596	2150	16715
2000	826	2705	715	874	408	113	2761	3539	78	371	1634	1708	15732
2001	882	2436	714	778	435	135	2971	3678	85	358	1632	1502	15606

资料来源：中国经济信息网整理所得。

由表3-7可以看出，该段时间我国西部地区外资企业稳步增长，非公有制经济比重不断增大，多种所有制经济共同发展。FDI和跨国公司在西部地区对外贸易的过程中发挥了极大地作用，西部地区对外贸易呈现出多样式发展。

第三节 对外开放的现状及其分析

一 对外开放的现状介绍

30多年来中国的对外开放取得了辉煌的成就，也带来了许多新的问题。当前中国对外开放面临着与以往不同的国际国内环境，特别是加入

WTO 后，风云变幻的国际国内环境给中国的对外开放带来了机遇和挑战。

第一，我国对外贸易持续并稳定增长，改革开放三十多年来，中国对外贸易以年均超过20%的速度保持长期稳定的增长，进出口总额由1978年的355亿元人民币增长到2010年的201722.1亿元人民币（见表3-2）。中国在对外贸易迅速增长的过程中，随着经济全球化的不断加深，国际经济活动领域和活动方式都在迅速扩展，对外开放的依存度也呈现逐渐上升的态势，进出口依存度从1978年的9.74增长到2010年的50.28（见表3-3）。

但是，中国在扩大对外开放、提升开放依存度获利的同时，也带来了许多新的问题。过高的外贸依存度暴露出我国贸易目的地过于集中、对外贸易商品的结构不合理以及战略资源产品进出口依存度攀升等诸多弊端。中国对外贸易的发展和外贸依存度的不断提高，已经使中国对外贸易不可避免地进入了国际经济摩擦的时代，贸易摩擦频繁化、常态化。

作为拉动经济的"三驾马车"之一的对外贸易，当外贸对经济增长的贡献率达到20%时，就成为拉动经济增长的重要"引擎"。外贸依存度越大，表明该国对国际经济的依赖度越深。

第二，我国对外贸易逐渐趋于合理。20世纪80年代以来，国际分工呈现出了以生产经营活动的价值链为对象，将生产、销售、研发等价值链的各个环节配置于世界各地，追求利润最大化的新分工形式——全球产业价值链分工。这使得一国的竞争优势不再体现在最终产品和某个特定产业上，而是体现在该国在全球化产业价值链中所占据的环节上。首先，中国对外贸易规模不断扩大，且高速增长。改革开放30年来，中国的对外贸易规模不断扩大（见图3-3）。图3-3显示，从1978年到2008年，中国的对外贸易额整体上保持了持续增长的态势。尤其在2001年中国加入WTO之后，其增长势头异常迅猛。1980年中国的对外贸易规模只有381.36亿美元，其中出口181.19亿美元，进口200.17亿美元。1997年，中国的外贸总额首次突破3000亿美元，并跻身于世界十大贸易国行列。2004年，中国对外贸易规模又突破1万亿美元，成为继美国和德国之后的世界第三大贸易国。2007年，中国又首次超过德国，成为继美国之后世界贸易第二大国。"入世"后的6年间中国的对外贸易额比"入世"前23年的总和还要多。

中国对外贸易规模不断扩大的同时，其增长速度也是惊人。将中国的对外贸易增长速度与国民经济发展速度进行横向比较。通常对外贸易增长速度高于 GDP 增长速度 2%—3%，高于劳动生产率 4%—5% 是正常水平。然而从图 3-4 可以看出，由于受 1997 年亚洲金融危机的影响，中国在 90 年代对外贸易增长速度波动较大，而相比之下，中国 GDP 的增长速度却始终比较平稳。除个别年份外，中国的对外贸易增长速度始终高于 GDP 的增长速度。尤其是"入世"以后，中国对外贸易增长速度年均高出 GDP 增速 18.9%。此外，中国不但贸易总额增长迅速，而且国际收支也由逆差转为巨额顺差。

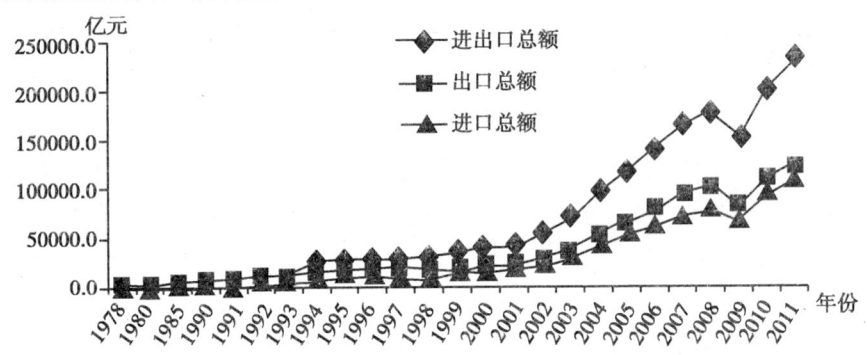

图 3-3　1978—2011 年中国货物贸易进出口情况

注：本表 1978 年为外贸业务统计数，1980 年起为海关进出口统计数。
资料来源：《中国统计年鉴（2012）》，中国统计出版社。

其次，中国对外贸易商品结构也发生了巨大的变迁。改革开放以来，伴随着中国出口的迅速增长和对外贸易规模的扩大，中国的出口贸易结构也发生了重要的变化。大体经历了两次重要的飞跃。一次是 1986 年纺织品和服装取代石油成为中国第一大类出口产品，标志着出口商品从资源密集型为主向劳动密集型为主的飞跃；另一次是 1995 年机电产品取代纺织品和服装成为第一大类出口产品，标志着出口商品从劳动密集型为主向资本密集型为主的飞跃。其实，客观地说，改革开放以来，中国的出口贸易结构只发生了两次重大变化。

第一，出口总额中初级产品与工业制成品比重的变化。自 20 世纪 80 年代中后期开始实现以出口初级产品为主向以出口工业制成品为主的转变。1985 年以前，中国出口商品主要是以劳动密集型为主的初级产品，但是到了 1990 年中国出口的工业制成品比重由 1985 年的 49.4% 上升到 74.4%。在这之后，中国出口产品结构中工业制成品的比重都远远大于初

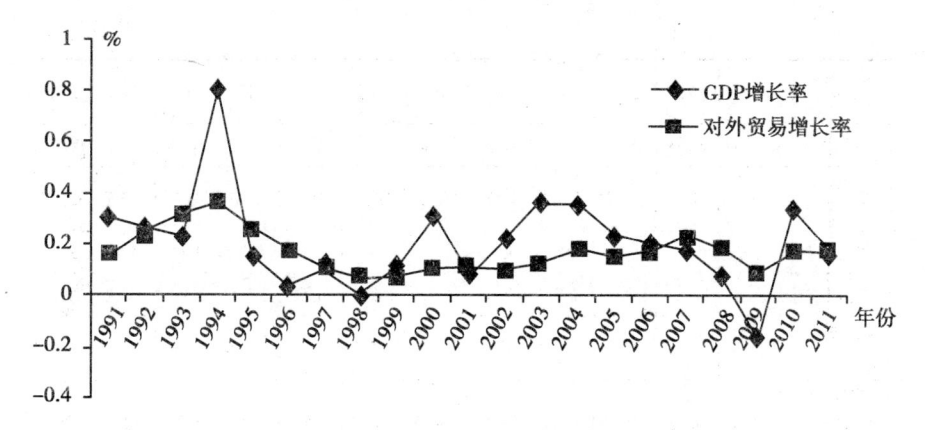

图 3-4　1991—2011 年中国对外贸易增速与 GDP 增速对比

资料来源：根据历年《中国统计年鉴》和《中国对外贸易年鉴》的数据计算；GDP 增长率数据来自国家统计局年度数据，GDP 总额数据根据国家统计局数据以及国家外汇管理局公布的人民币与美元的换算率计算得到。

级产品的比重，而且年年递增，到 2006 年则进一步达到 94.54%，成为中国出口贸易中的主力军。第二，工业制成品内部结构的变化。自 20 世纪 90 年代中后期开始机械及运输设备类产品出口比重成为推动工业制成品出口比重上升的主导力量。20 世纪 80 年代前期，中国出口贸易基本上以农副产品、土特、原材料等初级产品为主，在 20 世纪 80 年代末，工业制成品成为中国主要的出口商品。20 世纪 90 年代以后，工业制成品的比重上升到 70% 以上，并一直上升。2000 年以来，以纺织品为代表的劳动密集型产品所占比重在逐年下降，以化学品、机械和运输设备为代表的资本技术密集型产品所占比重在逐年上升。尤其是"入世"以后，中国出口的机械和运输设备类产品占据了中国出口绝对主导的地位，成为推动工业制成品出口比重上升的主导力量（见表 3-8）。

表 3-8　1980—2011 年中国出口商品分类（SITC 一级分类）构成情况

单位：亿美元

年份 项目	1980	1985	1990	1995	2001	2005	2006	2007	2008	2009	2010	2011
出口总额	181.19	273.5	620.91	1487.8	2660.9	7619.5	9689.7	12204	14306	12016	15777	18983
一、初级产品	91.14	138.28	158.86	214.85	263.38	490.37	529.19	615.09	779.57	631.12	816.86	1005
食品及主要供食用的活动物	29.85	38.03	66.09	99.54	127.77	224.8	257.23	307.43	327.62	326.28	411.48	504.93
饮料及烟类	0.78	1.05	3.42	13.7	8.73	11.83	11.93	13.97	15.29	16.41	19.06	22.76

续表

年份 项目	1980	1985	1990	1995	2001	2005	2006	2007	2008	2009	2010	2011
非食用原料	17.11	26.53	35.37	43.75	41.72	74.84	78.6	91.16	113.19	81.53	116.03	149.77
矿物燃料、润滑油及有关原料	42.8	71.32	52.37	53.32	84.05	176.22	177.7	199.51	317.73	203.74	266.7	322.74
动植物油脂及蜡	0.6	1.35	1.61	4.54	1.11	2.68	3.73	3.03	5.74	3.16	3.55	5.26
二、工业制成品	90.05	135.22	462.05	1272.9	2397.6	7129.2	9160.1	11562	13527	11384	14960	17978
化学品及有关产品	11.2	13.58	37.3	90.94	133.52	357.72	445.3	603.24	793.46	620.17	875.72	1147.9
轻纺产品、橡胶制品、矿冶产品及制品	39.99	44.93	125.76	322.4	438.13	1291.2	1748.2	2198.7	2623.9	1848.1	2491.1	3195.6
机械及运输设备	8.43	7.72	55.88	314.07	949.01	3522.3	4563.4	5770.4	6733.3	5902.7	7802.7	9017.7
杂项制品	28.36	34.86	126.86	545.48	871.1	1941.8	2380.1	2968.4	3359.6	2997.5	3776.5	4593.7
未分类的其他商品	2.07	34.13	116.25	0.06	5.84	16.06	23.15	21.76	17.1	16.29	14.68	23.43

资料来源:《中国统计年鉴(2012)》。

二 西部地区对外开放程度评价

随着经济全球化的不断加深,国际经济活动领域和活动方式都在迅速扩展,衡量一个国家或地区的对外开放度,不能只运用单一的指标,现代的对外开放度衡量指标主要有:对外贸易比率、对外金融比率、对外投资比率、生产开放度、贸易结构水平、经济效益水平、利用外资比率和服务贸易比率。在上述指标中,外贸依存度和外资依存度是其中最主要的两大指标,同时又由于国际经济活动的复杂性使得要对其作出完全描述几乎是不可能的。因此许多学者经常采用"外贸依存度与外资依存度之和"来表示对外开放度的整体水平。

对外开放在我国西部地区成为不可逆转的趋势,加大对外开放力度,已成为西部地区经济发展的主要动力。

在国际贸易方面,衡量一个国家或地区对外开放程度的指标是进出口总额对国内生产总值的比率,即外贸依存度(见表3-9)。如果用 X、M 分别表示出口总额和进口总额,GDP 表示国内生产总值,那么对外贸易比率 $Y_1 = (X + M)/GDP$。所以采用进出口总额而不是出口总额,是因为开放应该是双向的。如果仅用出口总额,不能准确地反映存在高额贸易顺差或贸易逆差的国家的双向贸易活动。由表3-9可以看出,我国西部地区对外贸易依存的整体不算太高,但是呈逐年增长趋势,这得益于经济全球化和我国政策的向西部倾斜的趋势。

表3-9　　　　　　1992—2010年度我国西部地区的外贸依存度

年份	GDP(亿元)	贸易(亿美元)	外贸依存度
1992	5295.58	95.47	2.25
1993	6707.29	122.04	2.84
1994	8766.55	156.76	3.61
1995	10844.25	167.81	3.81
1996	12702.00	150.59	3.38
1997	14167.23	155.24	3.46
1998	15231.22	150.15	3.25
1999	16127.89	149.18	3.26
2000	17615.39	184.54	4.05
2001	19286.23	185.84	4.08
2002	21335.83	224.74	4.92
2003	24385.50	302.05	6.57
2004	29402.30	401.03	8.70
2005	34983.71	476.70	10.38
2006	41390.64	605.13	13.14
2007	50436.65	821.03	17.79
2008	61950.83	1112.57	24.00
2009	68627.69	965.54	20.74
2010	83473.00	1370.35	29.68

资料来源:中国经济信息数据库。

在国际金融方面,衡量一个国家对外开放程度的指标是对外资产和债务总额对国内生产总值的比率,即外资依存度。如果用 A、L 分别表示对外资产和对外债务,那么对外金融比率 $Y_2 = (A+L)/GDP$。对外资产和债务包括中央银行和商业银行的对外资产和债务。中央银行的对外资产包括外汇储备和其他对外债权,如在外国中央银行的存款,对外国政府发放的贷款等;对外债务是指外国中央银行存放的存款,向外国中央银行借取的借款等。商业银行的对外资产是指对外存款、对外贷款、持有的外国的债券等;对外债务是指外来存款、外来贷款、被外国持有的金融债券等。

在国际投资方面,衡量一个国家对外开放程度的指标是对外直接投资和接受外来直接投资总额对国内生产总值的比率。如果用 Ia 和 Ii 表示对外直接投资总额和接受外来直接投资总额,那么对外投资比率 $Y_3 = (Ia + Ii)/GDP$。

如果要从总体上衡量一个国家的对外开放程度,那么可以根据国际贸易、国际金融、国际投资在国际经济活动中的重要性而决定它们的权数 W_1、W_2、W_3,对外开放比率可定义为:

$$Y = W_1 O_1 + W_2 O_2 + W_3 O_3 \quad (W_1 + W_2 + W_3 = 1)$$

显然,对外开放比率越高,表示对外开放程度越高,即融入国际经济的程度越高。根据 IFS(International Financial Statistics)统计,2010 年我国西部地区对外开放比率大约为 26%。得益于新一轮西部大开发和向西开放战略,西部地区对外开放发展很快,对外开放程度也有很大提高,但是仍然不能与国际水平接轨,甚至还要远远低于我国东部和中部区域。

这种对外开放度评价方式具有普遍性的特点,但也有许多漏洞,例如把各个经济区域都看作地图上的一个点,注重纵向的比较却忽略了空间因素在开放度中的影响力度。基于此,本文选择的开放度度量指标体系包含对外开放度、对内开放度、旅游开放度、开放支撑度四个一级指标;包括了外资依存度、世界 500 强企业进驻数、外贸依存度、内资依存度、对内贸易依存度、国际旅游收入比重、国内旅游收入比重和工业产业比重八个二级指标,具体如表 3 - 10 所示。

表 3 - 10 　　　　　　　内陆开放型经济指标体系

目标	一级指标	二级指标	指标解释
开放度指标体系	对外开放度	外资投资比重	外商直接投资总额/全社会固定投资总额
		世界 500 强企业进驻数	—
		外贸依存度	进出口总额/GDP
	对内开放度	国内投资比重	(国家预算内资金 + 国内贷款 + 自筹资金)/全社会固定投资总额
		对内贸易依存度	社会消费品零售总额/GDP
	旅游开放度	国际旅游收入比重	国际旅游收入/GDP
		国内旅游收入比重	国内旅游收入/GDP
	开放支撑度	工业产业比重	工业产业产值/GDP

其中,外资依存度、外贸依存度、内资依存度、对内贸易依存度、国际旅游收入比重、工业产业比重的大小由主成分分析得到的四个因子确定,其经济含义分别代表对内开放度、开放支撑度、外贸依存度和外资依

存度，而综合开放度则由这四个因子综合反映。本文采用《中国统计年鉴》数据，利用上述因子得分变量对各省的开放型经济发展进行综合评价，采用因子加权总分的方法进行计算，具体计算公式为：

$$F = 0.25355F1 + 0.23886F2 + 0.19611F3 + 0.18077F4$$

其中权重是由各因子的方差贡献率确定的（见表3-11最后一列），计算结果如表3-12所示。

表3-11　　　　　　　　因子解释原有变量总方差的情况

Compo-nent	Initial Eigenvalues			Extraction Sums of Squared Loadings			Rotation of Squared loading	
	Total	% of Variance	Cumulative %	Total	% of Variance	Cumulative %	% of Variance	Cumulative %
1	2.301	38.349	38.349	2.301	38.349	38.349	1.521	25.355
2	1.401	23.353	61.702	1.401	23.353	61.702	1.433	23.886
3	0.862	24.366	76.068	0.862	24.366	76.068	1.177	19.611
4	0.652	10.861	86.929	0.652	10.861	86.929	1.085	18.077
5	0.461	7.681	94.610	—	—	—	—	—
6	0.323	5.390	100.000	—	—	—	—	—

表3-12　　　　　　　　开放度测量结果

	内蒙古	广西	重庆	四川	贵州	云南
综合开放度	-0.410	0.344	0.296	0.503	-0.753	0.106
对内开放度	-0.304	-0.371	0.938	1.608	-0.827	-0.297
开放支撑度	-0.686	0.007	-0.647	0.783	-1.088	-0.119
外贸依存度	-0.281	1.379	0.216	-0.345	-1.197	0.384
外资依存度	-0.633	0.952	0.943	-0.125	-0.271	-0.255
	陕西	甘肃	青海	宁夏	新疆	西藏
综合开放度	-0.307	-0.399	-0.543	-0.375	0.576	-0.473
对内开放度	0.635	0.813	-1.429	-1.769	-0.687	0.178
开放支撑度	-0.992	-0.678	-0.007	0.855	0.494	-0.324
外贸依存度	-0.111	-0.134	-1.371	0.340	0.792	-0.390
外资依存度	-0.493	-0.594	0.478	-1.091	2.651	-0.544

资料来源：根据《中国统计年鉴（2009）》统计所得。计算结果为负，并不是说明开放型经济对经济发展具有负效应，只是说明开放程度不高。

总体来看，西部各省份开放度普遍不高，且相互之间也存在差距。通过表3-9可以得出，西部地区经济和对外贸易近年来都有较大发展，但无疑贸易的发展要更快,但其开放水平仍然远远低于我国非西部地区,其开放度仍有很大的提升空间。

表 3-13　　　　　　2012 年各省区市对外开放度排名

名次	1	2	3	4	5	6	7	8	9	10	11
省份	上海	北京	广东	天津	福建	江苏	浙江	辽宁	海南	山东	重庆
分数	84.7	68.1	56.9	46.2	41.4	38.1	36.3	28.7	24.8	22.1	18.9
名次	12	13	14	15	16	17	18	19	20	21	22
省份	湖北	吉林	陕西	黑龙江	安徽	湖南	云南	河北	新疆	四川	江西
分数	17.9	16.8	14.6	13.7	13.2	12.2	12.0	11.8	11.7	11.4	11.2
名次	23	24	25	26	27	28	29	30	31		
省份	广西	山西	河南	甘肃	内蒙古	宁夏	西藏	青海	贵州		
分数	10.4	9.0	8.7	8.6	7.6	7.4	7.0	6.5	3.4		

资料来源:国家发改委。

表 3-13 是 2012 年国家发改委发布的全国各省级行政单位的开放度得分和排名,中国区域对外开放指数包括三个一级指标,分别是经济开放度、技术开放度和社会开放度,其下再设 9 个二级指标和 30 个三级指标。排名的满分为 100 分,得分越高则开放度越高。根据排名显示,上海的开放度最高,为 84.7 分;北京屈居第二,为 68.1 分;广东紧随其后。而排名垫底的贵州仅得 3.4 分。这并不代表上海的开放程度是贵州的近 25 倍,得分只是用来度量区域之间进行比较时的相对位置。但它仍然显示出我国对外开放水平的地区差异和西部地区开放水平的相对落后。

第四节　西部对外开放的战略意义

一　对外开放有利于西部地区自身经济的发展

西部地区自我发展能力不强,与其自身对内对外发展程度不高有密切关系。增强西部地区发展能力,需要实行可行的对内对外开放政策。随着新一轮西部大开发战略的实施,国家对外商在西部地区的投资给予了一定的政策倾斜,西部地区各级政府为促进招商引资工作也陆续出台了一系列优惠政策,使其招商引资工作取得了明显的进展。但是,西部地区对内对外开放程度仍然很低,发展能力仍然不强。西部地区表现出开放时间晚、开放地域小、开放程度较低等特征,对外开放对西部地区的经济发展并没有取得所期待的效果。正因为如此，东、中、西三大地区间的经济发展差距日益扩大。尤其是西部地区的发展能力无法与东中部地区相比。增强西部地区的发展能力，必须加大对内对外开放力度，建立和完善增强西部地区发展能力的对内对外开放政策。

对外开放对地区经济发展的促进作用具体表现在以下方面。

1. 有利于发挥西部地区的比较优势、提高产品技术含量和附加值。西部地区地大物博，自然资源十分丰富，劳动力成本低。根据大卫·李嘉图的比较优势理论，西部地区发展劳动力密集型产业及能源、原材料产业是有利可图的。但是近年来，由于国际市场初级产品价格持续走低，与工业制成品的差距逐渐拉大，削弱了初级产品出口增长对贸易发展的贡献。另外，对资源的过度开采也不利于生态平衡和环境保护。所以，单纯依赖资源和劳动力成本低的优势进行对外贸易这一途径并不可取，西部地区应当在这一优势基础上大力发展资源产品的深加工，提高其技术含量和附加值，促进西部地区经济发展和产品结构的升级。

2. 有利于发展具有西部区域和民族特色的对外经济贸易业务。西部地区推进外贸发展的特色产业包括：以矿产资源为主导的特色矿产业；以茶、棉和水果为重点的特色农业、生态农业；以旅游资源为基础的旅游业；以中药材为特色的中医药业等。西部地区多民族聚居，具有特殊的地理条件，可以发展特色经济和产业，只有特色产品，才能创造需求、赢得市场，才能改变产品结构，提高市场份额。

3. 有利于推进西部地区外贸体制改革。众所周知，由于科技进步和全球化的发展，资源优势和区位优势作用相对减弱，而高级要素，如知识、人才、科研开发以及信息网络等作用日益突出。高级要素的创造依赖于一定的环境和制度基础，而西部地区在这些方面却存在很大的不足。针对这种情况，本书认为西部地区必须进行外贸体制改革，破除外贸部门的垄断利益。可采取的具体措施是，允许外资和私营外贸企业经营进出口业务；大幅度减少国家统一经营商品的品种；转变政府职能；深化国有企业改革和所有制调整等。

4. 有利于提升西部地区对外贸易的竞争力。整合西部地区的经济、人力、科技等资源，做到整体发展、有序推进、分工合作、优势互补，使西部地区的对外贸易形成一个有机的整体，提升西部地区对外贸易的竞争力。西部各省区市的对外贸易虽然以初级产品出口为主，但又各有优势。

如四川，其出口中初级产品占了相当的比例，但其机械方面的出口也有一定的比例，四川的德阳就是全国重工业城市之一，其在机械制造方面有其自身的优势，这样在机械制造方面就可以对其他地区进行帮扶。

二 西部地区对外开放有利于提高我国的整体开放水平

由表3－9和表3－14可知，我国不同地区外贸依存度有很大差异，西部地区对外开放程度也低于非西部地区，影响了我国对外开放过程中的贸易流量和流向。贸易的非均衡发展导致我国不同区域经济的不平衡发展，使我国经济发展乏力，动力不足，也影响了东部地区的发展势头和速度，西部地区提高对外开放水平，加大开放力度势在必行。

表3－14　　　　　1992—2010年非西部地区
（包括中部、东部和东北地区）外贸依存度

年份	GDP（亿元）	外贸依存度（%）	GDP（亿元）	进出口（亿美元）	外贸依存度（%）
1992	5295.58	2.25	34530.39	1310.33	30.36
1993	6707.29	2.84	46696.53	1589.16	27.23
1994	8766.55	3.61	62283.49	2209.46	28.38
1995	10844.25	3.81	79330.4	2640.83	26.63
1996	12702.00	3.38	93326.93	2748.24	23.56
1997	14167.23	3.46	105447.48	3096.39	23.49
1998	15231.22	3.25	114423.44	3090.33	21.61
1999	16127.89	3.26	122918.01	3457.10	22.50
2000	17615.39	4.05	138300.66	4558.4213	26.37
2001	19286.23	4.08	152870.03	4910.6704	25.70
2002	21335.83	4.92	170411.91	5982.9191	28.09
2003	24385.50	6.57	197831.8	8207.8255	33.19
2004	29402.30	8.70	237625.2	11144.5104	37.52
2005	34983.71	10.38	282798.11	13742.30	38.88
2006	41390.64	13.14	329926.8	16998.83115	41.22
2007	50436.65	17.79	394493.66	20916.22897	42.42
2008	61950.83	24.00	465448.24	24519.98219	42.14
2009	68627.69	20.74	508562.9	21109.8146	33.21
2010	83473.00	29.68	604056.94	28369.6348	37.57

资料来源：中国经济统计数据库整理所得。

我国区域经济发展具有不平衡性，但不同区域共同构成了我国经济的有机整体。不同的经济水平和要素禀赋有利于我国区域间的贸易，但随着经济的发展和全球一体化的加剧，西部地区的后开放和不开放不仅阻碍了西部自身的发展，也阻碍了国内消费水平的继续扩大和经济的持续发展。

自 20 世纪 90 年代以来随着我国经济的发展和参与经济全球化进程的加快，贸易、投资和国内消费已成为拉动我国经济增长的"三驾马车"，许多学者对发展对外贸易和利用外资对我国地区经济增长的带动作用进行了深入研究（沈坤荣、耿强，2001；萧政、沈艳，2002；王成歧，2002 等）。应该看到我国对外贸易和利用外资在大幅度增长的同时区域分异现象也十分明显，2005 年全国进出口贸易总量达 14219 亿美元，与 1984 年相比增长了 38 倍多，实际利用 FDI 总量达 603 亿美元，与 1984 年相比增长了 42 倍多，然而对外贸易的 90% 及利用外资的 80% 以上都集聚在东部沿海经济相对发达的地区。

以克鲁格曼（Paul R. Krugman，1991）为代表的新经济地理学也认为"提高对外开放水平"和"加快国内区域一体化"有利于该国经济规模和空间的转换。所以提高西部地区开放水平不仅有利于统筹全国经济发展，也有利于提高国家整体经济竞争力。

对外开放是我国参与国际分工与合作的战略选择。随着交通技术的发展和信息技术的完善，经济活动受交通的影响越来越小，以及我国和俄罗斯等周边国家陆续加入 WTO，我国与"外国"间的开放度也随之降低。但是由于受自然和社会条件的制约，我国内部的区域一体化进程缓慢，在此基础上，本文构建了一个两国三地区模型（见图 3-5）。

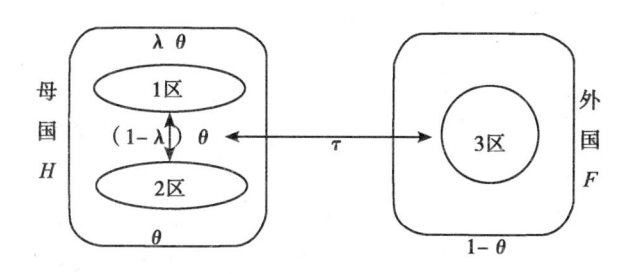

图 3-5　两国三区域模型示意

该模型依然假设有资本、劳动（分高素质劳动和低素质劳动）以及土地（包含空间、区位以及自然禀赋）三个生产要素。母国 H 包含两个地区，先进的工业区和落后的农业区，高素质劳动力从事先进的工业活动并可自由流动，低素质劳动力从事农业活动并不能流动。外国 F 只有一个地区。为了便于计算，假设不同地区的土地具有同质性，且资本—劳动比也相同，即母国 H 和外国 F 各占 θ 和 $(1-\theta)$ 的初始资本和劳动（此处的劳动指劳动成本指数，指每单位产品的平均劳动成本），母国的 1 区和 2 区的资本和劳动各占 $\lambda\theta$ 和 $(1-\lambda)\theta$。此时，各地区的经济规模主要受贸易成本和市场规模影响。

根据以上假设和柯布-道格拉斯函数可得：

母国 1 区的初始经济规模为 $Y1 = \lambda\theta KaL1 - a$；

母国 2 区的初始经济规模为 $Y2 = (1-\lambda)\theta KaL1 - a$；

外国 3 区的初始经济规模为 $Y3 = (1-\theta)KaL1 - a$。

随着经济的发展，不同地区的资本—劳动比和劳动成本指数的相对值逐渐发生变化，假设外国 F 大力发展资本密集型产业，资本—劳动比逐渐高于母国 H；而母国 H 积极发展教育，劳动成本指数迅速提高。根据内生增长理论和新古典增长理论，母国和外国经济都会有所增长。由于发展方向不同，二者具有很强的互补性和贸易需求性。随着主要由贸易成本构成的交易成本的降低，区域组织的地域重要性逐渐减弱，资本与知识为了追求极大利润互相结合，经济活动呈分散趋势，经济增长呈收敛趋势。但是，这个过程中母国 1 区由于政策的倾向，生产要素迅速积聚并结合，获得了高于稳定状态时的发展速度。

第五节 对外开放模式的比较分析

从不同的视角来分析，中国对外开放的模式经历了不同的重大转型。根据贸易制度和开放空间划分，我国经历了以下开放模式。

一 政府政策主导型和国际规则约束型

中央政府主导型的内涵包括：首先，中央政府是对外开放的主体，对外开放是由中央政府发起和推动的。其次，对外开放的各项政策是由中央政府制定的，中央政府是中国对外开放政策的制定者。再次，在很大程度上对外开放的推进过程与中央领导人的学习过程和学习能力密切相关。中央领导人"摸着石头过河"，采取现实主义的做法，不断学习外国经验、引进国外先进的技术和管理经验，根据本国国情进行制度创新，通常采取

"试点试验"的方式，然后取得经验，最终作为一种正式的制度加以推广。最后，对外开放中引起的利益矛盾以及社会不稳定因素是由中央政府来协调和解决的。

依照约束程度的差异，我们把现行国际经济规则划分为三种类型：强制约束型、协商约束型与自愿约束型。这些规则的实施结果取决于不同的机制：强制型规则的实施取决于超国家的裁决机制；协商型规则的实施取决于国家信誉和报复机制；自愿约束型规则的实施是市场选择的结果。

对外开放初期，面对长期的自我封闭的历史和现实，为了全面贯彻和落实对外开放政策，以开放促改革促发展，中国政府选择和实施了政府政策主导型的对外开放模式，即下放权力给优先开放的地区，这些地区有权实行与其他地区不同的特殊政策，通过各种途径和方式给予港、澳、台地区以及其他地区和国家外商在税收、土地、原料、劳动力等方面的特殊政策，吸引和激励外商在华投资的积极性和主动性。可以说，"中国20多年的对外开放，本质上是一种由政府政策引导和推进的开放"。这种模式从1978年到2001年经历了23年的发展，实践证明，它对于推进我国改革和发展的进程具有历史性的积极意义。2001年11月，加入WTO标志着中国对外开放进入了一个新阶段，中国以往的有限度、无承诺、无约束的政策开放模式在WTO条件下不再适用。因此，中国对外开放的模式转变为国际规则约束型的开放，开放模式发生了质的变化。

二 据点型和区域型以及全国型

这三种模式都是从空间的角度来说的，中国对外开放走的是一条不断试错探索的循序渐进的渐进式推进道路，开放过程呈现出明显的循序渐进和"星火燎原"的发展特征。对外开放伊始，国家设立深圳、珠海、汕头、厦门四个经济特区作为"试点实验"的先行开放区，给予这四个城市特殊经济权利和优惠政策。从中国版图上看，这四个城市就像四个据点一样，因此我们把这种开放模式称为据点型开放模式。

由于经济特区成绩斐然，国家加快了开放的步伐，在原来四个开放城市的基础上又分别设立了14个沿海港口城市、两个"三角洲"和一个"三角区"以及"两个半岛"的"经济开放区"，最后把整个海南作为

"海南经济特区"，并开发了上海浦东新区。至此，沿海地区已形成了覆盖293个市（县）、共2.8亿人口、42.6万平方公里的沿海开发和开放带，我们把这种以沿海地区作为对外开放重要基地辐射全国其他地区的开放模式称为区域型开放模式。

1992年，国家进一步拓展对外开放的范围，又分别设立了13个边境城市、5个长江沿岸城市、4个沿边地区的省会城市和11个内陆地区的省会城市等内陆地区，至此，中国形成了全国型的对外开放格局，我们把这种模式称作全国型开放模式。

总结中国30多年的发展历程，可将对外开放分为四种模式：实验探索模式，全面开放模式，体制接轨模式，互利共赢模式。这四种模式各具特点，指导了不同时期的对外开放并取得了巨大的成就。

三 实验探索模式

20世纪70年代末，是中国对外开放的第一阶段，在这时期，中国的对外开放还处在实验探索模式。在这一时期，中国的对外开放主要发挥着消除国内资源短缺、突破国内制度观念障碍、树立中国经济发展的对外窗口等方面的作用。

在这一时期，中国的对外开放还担负着打破中国长期存在的高等集权式和行政式的经济管理体制，突破传统计划经济体制和观念障碍的作用。中央通过经济特区和沿海经济开放区进行经济体制改革试点，并通过这些经济特区引入国际通行的经济管理体制和市场机制，引导国内的体制改革和价值观念改造。对外开放的初级阶段，中国的对外开放主要以"点"状开放为主，当时的开放政策也主要以不断放权为基本内容，以进行有限度的探索实验。

实验探索模式具有以下特点。

1. 对外开放政策的实验性。如何发展社会主义，对刚刚启动对外开放的中国来说是一个难题。因而这一时期对每一次开放措施和方案，采取先在小范围内试点，成功后及时推广，不成熟或有缺陷的就调整和完善，失败了，其风险也仅局限于试点的小区域内，这为寻求在全国范围内实施的最佳开放政策提供了非常灵活的操作空间。

2. 对外开放步骤的渐进性。我国幅员广阔、各地经济文化状况、发展水平以及诸多条件参差不齐，这一客观事实决定了我国对外开放不能采取急速发展、一步到位的做法，而只能采取渐进积累、梯度推进的步骤。我国基本上是采取从沿海局部地区的对外开放，再到整个沿海地区的全面开放的策略，是有步骤的渐进式的开放过程。

3. 以改革带动开放。改革是经济发展的内在动力，而开放是发展的外部条件，开放与改革相辅相成，互相促进，缺一不可。对外开放本身就是最大的改革，开放也有赖于改革来为其创造体制前提。离开了改革，对外开放就难以在广泛的领域扩展，难以在更深的层次深入，难以取得社会发展的更大成就。这一阶段我国进行了工业经济体制改革、价格改革、科学技术体制改革。正是对阻碍对外经济发展的经济体制各个环节的改革，保障了对外开放实验探索的成功，促进了对外开放不断向纵深发展。反过来，对外开放又为改革输入了巨大的外部经济变量和动力，打破了既定的经济利益格局，极大地推动了经济体制乃至政治体制和文化体制的改革。

4. 以特殊政策推动开放。不论是经济特区、沿海开放城市和开放区，还是经济技术开发区，国家都给予其吸收和利用外资、发展外贸的特殊优惠政策。这一时期的对外开放是与实行特殊政策联系在一起的，也正是这一特征推动我国对外开放不断发展。

5. 重点开放沿海地区。在这一阶段，开放的主要是沿海的经济特区、沿海开放城市、沿海开放区和沿海经济技术开发区。以沿海地区作为对外开放的前沿地带。

四　全面开放模式

进入 20 世纪 90 年代之后，以邓小平南方谈话为标志，中国的对外开放开始进入全面开放时期。在这一时期，中国的对外开放战略发生了重大转变，一是开放的战略格局开始由沿海向内地扩散；二是开放的战略重心开始由体制试点向全面制度建设转型；三是中国的对外开放速度不断大幅提高，开放型经济对国民经济的影响日益显著。

全面对外开放具有以下特点。

由政府导向逐步向市场导向转变。1993 年以后，中国的社会主义市场经济逐步建立和完善，外资、外贸等对外经贸活动从靠政府政策激励逐渐转向依靠完善的法制、高效的管理、优越的投资环境和广阔的市场前景来引导和规范。

以开放促改革。对外开放的发展要求建立与外向型经济相适应的经济体制和运行机制。因此，20世纪90年代随着对外开放的扩大必然推动改革的升华。如果说20世纪80年代主要是改革促开放，那么90年代则是开放促改革。

由区域开放转向产业开放。中国在开放初期，以区域开放为重点，从南到北，从东到西逐渐扩大，以消除区域经济发展的不平衡，使全国大部分地区都能享受到开放带来的利益。进入20世纪90年代以后，中国对外开放的重点逐渐转向产业开放，利用外资加速经济结构的调整和产业升级。1992年以后，中国进一步扩大、放宽了外商投资领域。

积极参与国际分工，承接国际产业转移。中国主要是通过吸收外商直接投资来参与国际分工，承接国际产业转移。从20世纪90年代初期起，中国吸收的FDI数额急剧增长。1992年，实际利用外资额110.07亿美元，是1991年的2.5倍，超过80年代的总和。到20世纪90年代中期，外商投资企业已经成为中国经济的一支重要力量，客观上也为中国引进了适合当时水平的生产线，帮助中国建立新的产业并使原有产业得到升级和改造，加快了中国工业化的进程和产业结构的调整。

全方位、多层次、宽领域的开放格局基本形成。经过近十年的发展，我国全方位、多层次、宽领域的开放格局基本形成。我国与世界大多数国家和地区开展了经贸往来，美国、日本、香港地区、欧盟、东盟已成为中国最重要的贸易伙伴。对外开放地区已从经济特区扩大到沿海开放城市，进而扩大到沿边、沿江地带直至内陆省会城市、地区，形成了由沿海到内地，从东部到中部、西部的多层次开放。对外贸易额不断增加，利用外资取得可喜成绩，国际技术转让递增，对外工程承包迅速发展，对外开放产业已经拓展到第三产业的服务业。

开始兼顾区域平衡。我国对外开放是从特区开始的，沿海地区是我国对外开放的重点地区。但是面对日益扩大的区域差异，在这个阶段，国家开始通过实行适当的产业倾斜和区域政策，加快中西部地区的开放步伐。如重点搞好沿江、沿线领域的开放开发，发挥中心城市的作用，加快资源富集区的开发开放，鼓励延边省区积极参与周边国家的次区域经济合作，建立边境自由贸易区与跨国经济开发区，从而缩小其他地区与沿海地区的差距，完善对外开放格局。

五 体制接轨模式

2001年12月11日中国正式加入世界贸易组织（WTO），标志着中国的对外开放开始在WTO规则制度下开放，对外开放进入崭新的阶段。

体制接轨阶段具有以下特点。

1. 单边自主开放转向多边框架下的相互开放。我们成为WTO成员后，必须遵守WTO成员国普遍接受的原则。如非歧视、可预见、公平竞争等原则，逐步削减关税和非关税壁垒，推动贸易、投资与金融等领域的自由化，按照多边自由贸易框架的规定对成员开放市场。

2. 政策开放转向体制开放。"入世"后，中国逐步取消不符合WTO规定的优惠政策，加快了社会主义市场经济体制建设，完善经济管理体制，主要用法律、制度规范对外开放。

3. 服务业成为对外开放的重点领域。2002年3月公布了新修订的《外商投资产业指导目录》，鼓励类的外商投资项目从186条增加到262条，限制类的外商投资项目从112条减少到75条。截至2005年底，中国已累计批准设立外商投资商业企业1341家，开设店铺5657个，外资大型连锁超市在中国大型连锁超市市场的份额已经超过1/4。截至2005年底，在中国保险市场的82家保险公司中，外资保险公司已占半壁江山，达到41家，分支机构接近400家。2006年6月底，外资金融机构已在中国设立7家汽车金融公司，3家企业财务公司，已设立合资证券基金管理公司23家、合资证券公司7家，上海、深圳从事A股交易的境外证券经营机构分别达到39家和19家，有42家境外机构获得合格境外机构投资者（QFII）资格。

4. 重视对外开放利益，提高对外开放水平。这一阶段，党中央及时作出了"全面提高对外开放水平"的重大决策。转变外贸增长方式，加快培育自主品牌和提供自主创新能力，提升产品附加值。

5. "走出去"步伐不断加快。加入WTO后中国享有的成员权利为企业"走出去"创造了良好的国际环境，同时我国贸易顺差集聚扩大，贸易摩擦开始频繁增加，加快了中国企业对外开放的步伐。

六 互利共赢模式

互利共赢模式是指以自身的发展促进地区和世界共同发展，扩大各方利益的汇合点,在实现本国发展的同时兼顾对方特别是发展中国家的利益。互利开放模式是我国对外开放的重要经验总结,是我国对外开放基本方针政策的继承和发展,是缓和国际经贸摩擦的客观需要,是经济全球化条件下谋求合作、实现共同繁荣的时代潮流。

第四章 西部地区对外开放环境分析

第一节 对外开放的国际环境分析

一 中国对外开放的有利国际环境

从当前世界经济和政治的变化来看，至少在以下三个方面是有利于中国进一步对外开放的：一是"经济竞争"取代"军备竞赛"，成了全球最为突出的问题；二是东南亚地区成为世界上经济增长最快的地区；三是技术，而不是资本，已成为推动经济增长的最重要因素。

第一个变化是历史性的，它主要是由发生在20世纪90年代初的三个重大事件促成的。这三个重大事件分别是：（1）苏联和东欧走向市场经济制度，推动了东西方冷战的结束，导致了全球性安全情况的好转，从而使经济问题取代安全问题成为全球最突出的问题；（2）海湾战争与联合国派兵维持多国和平等情况表明，全球安全的问题有可能通过联合国安理会，根据《联合国宪章》而获得有效地解决；（3）美国与苏联的霸权体系终于随着美、日、欧新三极的形成和苏联的解体而告崩溃。新三极的经济竞争将取代两霸的核竞争而成为决定21世纪世界经济发展的主要力量。以上这些变化在使"经济竞争"取代"军备竞赛"的同时，也给中国的对外开放带来了一个比较和平的国际环境。在这样一个国际环境下，中国一方面可以把大量原来用于国家安全的资源转移到经济建设上来；另一方面又可以利用已经缓和了的国际关系展开全方位的国际经济合作。从这个意义上讲，20世纪90年代发生在世界范围的"经济竞争"取代"军备竞赛"的变化是有利于中国的对外开放的。

从80年代末和90年代初世界经济增长的结构变动来看，西方发达国家由于经济活动和就业率趋于下降、利率上扬、股市波动，其增长速度已明显放慢。除东南亚之外的大部分发展中国家，因受国际国内市场的制约，增长速度也趋于下降。唯有中国和中国所处的东南亚地区是个例外，经济增长速度在80年代末和90年代初一直快于世界其他国家和地区。1991年，世界产出增长率为零增长；发达市场经济国家为1.4%；苏联和

东欧国家为 -9.5%；发展中国家为 3.5%，而中国和东南亚国家则为 5.6%。这种情况表明，东南亚地区已成为世界经济增长的一个中心，中国正在成为东南亚地区一个新的经济增长轴。中国经济在世界经济零增长的局面下所呈现出的这种高速增长的趋势，无疑会对外国资本和技术产生巨大的吸引力，从而加速其不断流向中国，这是因为高速增长的经济往往具有更大的市场潜力和投资机会，以及获利的可能性。

自战后新技术革命以来，技术而不是资本或者劳动，成为对世界经济增长作出最大贡献的因素。技术与资本的相似之处在于：资源在目前用于取得技术进步的投资时，可望在将来实现更高的产出。但技术与资本之间也有重要的区别，即技术具有"公共产品"的特性。当资本货物制造出来时，它归谁所有，从而谁有权获得它产生的收入都是清楚的；但当技术发明完成时，却很难阻止别人模仿抄袭。正是由于技术及其发明的这种"公共产品"的属性，使得它日益成为一种世界性的生产要素。任何一个国家要想利用这种世界性的生产要素来加快本国的经济增长速度，就必须实现对外开放的经济政策。尤其是像中国这样的发展中国家，如果能够免费（模仿）或以较为低廉的成本（引进技术专利）获得西方的先进技术，那么就完全可能以远远快于最先进工业化国家的速度来实现经济的工业化和现代化。例如，新加坡就曾以这种方法，仅用 1/4 个世纪的时间就完成了英国大约花了 150 年时间才完成的事情。

二　中国对外开放的不利国际环境

对于中国的对外开放来讲，除了以上这些有利的国际因素之外，当然也存在一些不利的国际因素。例如，冷战结束后，在"经济竞争"取代"军备竞赛"的同时，新的经济三角关系（美、日、欧）逐渐压倒了冷战时期旧的政治三角关系（美、中、苏），由于中、俄都被排挤在新的经济三角之外，中国的国际地位不能不因此受到影响，而这对于中国的对外开放显然是不利的。又如，随着苏联和东欧转向市场经济制度，世界社会主义发展处于低潮，西方国家对中国的制度歧视可能加强，而这对于中国发展国际经济合作，平等地参与世界经济竞争当然也是不利的。再如，在三极结构的支配下，世界经济的集团化和地区化发展已成必然趋势，中国虽然已经逐步地融入地区经济，但并未参加任何集团经济。因此，世界经济的地区化，尤其是集团化发展也将对中国的对外开放产生不利的影响。最后，由于美国财政赤字、西德改造东德、日本经济增长乏力、海湾国家战后重建，以及苏联和东欧国家体制转轨对外部资金的巨额需求所造成的国际资金的严重短缺，至少在短期内也会对中国吸引外资的开放政策带来不利的影响。

2008年的金融风暴引发了全面的经济危机，国际金融市场动荡加剧，国际经济环境中不确定、不稳定因素增多，主要发达经济体陷入全面衰退，全球经济增长明显放缓，世界经济正处于大萧条以来最严重的金融危机。为应对危机、缓和衰退，主要经济体推出大规模经济刺激计划。截至2008年底，主要发达国家和新兴国家的财政刺激计划已超过5万亿美元，超过全球GDP的3%。在国际社会和各国大规模宏观经济刺激政策的作用下，2009年全球经济出现企稳迹象。但2010年以来，形势又有所变化。针对当前的世界经济形势，联合国、国际货币基金组织（IMF）、经济合作与发展组织（OECD）等国际机构纷纷公布了最新的世界经济形势预测报告。三大机构普遍认为欧洲经济前景黯淡，并可能加剧全球经济衰退的风险。

从国际贸易来看，2011年和2012年国际贸易量（包括服务贸易）增长率分别为6.9%和3.8%，2012年比2011年低3.1个百分点。发达经济体、新兴和发展中经济体的进出口增速都出现一定程度的减缓。

第二节　向西开放的环境分析

一　向西开放的有利环境

1. 中国东中部地区经济的迅速发展为向西开放提供物质基础。"西出"的程度取决于"东联"的强度，国内区域一体化趋势的加强使我国西部地区更为便捷地与东部先进地区合作，利用地理优势发展向西贸易，"东联西出"式的对外开放有利于将东部的商品销往相邻的中、西、南亚和东欧及东南亚地区。

2. 交通技术与手段决定着空间相互作用的深度和广度，亚欧第二大陆桥和亚欧第三大陆桥为西部地区向西开放提供了有利的环境，前者贯穿我国西北地区，后者以昆明为纽带，横穿西南地区。此外，绵延的长江、湄公河以及西南出海口为向西开放提供了水运的可能。交通的发展不仅将我国与整个亚欧大陆更为紧密地联系在了一起，为"东联西出"提供便利,也促进了西部地区参与国际分工,直接参与对外贸易。

3. 西部地区自身的资源优势为向西开放提供有利环境。西部地区拥有丰富的能源资源和有色金属矿藏,通过互通有无的方式给东部地区的发展带来能源和原材料,并通过获得资金以及东部地区技术的支持发展自身,我国东西部地区的贸易具有很强的互补性。

4. 向西开放离不开国际大环境,西部地区周边国家和地区社会的相对稳定和经济的快速增长为向西开放提供可能。自"苏东剧变"之后,中亚和东欧国家迅速进入稳定发展状态,为我国的向西开放和发展带来稳定的外部环境。中国西部地区与中东、中亚、独联体、东欧市场以及南亚和东南亚市场的产业结构和经济技术结构,存在着互补性经济贸易条件。概括起来,可以从初级原材料、工业制成品和科学技术三个方面来探寻经贸对接关系。2010年1月1日中国—东盟自贸区正式建立,中国与东盟之间经济关系上升到新的历史水平。自贸区的启动为中国和东盟各国的贸易发展与经济合作增添了新的动力,对促进世界贸易发展和世界经济复苏发挥着积极作用。以广西为例,广西处于我国走向东南亚的前沿地带,与东盟国家地理位置临近,发展经贸合作具有得天独厚的地缘优势。

表4-1　　　　　2005—2011年广西与越南贸易情况　　　单位:亿美元、%

年份	进出口额		出口额		进口额		贸易差额
	金额	同比	金额	同比	金额	同比	
2005	9.88	31.1	6.44	41.7	3.44	15.1	3.00
2006	14.67	48.4	7.50	16.4	7.17	108.1	0.33
2007	23.77	62.0	14.24	89.9	9.53	32.8	4.71
2008	31.24	31.4	22.67	59.3	8.57	-10.1	14.10
2009	39.84	27.5	30.98	36.6	8.86	3.4	22.12
2010	51.28	28.7	40.79	31.7	10.49	18.3	30.30
2011	75.75	47.7	59.62	46.1	16.13	53.6	43.49

资料来源:南宁海关网。

广西与越南优越的地理位置和区位优势使双边经贸往来便利,发展对外贸易的基础与环境相当优越。从表4-1中可以看出,广西与越南贸易规模逐年扩大,以年均38.2%的发展速度快速增长,2005年进出口总额仅为9.88亿美元,而到2011年,进出口总额达75.75亿美元。

二 向西开放的不利环境

从国内看，向西开放的不利环境有：(1) 产业发展的不成熟性：基础产业薄弱，产业结构不合理，专业化程度低，科技发展对优化产业结构的推动力不足，尚未形成有竞争力而且效益显著的出口产品生产体系。(2) 国内市场机制的不完善性：虽经数十年改革，但市场发育不健全，计划的强约束力对大多数企业来说还难以摆脱，不能把企业推入完全竞争的集道。尤其是国营大中企业和高科技产业都缺少应有的市场活力。(3) 一个完善的关税体系还没有建立起来，关税的经济杠杆作用及对进出口贸易的调控机能没得到有效发挥。(4) 汇率高估，降低了调控作用。而大量的财政补贴又成为国际市场上推行反倾销政策的依据。(5) 生产与需求的矛盾。出口生产潜力正在挖掘之中，生产范围还在扩大，而市场的容纳量是有限的。旧的市场趋于饱和，而新的市场还没形成。(6) 管理体系的弊端。外贸进出口管理体制在经过以简政放权为中心的十年改革之后，市场的灵活性和适应性比以前增强了，但出现了经营分散、多头对外、争战不息、削价竞销的问题。

从国外看，对外开放的不利环境有"南南合作"贸易结构的不合理和"南北合作"机制的不合理。近年来，发展中国家，特别是新兴经济国家和地区竞争激烈，传统老牌发达国家发展乏力，经济危机频繁且危害严重，自然灾害频发，也遏制了国际间的合作。

第三节 沿边开放环境分析

一 沿边开放的有利环境

我国沿边开放的有利环境有以下方面。

（一）西部地区具有发展边境贸易的地缘和人缘优势

西部地区的新疆、内蒙古、甘肃、西藏、云南、广西等六省区与蒙古、俄罗斯、哈萨克斯坦、吉尔吉斯斯坦、塔吉克斯坦、阿富汗、巴基斯坦、印度、缅甸、尼泊尔、越南、老挝等十多个国家和地区为邻，为边境贸易的发展提供了得天独厚的地缘条件，尤其是滇越铁路、中巴公路、滇缅公路以及新亚欧大陆桥使西部地区的地缘优势得到了发挥。众多的边境口岸,如霍尔果斯、樟木、瑞丽、河口、阿拉山口成为边境贸易便捷的通道。此外,西部边境地区有三十多个跨境民族,这些民族虽分居不同的国家,却有着共同的语言、共同的习俗和共同的经济生活,这些为西部地区与毗邻国家进行边境贸易奠定了地缘、人缘优势。

(二) 资源优势

西部地区自然资源尤其是矿产资源极为丰富,已经探明的主要矿产资源总值约占全国的一半,全国可开发的水能资源81.4%在西部,油气的战略储备也在西部。此外,西部地区由于复杂的地貌特征、多样的气候类型、悠久的历史文化、众多的民族风情,使得其自然景观与人文景观独具特色。西部边境地区的劳动力资源也很丰富,边境六省人口有36179万,约占全国总人口的27.5%。西部地区可以利用自己的自然资源优势,通过边境贸易引进资金和先进技术,对资源进行深加工、精加工,提高出口商品的技术含量和附加值,获取更多的贸易利益;可以利用旅游资源优势吸引国内外游客,带动本地区旅游业和旅游贸易的发展;可以利用劳动力资源优势,进行劳动密集型产品的加工、生产,扩大边境贸易的出口规模。

(三) 与周边国家的经济互补性优势

我国西部边境地区的周边国家由于受自然、地理等条件的限制,大多经济较为落后。如越南、老挝、缅甸等国家,经济地理特点都是南部发达,但与中国紧邻的北部地区不发达,与中国经济发展水平存在一定的差距,又如中亚各国产业结构以资源和采掘业为主,消费品和资本货物生产能力有限,因而对我国日用工业品和消费品(彩电、摩托车、食品、纺织品、木制品、医药保健和文化、生活用品)需求量很大,而这些产品在我国市场已基本饱和,而且产品的生产、加工技术已非常成熟,可以向周边国家提供稳定的货源。同样,我国对边境邻国的资源与产品也存在需求,如越南、缅甸、老挝三国是世界上仅存的几个资源丰富而且未被充分开发的地区之一,其丰富的矿产资源、林木资源和生物资源可以弥补云南资源的短缺,再比如哈萨克斯坦的钢材、有色金属,其他中亚五国的皮毛畜产品及棉纺原料与新疆都具有很强的互补性。

(四) 国家优惠政策的支持

为了促进新一轮西部大开发,国家采取了一系列鼓励外商向西部地区投资的措施,如规定:对限制类和限定外商股权比例项目的设立条件和市场开放程度,比东部地区适当放宽;鼓励东部地区的外商投资企业到西部地区再投资;外商投资比例超过25%的项目,视同外商投资企业,可享受相应待遇。此外,国家还加大了对西部地区基础设施建设的投资力度。中国人民银行积极督促商业银行认购国债并发放相应的配套贷款;支持政策性金融机构(如国家开发银行)发行专项金融债券,为西部基础设施建设贷款;支持和鼓励国外资本、中长期信贷银行参与西部开发。根据国务院新一轮西部大开发战略,对西部地区的边境贸易企业资格、进出口商品经营范围、许可证管理、出口退税等方面都实行了更为优惠的政策规定:对边境贸易企业经营实行登记制,边境地区外贸企业在相邻国家边境地区开展承包工程、劳务合作,项目合同由边境省区外经主管部自行审批。边贸企业出口原产于本地区且属于出口配额许可管理的商品,除实行国家统一招标的商品、配额有偿使用管理的商品、重点商品和军民通用化学品及易制毒化学品外,免领出口配额和出口许可证。边贸企业凡出口原产于边境地区并属于我国实行配额有偿使用管理的商品,适当放宽经营资格,在配额内减免配额有偿使用费;属国家实行指定公司经营或重点管理的商品,在国内产需平衡有余的情况下,尽量给予满足;除国家规定的行政执法收费外,取消口岸其他地方性收费。以上这些政策和措施,将进一步加快新一轮西部大开发的步伐,促进西部的边境贸易更快、更好地发展。

西部地区的延边开放可分为西南地区的延边开放和西北地区的延边开放。西南地区的延边开放得益于:(1)湄公河次区域经济合作进入新的发展时期;(2)中国—东盟自贸区的启动(2004年)和建成(2010年);(3)北部湾经济区第三亚欧大陆桥将中国西南地区与东南沿海和东南亚、南亚、欧洲连接在了一起,给西南地区的延边开放提供有利的国内外环境。

2008年,上海合作组织的区域经济合作取得重要阶段性成果,乌洽会(中国新疆乌鲁木齐对外经济贸易洽谈会)升格为国家级会展;2010年,中央确定新的治疆方略,全国新一轮对口援疆启动。这几件大事把西北地区的延边开放推进到一个新的发展阶段。

近年来,我国同周边的俄罗斯、中亚和东南亚国家贸易往来频繁,人民币也逐渐成为结算货币。国际市场急剧动荡、汇率频繁波动,加剧了进出口企业面临的风险，汇率损失最高可达到4%—5%。第一，实行人民币结算后，企业利润明显增加，风险相对降低。第二，人民币结算可以减少外贸企业进出口环节的换汇成本。实行人民币结算后，企业在进出口环节没有必要通过美元、欧元等国际通行货币结算，可以直接以人民币结算，从而减少换汇损失。第三，有利于发挥沿边优势，扩大延边口岸过货量，真正发挥云南成为连接东南亚的国际大通道的作用。第四，实行人民币结算，可以吸引企业到边境地区注册登记，从而增加边境口岸面向国外的企业数量，有利于提高经贸队伍的素质，扩大对外贸易。

二 沿边开放的不利环境

西部地区沿边开放的不利环境有以下方面。

（一）边境贸易政策及管理体制不完善

1. 政策不稳定。我国现行的边境贸易政策主要是针对边境小额贸易、边民互市贸易和边民民间贸易，边境贸易政策变动较频繁，一般1—3年内就调整一次，导致边贸经营者难以制定边贸发展的中长期发展战略。此外，由于国家不断地调整边境贸易政策，多种进出口商品的优惠条件被逐步取消或降低，使边境贸易活动受到了一定影响。

2. 进口税收优惠政策难以兑现。我国现行的边境贸易政策规定，边境贸易进口环节增值税减半征收，但我国增值税管理办法规定，边境贸易商品只要进入流通环节，其进项税只能按实际征收额抵扣，这样进口环节减免的税款在边贸企业在国内销售产品时又被补征回来，边贸企业实际上无法享受到国家给予的税收优惠政策。

3. 出口退税政策不适应现实需要。我国边境贸易政策规定，边境小额贸易可以享受一般贸易的出口退税政策。享受退税待遇的出口货物在办理出口退税时必须提供出口收汇核销单，也就是说，外汇结算的边境小额贸易才可享受出口退税政策，但随着我国经济持续增长，国力不断增强，人民币币值稳定，在我国西部一些边境地区，如云南、广西边境贸易很多都是以人民币结算，而以人民币结算的边境贸易出口货物无法提供出口核销单，因而出口企业无法获取出口退税，影响了其经营的积极性，抑制了边境贸易的出口规模。

4. 进出口配额管理缺乏弹性。国家相关部门给边境地区分配有进出口特定商品的配额，对互市贸易的种类、数量、金额实行了较为严格的限制，这在一定程度上制约了边境贸易的发展。

5. 西部地区边境贸易管理体系不完善，监管部门之间缺少有效调节机制。边境贸易涉及基础设施、产业政策、税收、投资融资、海关政策、交通运输等多方面，由于一些地方政府及部门之间对有关边贸政策的解释和执行不一致，在涉及相关业务时，部门之间不能较好地协调，政策冲突现象时有发生；一些地方边贸管理机构常常根据需要对边境贸易政策进行调整，使得边境贸易政策不规范、不稳定，对边贸企业的经营活动产生了较大的影响。另外，由于有关部门对进出口监管力度不够，假冒伪劣商品出口情况时有发生，企业之间盲目竞争，影响了我国的声誉，进而影响了边境贸易活动的开展。

（二）边境贸易出口商品档次低、规模小、形式单一

由于西部边境地区经济落后，缺乏技术和资本优势，出口的商品多为日常生活用品和农副土特产、工业原材料和半制成品等劳动密集型和资源密集型产品，这些产品都是加工或粗加工产品，技术含量低、附加值低、出口创汇能力和在国际市场上的竞争能力弱。此外，西部地区的边境贸易以边境小额贸易为主，服务贸易、技术贸易、加工贸易等贸易形式所占比重较小。

（三）基础设施落后，服务体系不完善

我国西部边境地区基础设施落后主要表现在以下两方面：（1）交通运输不便。由于在交通运输设施建设上投入不足，导致一些通往边境地区的公路等级低、路况差，无法用大型货车进行运输，既耽误了货期，又增加了运输成本。一些边境地区，如云南、广西由于山多且险要，遇到雨季，一些出入境的道路就会因山体崩坍和泥石流被毁坏无法通行；（2）口岸建设落后。边境口岸是国内外两个市场、两种资源重新配置的重要通道。然而，西部边境地区口岸设施不能适应边境贸易发展的需要，表现为一些口岸仓库不足，交易场所简陋，卫生检疫、动植物检疫、商品检验等检验机构办公设施差，影响了工作效率。

此外，西部边境地区的金融、保险、财税、法律、结算以及信息服务体系等软环境建设滞后，口岸娱乐、公共服务设施不足，难以吸引境内外的投资者。而且由于缺乏准确、及时的信息服务，边贸经营者不了解毗邻国家政策的变动情况以及国际市场的价格和供求情况，交易中盲目性大，增加了边境贸易的风险，影响了边境贸易的效益。

(四) 边境贸易企业缺乏竞争力

西部地区大多数边境贸易小额企业经营规模不大、实力相对不足，而且实行分散性、盲目性、粗放性经营；边境贸易企业管理水平低，现代企业制度建设缓慢，在日益激烈的市场竞争中不堪一击。

高素质边境贸易人才的缺乏也是导致企业竞争力弱的主要原因。

目前西部地区经营边境贸易的人员中，财政、金融、贸易等各类专业人才较少，大多数人员都是私营企业主或本地居民，由于没有接受有关专业知识的培训，他们不熟悉甚至不了解边贸知识，仅凭自己的经验从事边贸活动，因而操作过程中盲目性大，不能对国际市场的变化作出准确的判断并及时调整经营策略，影响了边贸效益，即使在经过系统专业知识学习的外贸人才中，考取各类资格证书的人数也很少。据云南河口的口岸统计，在94户有边贸经营权的企业中，具有各种贸易业务报关资格的专业人员31人，具有贸易货物报检资格的专业人员37人，分别占职工总数的1.27%和1.29%。由于西部边境地区经济欠发达，交通不便，工作和生活条件较差，缺少相应的激励机制，一些专业人员不能安心工作，人才流失严重。

第四节 内陆开放环境分析

一 内陆开放的有利环境

所谓内陆区域是指远离海洋而又无边疆条件可以利用的地区，主要指地处内陆的湖北、湖南、四川、江西、安徽、河南、山西、陕西、贵州等省区。

内陆地区特别是西部地区，经过十多年的西部大开发，打下了一定的经济基础，正进一步深入实施新一轮西部大开发战略，同样面临产业承接、区域创新及开放型经济发展的问题。随着我国外向型经济的快速发展，内陆腹地国际贸易额不断增大，"内陆港"也逐渐被越来越多的港口所青睐，近年来，我国各大港口逐渐将目光从沿海地区转移至内陆腹地，和内陆腹地政府共同规划建设了一批内陆港项目。

如宁波港在2002年就建立了金华内陆港，实行在金华报关、签发提单等一票式全程服务；大连港于2003年投资改建的沈阳东货站，是目前全国铁海联运作业量最大的内陆港;天津港已经与石家庄、郑州等13个城市签署了内陆港合作协议,同时,青岛、连云港、上海、深圳、厦门等港口也在纷纷寻找内陆节点城市布设内陆港。到目前为止,国内已经建设和计划建设的内陆港达到40多个。内陆港的发展极大地推动了内地经济的发展,同时又为沿海港口带来了大量的货源。

东部地区丰富的开放经验为内陆开放提供借鉴。经过三十多年的改革开放,我国东部地区尤其是沿海地区积累了丰富的改革开放经验特别是在理论、制度、路径方面给予西部开放指导意义。我国加入WTO后,开放度逐渐增大,西部各大省会城市的会展经济为内陆开放提供平台,便利了内陆开放的途径、扩大了开放的规模,为内陆开放提供了更为广阔的市场。

此外,由于内河航道的开发和运用以及铁路和公路的建设,为内陆开放和"东联西出"提供极大便利。鲁顿(Rutten, B.C.M)于1995年,杨睿于2006年,张兆民于2007年分别发表文章,对内陆多式联运中转节点的发展、运输网络的布局、内陆无水港选址等问题进行介绍。文章对无水港发展动力机制、无水港选择的影响因素,以及各种不同选址方法,作了定量化的深入研究,并通过实例予以验证,为无水港的建设布局等提供了理论基础。

二 内陆开放的不利环境

内陆边境地区是国与国之间依国界而形成的带状区域。它处于国家间的连接点,国家间的需求差异,最直接地反映在边境地区,因此边境地区有条件根据国家间的需求差异,组织腹地资源,发展出口和转口产业,开展边境对外贸易,在沟通内外的经济联系中,边境地区享有最优的地域效益。而这种效益必须以开放为前提。开放可以使这种地域效益和优势得到充分的发挥。而封闭却使这种地域效益变成劣势,变成经济低谷,变成毗邻国家双方发展经济的死角。这是内陆边境地区特殊的经济地理规律。

内陆开放不同于沿海开放也不同于延边开放,对外开放具有区位的劣势。既不"沿海"又不"延边",增加了运输的成本和时间,也给人际的交流带来不便,而且我国西部内陆地区多高山高原,地形复杂,也不利于经济的往来和发展。

内陆边境地区,是少数民族聚居和分布的主要区域。由于对边疆开发的忽视，再加上长期的封闭，因此形成了"边界经济低谷"现象。即以国境线为中线、毗邻两国之间构成"V"字形经济低谷（见图4-1）

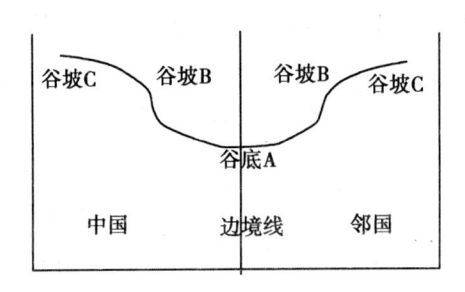

```
谷坡C    谷坡B  |  谷坡B    谷坡C
              \  |  /
               \ | /
              谷底A
                 |
       中国     边境线    邻国
```

图4-1　内陆边境经济低谷示意

资料来源：彭永岸：《沿海开放与内陆开放互补研究》，《经济问题探索》1993年第10期。

在封闭的条件下，毗邻两国的边境地区，交通闭塞，经济、文化、科技都异常落后，它处于谷底 A 的位置，而离开边境线稍远的地方，双方的经济才较为发达，则处于谷坡 B 的位置，而远离边界的区域，才是双方经济最发达的地方，它处于谷峰 C 的位置。这样即构成以边境线为中央的毗邻两国之间的"经济低谷"现象。这是封闭环境下内陆边境的普遍现象和规律，这是历史长期造成的结果。

我国西部内陆地区参与国际分工程度和层次较低，产品竞争力不强，给内陆开放带来困扰，国际贸易的程度与国际分工的强度密切相关，西部内陆地区落后的生产条件导致内陆开放"心有余而力不足"。

第五章 对外开放与区域自我发展能力的作用机理分析

第一节 我国对外开放的主要内容

从1978年开始实行改革开放，尤其是十六大以来，我国对外开放领域不断扩大，程度不断加深，方式不断革新，对外开放实现了跨越式发展。

一 货物贸易

我国货物贸易实现了跨越式发展。

首先，贸易规模迅速扩大。改革开放以来，我国的外贸规模不断增大，从表5-1中可以清晰地看到这一趋势。2011年的货物贸易总额是2000年的7倍多，是1990年的31倍多。2010年，世界货物进出口总额分别为153760亿美元和152380亿美元，我国进出口总额分别为13951亿美元和15778亿美元，我国占世界的比重分别提高到9.07%和10.35%，货物贸易进出口总额跃居世界第二位，并且已经连续两年成为世界货物贸易第一出口大国和第二进口大国。

表5-1　　　　　　　我国货物贸易进出口总额　　　　　　单位：亿美元

年份	1990	2000	2005	2010	2011
数值	1154	4743	14219	29729	36421

资料来源：全国年度统计公报。

其次，贸易平衡得到改善。1990年出口总额620.6亿美元，增长18.1%；进口总额533.5亿美元，下降9.8%。扣除不收付外汇的进出口货物，出口大于进口131亿美元，改变了自1984年以来连年逆差的状况。[1] 在以后年份我国贸易顺差不断扩大，引起了贸易摩擦等一系列问

---

[1] 中华人民共和国国家统计局统计公报（1990）。

题，为了促进贸易基本平衡，切实提升外贸发展质量和效益，十六大以来我国实施了在努力保持出口稳定增长的同时扩大进口的战略。贸易顺差在2008年达到最高值2981亿美元后开始逐年回落，2009年1957亿美元，2010年1815亿美元，2011年进一步下降到1551亿美元。

最后，进出口商品结构进一步优化。改革开放初期，我国的出口商品以初级产品为主，20世纪80年代工业制成品的出口占了主导地位，到90年代实现了由以轻纺产品为主向以机电产品为主的转变，十六大以来，以电子和信息技术产品为代表的高新技术产品出口比重不断扩大。以高新技术为例，2000年出口370亿美元，占进出口总额比重7.8%；2011年出口5488亿美元，占比为15.07%，不仅绝对数有很大上升，占比也提高了。

二 服务贸易

新的国际关系形势下，货物贸易之间的竞争越来越激烈，摩擦也越来越多，上升的空间也越来越小，未来要想在国际的舞台上保持竞争力，必须不断增加对服务贸易的重视，加大在服务贸易领域的投入。货物贸易、服务贸易和经济发展三者是密不可分、相互促进的。改革开放以来，我国服务贸易站在新的起点，也获得了稳健的发展，规模不断增大，结构进一步优化，已跻身服务贸易大国的行列。

从规模来看，进出口总量增长迅速，服务贸易大国地位凸显。由表5-2可知，2010年，我国的服务贸易进出口总额是2000年的5.5倍，是1990年的36倍多，可见我国服务贸易发展之迅速。从占世界的比重来看，1990年世界服务贸易进出口总额16007亿美元，我国仅占世界的0.6%；2000世界服务贸易进出口总额29444亿美元，我国占比2.2%；2010年世界服务贸易进出口总额71666亿美元，我国占比5.1%。可见，不仅在绝对量上，而且在比重上我国的服务贸易都获得很大发展。但是与美国、德国和英国相比，我国的服务贸易进出口量相对来说仍然很小。

表5-2　　　　　我国服务贸易进出口额　　　　　单位：亿美元

年份	1990	2000	2005	2009	2010
出口	57	301	739	1286	1702
进口	41	359	832	1575	1922
总额	98	660	1571	2861	3624

资料来源：国际统计数据（2009、2010）。

从结构来看，我国服务贸易进一步优化，新兴服务贸易发展迅猛。2011年，我国旅游、运输和建筑服务等传统服务贸易出口额占服务贸易出口总额的比重为54.2%，比2002年下降了15.3个百分点；新兴服务贸易在服务贸易中的比重快速上升，其中，高附加值服务贸易出口增势强劲。2011年计算机和信息服务、专有权利使用费和特许费、咨询和广告宣传出口额占服务出口总额的比重为24.9%，比2002年上升18.8个百分点。[①]

三 利用外资

一个国家的对外开放中，对外贸易和利用外资是很重要的两部分内容，因此有学者根据这两部分占比的多少将国家的对外开放战略分为贸易导向型和资本导向型，进而再根据各自内容的侧重分为出口导向和进口导向，直接投资主导、资产投资主导和银行债务主导。长期以来，我国由于具有丰富的劳动力，在对外开放过程中既注重扩大对外出口，又注重外资的引进，形成了FDI诱导和出口导向相结合的双引擎工业化增长战略。近年来，随着经济发展水平的提高，在引进外资上不仅注重引进数量的提高，更加注重引进质量的提高、资金利用效率的改善、资金使用结构的优化，力争实现从规模速度型向质量效益型的转变。

从利用外资规模来看，我国利用外资的能力在不断提升。2011年，我国实际利用外资1176.98亿美元，是1985年47.60亿美元的24倍多，是2000年593.56亿美元的近2倍。改革开放初期，对外借款在实际利用外资中占了绝大比例，外商直接投资和外商其他投资占比很小，如1986年，对外借款、外商直接投资和外商其他投资的金额分别为50.14亿美元、22.44亿美元和3.70亿美元，占比分别为65.73%、29.42%和4.85%。这种现象在1992年得到了根本扭转，外商直接投资首次超过对外借款，并呈飞速发展趋势。目前，我国对外借款基本没有了，外商直接投资在利用外资中占了绝大比例。我国外商直接投资在世界中的位次从1980年的第60位上升到了2009年的第2位，并保持至今。

从外商直接投资的来源分，我国的实际外商投资主要来源于亚洲国家，2011年，来源于亚洲的占比达77.16%之多。从利用外商直接投资的

---

① 国家统计局贸经司：《从十六大到十八大经济社会发展成就系列报告之四》，2012年8月21日。

行业分,投资结构在不断优化,第三产业占比有较大提高,高新技术行业使用额也在不断上升。2011年,科学研究、技术服务和地质勘察业的使用额占总的外商直接投资额的2.12%,比上一年增长了0.26个百分点。随着我国综合国力的不断增强以及人口红利的逐渐消失,在今后的利用外资中,要顺应我国要素禀赋的变化及时转变外资的使用去向,注重发展资金和技术密集型的行业。

四 "走出去"以及对外经济合作

随着我国综合国力的增强,在积极"引进来"的同时我国"走出去"的意识越来越高、能力也越来越强。从对外直接投资来看,统计年鉴上直到2005年才有对外直接投资(非金融类)这一专栏,截至2004年,对外直接投资净额存量为477726万美元,当年的净额为549799万美元,比2003年的285465万美元增长了近93个百分点,可见我国对外直接投资净额虽然起点不高,但增长速度很快。2011年对外直接投资额达到7465404万美元,比2010年增长了近8.5个百分点。从国别来看,我国的对外直接投资主要流向亚洲国家,2011年对亚洲的投资额为4549445万美元,占对外直接投资总额的60.96%,投向拉丁美洲国家的仅次于亚洲,2011年占了总投资额的近16%。近年来,我国积极开拓欧洲、非洲以及南太平洋的市场,取得了很大成效。从行业来看,我国对外直接投资涉足了几乎各行各业,尤其在采矿业、租赁和商业服务等第三产业投资比较多,但是在信息、计算机等高新技术行业投资还比较少,这在以后的发展中要注重加强。

在对外经济合作方面,我国也步入了良性发展的快车道,已形成一支门类比较齐全、具有较强国际竞争力的队伍,业务范围向技术性较强的领域不断扩展,经济效益和社会效益明显提高。2011年,对外承包工程(包括设计咨询)合同金额1423.32亿美元,完成营业额1034.24亿美元,分别是2000年149.43亿美元和83.79亿美元的9.52倍和12.34倍。对外劳务合作这些年也获得了较快发展,每年派出的劳务人数都比上一年有所增加。

另外,我国在多双边经贸合作以及自贸区建设方面也都取得了很大的发展。目前已累计建立了160多个双边经贸合作机制,签订了150多个双边投资协定,与美、欧、日、英、俄等均建立了经济高层对话。与五大洲的28个国家和地区建设了15个自贸区,已签署10个自贸协定。在推动多哈回合谈判和贸易自由化的进程中发挥了建设性作用。与APEC、"10+1"、"10+3"、中非合作论坛等区域经济合作机制的合作日益深化。我国还坚持"与邻为善、以邻为伴"方针,与周边国家和地区建立和发展了多种形式的边境经济贸易合作。①

从以上的数据和分析可以看出,总体上我国对外开放水平还是比较高的。从总量来看,进出口总额以及外商直接投资额这两年都保持在了前两位,对外直接投资和经济合作方面也获得了快速发展,经贸合作和自贸区建设顺利。从结构来看不论是进口、出口,还是利用外资、对外投资结构都在不断优化,新的产业也获得了快速的发展。但我国的对外开放仍然存在不足的地方,首先,相较于"引进来",我国"走出去"的能力还是稍显欠缺,这与我国是发展中国家的实际分不开的,因此我们要继续不断探索,开拓创新,打造出属于中国自己的品牌,走向世界舞台;其次,在结构发面,要逐步转变以劳动密集型为主的、较低层次的发展,积极探索资本和技术密集型的产业、高质量的产品、高附加值的行业;最后,在区域对外开放方面,我国地区差别还比较大,以各地区外商投资企业年底注册登记情况来看,2011年,东部地区投资总额占全国投资总额的70%以上,西部十二省区市仅占7%多一些,因此西部地区要依据自身的优势积极探索适合自身发展的对外开放内容和模式。

第二节 西部地区对外开放的主要内容

由于经济社会的不断发展以及认识的差别,目前对全国区域的划分有不同的看法,本书采用国家统计局于2011年6月发布的标准来划分,即东中西和东北地区区域划分标准。其中西部地区包括:内蒙古、广西、重庆、四川、贵州、云南、西藏、陕西、甘肃、青海、宁夏和新疆,共12个省区市。总体来看,西部地区对外开放的内容与全国基本是一致的,包括进出口贸易(货物、服务)、资本流动、对外经济合作以及多双边经贸合作区等。由于经济发展水平以及地缘上的特点,在对外开放的方向上,西部地区不仅仅是面向国外的开放,更要注重面向区域外的开放,即面向

---

① 《从十六大到十八大经济社会发展成就系列报告之四》。

东中部开放。并且在开放的具体内容上，西部地区要依据自身的要素禀赋和地区发展水平，选择具有自身比较优势的开放内容与开放形式。

一　对外贸易

由表5-3可知，从对外贸易总额来看，2011年西部地区货物进出口总额18389849万美元，与2006年的5766715万美元相比还是有了较大的发展，五年内增长了三倍多。然而尽管如此，西部地区占全国的比重却不高，2006年仅仅3%多一些，2011年为5%左右。2011年西部地区的总额不及北京一个城市38955598万美元的一半多，只占了广东91346733万美元的1/5多一些。

表5-3　　　　　　　　　　　对外开放数据

	2006年货物进出口总额（万美元）	2011年货物进出口总额（万美元）	2006年外商投资总额（亿元）	2011年外商投资总额（亿元）
全国	176039647	364186445	17076	29931
内蒙古	596082	1193090	148	255
广西	666756	2335597	180	299
重庆	546968	2920764	93	452
四川	1102082	4772417	199	574
贵州	161771	488758	26	57
云南	622484	1602877	107	206
西藏	32838	135837	4	7
陕西	536029	1464727	149	199
甘肃	382493	872858	28	64
青海	65172	92382	20	31
宁夏	143713	228575	44	44
新疆	910327	2281967	26	56
西部合计	5766715	18389849	1024	2244

资料来源：《中国统计年鉴》(2007，2012)。

从地区内部各省区市的具体数据来看，区域内部的差异也还是比较明显的。四川、重庆和广西的对外货物贸易规模比较大，青海、西藏和宁夏的对外货物贸易则发展比较弱，形成这种现象的原因是多方面的，有地理位置方面的因素，同时也与当地的资源状况、发展政策、发展基础等密不可分。西部地区发展总体比较落后，但同时各省区的具体状况又有很大的差别，因此各省区市都要根据自己的省情积极扩大对外贸易。

二 吸引外资

从表 5-3 可知，纵向来看西部地区吸引外商投资的总额还是有增长的，从 2006 年的 1024 亿元增加到 2011 年的 2244 亿元，五年内翻了一倍多。除宁夏外，各个省的外商投资总额也都有了增加，特别是重庆和四川的增加幅度最大。这说明西部地区也都在注重利用外资增加本地区的发展。然而横向来看，西部地区利用外资的水品还是比较低的，2006 年西部地区的外商投资总额占全国的比重不到 6%，2011 年这一比重也才 7% 多一点。2011 年西部地区的外商投资总额 2244 亿元与东部的上海市 3774 亿元、江苏省的 5729 亿元和广东省的 4525 亿元都有很大的差距。由此可见西部地区在吸引外商投资方面还有很大的发展空间。从区域内差异来看，2011 年西部地区吸引外商投资最多的三个省份是四川、重庆和广西，最少的三个省份是西藏、青海和宁夏，最多是最少的 80 多倍。

三 创新对外开放内容及形式

国际旅游。继对外贸易、国际资本、国际金融之后，国际旅游正逐渐成为对外开放的主要内容之一。旅游业可以带动上下游近百个产业的发展，完善产业结构，提供大量就业岗位。旅游业属于劳动密集型行业，就业形式灵活，对劳动者素质要求不高，适合西部地区资源禀赋情况。由表 5-4 计算得出，西部地区 2010 年的国际旅游收入总额为 52.62 亿美元，占全国 458.14 亿美元的约 11.5%。这一比重明显高于对外贸易和吸引外资的比重。同时，这还是在西部地区发展相对落后、基础设施相对不完善、很多旅游资源没有被很好地开发的情况下的旅游收入。西部地区有大量的自然、生态和人文景观，如果得到合理的开发应用，将有力地促进当地经济的发展。

表 5-4　　　　2010 年西部地区国际旅游收入　　　　单位：百万美元

广西	重庆	四川	贵州	云南	西藏
806	703	354	130	1324	104
内蒙古	陕西	甘肃	青海	宁夏	新疆
602	1016	15	20	6	185

资料来源：中国经济信息网。

承接产业转移。积极承接产业转移是西部地区对外开放的一个重要方面。一方面，承接东中部比较劣势的产业可以转化为本地比较优势的产业，增强本地的市场竞争力和经济发展速度。另一方面，通过承接产业转移，可以为当地经济的发展带来急需的资金、项目。西部各省区市也都在积极承接产业转移。2012年甘肃省实施承接产业转移项目920项，项目总投资3330亿元，累计引进资金到位额1370亿元，资金到位率40%。全省签约亿元以上承接产业转移项目606个，总投资6281.63亿元。①

创新交流平台。西部省区市要积极"走出去"和"引进来"，开展多种形式的对外交流。甘肃已经举办18届的兰洽会，2012年两会期间甘肃省委省政府举办企业家联谊恳谈会，甘肃省工商联与安徽省工商联在北京成功签署了战略合作协议等。还有四川省举办的西博会、陕西—澳门经贸合作发展恳谈会、陕西西洽会、内蒙古满都拉对外开放口岸、广西"泛北合作"，云南举办的中国—南亚博览会（原南亚国家商品展）、宁夏内陆开放型经济试验区，等等。

第三节　西部地区自我发展能力的现状分析

一　区域自我发展能力内涵

区域自我发展能力问题研究是区域经济社会发展中的热点与难点问题，国内外学术界关于区域自我发展能力的内涵至今没有一致的看法。

关于能力问题的研究最早始于阿玛蒂亚·森，他把能力看作人能够生存和做事的功能，因此他主要关注的是作为微观主体的单个人的能力。在以后的研究中，企业能力理论被关注得更多一些，他的假设前提是企业的异质性，研究路径是"企业资源—企业能力—企业竞争优势"，认为企业的能力是企业的组织结果，企业能力的生成基于资源以及资源的组织效率。林毅夫提出了企业自生能力理论，自生能力是指"在一个自由、开放、竞争的市场中，一直正常经营管理的企业，在不需要外力的扶持保护下，即可预期获得可以接受的正常利润的能力"。最后，关于国家能力理论的研究受到学术界较多的关注。在王绍光和胡鞍钢的研究中，把国家能

---

① 《甘肃省实施承接产业转移项目920项》，2013年1月5日，每日甘肃网（http://www.gansudaily.com.cn/）。

力界定为"国家将自己的意志、目标转化为现实的能力,主要包括汲取能力、调控能力、合法化能力和强制能力"。

由此我们可以看到,能力理论的研究涉及个人、企业以及国家三个层面,但本书认为这是不全面的,作为一个完整的体系,能力理论必须包含区域自我发展能力这一中观层次。

对区域自我发展能力的研究不少学者已经从不同的角度进行了尝试,代表性的观点如王科的贫困地区自我发展能力理论、李盛刚的民族地区自我发展能力理论等。借鉴以上对能力理论的研究及自己的思考,本书认为区域自我发展能力是一个复合函数,包括经济基础、社会制度、生态环境、自然条件、历史文化、思想观念等区域发展的所有方面,区域自我发展能力的提升亦受制于多种要素。

从要素角度来说,区域自我发展能力的大小与区域内要素的存量有关,同样与区域内要素的使用率有关,而区域内要素的存量和使用率又受多种因素的影响。从主体角度来说,区域自我发展能力体现为区域内个体、组织、企业以及政府利用本地区资源促使本地区发展的能力。

同时,区域自我发展能力的大小亦与本区域的对外开放程度有密切的关系。对外开放与本地区的多种要素相互影响、相互制约,同时对区域内主体的发展能力也产生很大影响,这将在下一节中详细论述。由此本书认为,区域自我发展能力即是指区域内的主体合理开发利用区域内及区域外的要素促进本区域发展的能力。它受多种因素的影响:(1)资源禀赋(资本、技术、人才);(2)分工程度;(3)外部环境;(4)制度创新;(5)产业结构。对不同的地区,区域自我发展能力体现为这些影响因素的不同权重的组合。

二 西部地区自我发展能力现状

在了解区域自我发展能力的基本内涵和构成成分的基础上,下面我们就来具体看一下当前西部地区的发展能力状况。西部地区大体上可分为大西南和大西北两大区域,它们有共同的特征,如深居内陆、资源比较丰富但经济发展水平普遍落后、市场发育程度较低,等等。

(一)资源丰富,经济发展水平较低

西部地区有大量的自然资源和人文资源,拥有国土面积686.7万平方公里,占全国的71.5%,但经济发展水平却处于比较落后的行列。

从表5-5我们可以看出，西部地区的国内生产总值占全国的比重至今还未超过20%，70%的国土面积和20%的国内生产总值形成了鲜明的对比。另外，从国内生产总值的增速来看，西部地区却是一直高于全国的，这说明西部地区近年来的发展还是比较快的，发展的潜力还是比较大。这从一个方面反映了西部地区自我发展能力现在仍比较低，但发展的潜力比较大。

表5-5　　　　　　　　　　　国内生产总值

年份	2007	2008	2009	2010	2011
全国（亿元）	249529.9	300670	340506.9	401202	472881.6
西部（亿元）	47864.1	58256.6	66973.5	81408.5	100235
西部占比（%）	17.4	17.8	18.3	18.6	19.2
全国增速（%）（环比）		20.5	13.2	17.8	17.9
西部增速（%）（环比）		21.7	14.9	21.6	23.1

资料来源：《中国统计年鉴》(2008，2009，2010，2011，2012)。

（二）知识教育水平较低

从表5-6可以看出，西部地区每10人中各级学校在校生数与全国相比还是有一定的差距的。具体来看，幼儿园、小学、初中和高中的在校生数与全国相差不大，并略微偏高（小学的略微偏低主要原因是西藏的太低，从而把整体水平拉低的缘故）。出现这种现象的原因主要是西部地区教育资源较少且分布不均，因而部分学生必须选择离家较远的地方上学，从而成为在校生。而东中部地区教育资源较多，学生可以就近选择学校来上学，不需要住宿。而高等教育上，西部地区平均在校生数是低于全国平均水平的，这就说明西部地区的高等教育水平还是比较低的。另外，从国家统计局2012年数据整体计算得到，西部地区高等学校普通本、专科在校学生数为5318078人，仅占全国在校学生数23085078人的23%。同时在教育经费上，西部地区低于东中部地区。

表5-6　　每十万人口各级学校平均在校生数分省情况（2011年）　　单位：人

地区	高等学校	高中阶段	初中阶段	小学阶段	幼儿园
全国	2189	3499	3955	7448	2230
西部均值	1753	3450	4524	8725	2002

续表

地区	高等学校	高中阶段	初中阶段	小学阶段	幼儿园
内蒙古	1884	3581	3364	5709	1572
广西	1530	3432	4127	8856	2441
重庆	2413	4000	4483	6993	2479
四川	1790	3496	4207	7234	2306
贵州	1109	2716	5654	11414	2025
云南	1391	2835	4551	9521	2159
西藏	1373	2184	4792	10323	807
陕西	3208	4931	4356	6920	1868
甘肃	1882	4044	5252	8994	1470
青海	1119	3790	3938	9313	2009
宁夏	1868	4223	4919	10455	2205
新疆	1467	3249	4648	8969	2682

注：1. 高等学校包括普通高等学校和成人高等学校；

2. 高中阶段合计数据包括普通高中、成人高中、普通中专、职业高中、技工学校和成人中专；

3. 初中阶段包括普通初中和职业初中。

资料来源：中华人民教育部教育统计数据（2010）。

（三）资本缺乏

由表 5-7 可以计算得出，西部地区投资总额、内资、港澳台投资和外商投资占全国的比重分别为 23.1%、23.9%、12.1% 和 11.1。总体来看，西部地区固定资产的投资还是比较少的，尤其是港澳台投资和外商投资比重更少。这说明在这方面西部地区还有很大的发展空间。另外，西部地区内部差距也很大，西藏和青海是两个发展明显滞后的地区，各方面与其他地区相比都有很大的差距。西北地区的陕西和西南地区的四川发展都比较好。

表 5-7　按登记注册类型分全社会固定资产投资（2011 年）

地区	总计	内资	港澳台商投资	外商投资
全国总计	311485.1	292768.3	9431.0	9285.9
西部总计	72014.0	69930.2	1138.3	1033.8
内蒙古	10365.2	10260.4	52.4	52.3

续表

地区	总计	内资	港澳台商投资	外商投资
广西	7990.7	7635.8	196.8	158.0
重庆	7473.4	6993.3	264.5	215.6
四川	14222.2	13616.7	302.5	301.1
贵州	4235.9	4121.9	87.9	26.2
云南	6191.0	6058.6	58.6	73.8
西藏	516.3	514.1	0.7	1.6
陕西	9341.1	9213.5	114.1	103.5
甘肃	3965.8	3932.7	18.7	14.4
青海	1435.6	1394.3	7	34.3
宁夏	1644.7	1618.6	11.6	14.6
新疆	4632.1	4570.3	23.5	38.4

资料来源：国家统计局（2012）。

总体来说，西部地区自我发展能力比较弱，要想实现区域协调发展的目标，一方面，西部地区要自立自强，不断提高自我的发展能力、造血功能；另一方面，国家和东部地区要加大对西部地区的扶持和输血力度。就西部地区自身来说，一个很重要的方面就是要通过不断提高对外开放的水平来提高自己的自我发展能力。那么对外开放与自我发展能力的关联度到底是怎样的呢？它们又是怎样相互影响的呢？我们下面就来分析这个问题。

第四节 对外开放与区域自我发展能力的相互作用机理分析

对外开放与一个地区的发展能力是相互作用的。首先，对外开放对区域自我发展能力有着正反两方面的作用，可能会增强区域的自我发展能力也可能会使一个区域在对外开放中永远处于劣势。其次，区域自我发展能力的大小也会影响当地的对外开放水平。一个自我发展能力强的地区，一般是有能力也有意愿积极对外开放的。但它们相互作用的机理是怎样的呢？只有弄明白了这个问题，才能发挥各自的积极作用，限制不利影响。

一 对外开放对区域自我发展能力的作用机理

通过对国家所有的政策、措施的研究,我们就可以发现所有的一切都与发展分不开。同样,我们的对外开放政策同样是为发展服务的。对外开放是手段,区域发展是目的。但是对外开放对区域发展能力的作用却有正反两个方面,这在理论和实践中都已得到证明。有些地区通过对外开放,自我发展能力不断得到提升,经济获得了飞跃,甚至超过了发达国家,最著名的如亚洲四小龙的起飞。但有些地区在对外交流中却一直处于劣势地位,发展缓慢,如非洲。当今世界已经变成了一个地球村,任何一个国家都不可能封闭起来,与其被动进入世界的舞台,不如积极打入世界大市场,因此我们所面临的问题已经不是要不要对外开放,而是如何对外开放,以使对外开放的不利影响降到最小,积极影响得到最大利用,提高地区自我发展能力。为此我们首先要掌握对外开放对区域自我发展能力的作用机理。

(一)对外开放与要素流动

资源是一个地区经济发展的基础,资源的丰裕程度影响当地的发展能力。然而一个地方资源的丰裕程度并不是不可改变的,这是因为资源具有流动性和逐利性。当一个地方要素的收益较低时,资源就会从当地流出,反之则会流入。通过对外开放,就可以通过提高要素的收益来吸引要素的流入。

首先,对外开放可以吸引更多的劳动力加入到生产行业中来。现今阶段,西部地区由于较落后,农业就业人数比率仍然较高,仍存在着大量的闲置劳动力。通过对外开放,一方面,可以出口更多的产品,这就需要更多的人加入非农就业的行列中;另一方面,通过对外开放,吸引外资进入更多的行业中来,这也需要更多的劳动力,并且可以带动相关行业的发展,这些都会带动就业,这样大量闲置劳动力就可以得到合理利用,甚至还会吸引区域外部的劳动力进来。一个区域的闲置劳动力得到合理利用,则会促使该区域内的人均收入以及整体的收入水平上升,从而该区域的发展能力自然得到提升。相反,如果当地不能很好地发展产业和经济,则优质劳动力就会流出,这会更进一步降低区域自我发展能力。

其次,对外开放能够为一个地区的发展增加资本支持。对于西部地区来说,资本是更加稀缺的要素。哈罗德·多马等认为,资本积累是经济增长的决定因素。因此一个地区的发展能力与资本的多少有很强的正相关。对外开放可以促使一个地区增加资本积累。一方面，通过对外开放，可以直接吸引外商投资。在封闭的条件下，一个地区可以利用的资本只能来源于本地内部的资本存量，在较小的存量基础上，能创造的资本增量一般也是有限的。而在开放条件下，不仅资本的来源多样化，存量增大化，而且由于投资方也会更加关注资本的盈利能力，从而带来多样化的、更先进的经营管理，提高资本回报率。另一方面，通过对外贸易增加出口，向外借款、间接融资等，也可以增加本地资本量，这些都可以大大提高当地发展的能力。

最后，对外开放能够提高当地的技术水平。通过仔细研究我们就可以发现，无论是新古典增长理论还是内生增长理论都认为长期的经济增长只依赖于技术进步的比率，即只有技术进步才能解释生活水平（即人均产出）的长期上升。那么对一个地区来说，技术进步的来源不外乎两种，区域内部自己的研发或者区域外部的引进。一个地区具体采用何种方式取决于他们各自的收益与成本，理性地区追求的都是收益最大化或成本最小化。对于西部地区来说，由于经济发展比较落后，缺少必要的资本和人才进行研发，同时较先进的技术已经被发达国家和地区研发出来并投入使用，因此西部地区可以通过多种途径以较低的成本引进区域外的先进技术。如伴随外商直接投资带来先进技术，进口机器设备模仿创新，通过扩大出口增加与外部的交流从而刺激对新产品的设计，同时通过人才的交流促进科技创新和技术进步。技术水平的提高，就可以使用相同的资源生产出更多的产品，更多的适合市场需要的产品，或者生产同样多的产品使用更少的资源，这些都可以体现为区域自我发展能力的提高。

（二）对外开放与分工程度

分工程度的大小与一个地区的发展能力有密切的联系，就好比一个人越专注于某一件事情，则他做好这件事情的能力就越强。同样，一个地区分工越细化，每一个环节被做好的能力就越强，则整体的发展能力就越强。对外开放可以促进一个地区分工的专业化和多样化，从而增强地区的发展能力。

首先，对外开放可以扩大区域产品的市场，短期内同样的资本可以生产出更多的产品，增加收益，长期内区域的企业就可以在更大规模上进行生产，提高经济效率。同时由于市场范围的扩大，区域就可以专门生产自己具有比较优势的行业，企业专门生产自己具有比较优势的产品，分工会越来越明确，劳动者的生产效率也会越来越高。

其次，对外开放也可以使区域内衍生出一些新的产业、产品。通过"引进来"和"走出去"，区域内部往来的人员会增加，人们的喜好会更加多样化，刺激人们新的需求的可能会也会增加，为了满足这种需求就会催生新的产业，甚至这种需求可能会往更大的范围推广开来。这样不仅可以刺激劳动者的创新能力，而且他们可以从事自己感兴趣的工作，劳动效率会得到更大提高。由此，劳动者的发展能力、企业的发展能力都得到了提高，区域内政府也会更加明确该发展何种行业，发展经济的能力自然也得到提升。

（三）对外开放与结构优化

一个地区的结构反映了这一个地区资源配置的状况，资源配置的外在表现就是该地区的结构，包括产业结构、空间结构以及所有制结构。资源配置得优则该地区发展能力就强，反之则弱。只有把资源配置在其最应该在的产业和部门，才能使它的效益达到最大化，否则就会产生无效率。通过对外开放，一个地区可以提高资源配置效率，促使经济结构优化，提高自我发展能力。

首先，对外贸易可以影响产业结构。产业结构是指各产业部门在该区域经济体系中的相互比例关系以及它们内部构成的比例关系。封闭条件下，本区域内生产和消费的产品都比较少，同时这些产品都需要自己生产，形成了小而全的产业体系，有些资源并不能真正配置到自己具有比较优势的产业中去。然而在开放的条件下，融入世界的大市场中，就可以发现自己具有比较优势的产品并进行出口，同时进口自己不具有比较优势的产品，这样资源配置效率就可以得到提高，产业结构也可以得到优化。同时随着经济的不断发展，发展能力的不断提高，产业结构也会越来越向更高级的产业推进。

其次，对外开放可以影响所有制结构。对外开放前，由于受计划经济的影响，我国大部分区域所有制结构都比较单一，公有制经济占绝大比率，西部地区也不例外。对外开放后，要素的流动性大大增强，要素就会流向收益更大的所有制结构中去，私营企业、责任制企业就会蓬勃发展。另外，外商资金的注入也会直接改变区域的所有制结构，这样所有制结构单一的问题就得到了解决。并且，多种所有制经济间的竞争也会更加激烈，从而资源利用效率得到提高，区域内企业的整体竞争力得到提高，区域自我发展能力得以提升。但是要注意避免企业间的恶性竞争，完善产权等相关法律、法规。

最后，对外开放还会影响区域的空间结构。对外开放后，资源的流动量会变得更大，流动速度也会变快，由于资源拥有者追求利润的最大化，他们可能会选择新址建厂。农村可能会变为城市，农业用地可能会变为工业用地，而原来的中心城市也有可能会被边缘化。从区域自我发展能力提升的角度来看，只要这种变化有利于个人、企业以及政府收入的提高，就是好的。对西部地区来说，向西开放的门户若能很好地利用，西部地区的城市化格局则有可能重新变化。这是市场自动调节的结果，是自愿逐利的结果，对区域的发展能力来说也是有利的。

（四）对外开放与制度创新

制度创新能力也是区域自我发展能力的一个重要组成部分，一个区域制度创新能力越强，则该区域的发展也快，发展能力就越强，反之则弱。制度创新能力越强的地区，越能适应经济形势变化的要求，越能吸引更多的要素投入当地经济的发展中，并且要素的组合效率也会越高，则经济的发展就快，发展的能力自然就越强。制度创新能力按主体来分，可分为政府部门的制度创新能力、企业的经营管理机制创新能力以及个人经济理念转变能力（即社会中非正规制度变化能力）。对外开放对这三种能力都会产生一定的影响。

首先，对政府部门制度创新能力产生影响。在计划经济时代，各级政府都需要服从上级的命令，财产物资也是统一调配，因此既无制度创新的意愿也无权限，这样对他们促使本地区经济发展的激励也就不大，故而区域发展的能力就不强。改革开放后，各级政府有了支配自己财政收入的一定权限，并且政府官员的考核也与发展经济的水平挂钩，因此这大大激发了区域政府发展经济的愿望。通过对外开放，政府部门可以借鉴国外先进的管理模式，这样直接提高了政府的管理水平。在与国外经济往来（吸引外资、对外贸易、人员交往等）中，需要按照国际通行的制度、规则来进行，这样也会促使地方政府政策的创新。另外，不同区域为了促使本地的发展进行激烈竞争，也会制定更加合理优惠的制度来吸引外资。总之，政府的制度创新能力会变得更强，从而使区域自我发展能力得到提高。

其次，对企业的经营管理机制产生影响。对外开放以前，我国的企业基本都是国有性质的，企业一直实施高关税、非关税措施，处于中央及地方部门的重重保护之中，缺乏自我发展能力和激励，发展疲软。企业的经营管理机制呆板，缺乏灵活性和创新性。开放后，微观企业将与国内外其他性质的企业同台竞争，由于长期的封闭落后，国内企业与国外企业相比，在产品质量、产品款式、包装等方面存在相当大的差距，并且在企业的经营管理制度、竞争机制、激励机制等方面也相当落后。要想在竞争中获得生存，企业必须从改变微观组织制度开始，转变思想，学习国外先进的组织形式，管理制度，提高经营管理效率，这样才能在竞争中立于不败之地。如不及时改变，则会在世界舞台的竞争中逐渐湮灭。因此，对外开放会对企业的经营管理制度产生巨大影响，会使生存下来的企业在竞争中获得自我发展能力，从而提高区域的发展能力。

最后，对个人经济理念转变能力产生影响。经济学中理性人的假设告诉我们，经济主体都会追寻自己利益最大化的行为，为了达到自己的最大利益，他们也就会不断改变自己的思想和行动来适应社会的变化。对外开放后，区域与外界物质、人才、信息等交流更加频繁，在与外界的对比、模仿中，刺激原来呆板的思想，尝试新的经济活动，从而更有创新精神，他们的自我发展能力也就会不断提高。刘易斯有一段话这样说："一个由移民所组成的国家比一个长期居住在那里的人所组成的国家（所有国家的人口都是有移民组成的）表现出了更大的活力，这是因为移民往往比那些留在原地的人更有事业心，也更因为迁移和开拓的艰难总会淘汰那些不适应的人。"因此，对外开放通过各种途径不断带来外界先进的信息，转变当地的经济理念，刺激创新活动，提高发展能力。

二 区域自我发展能力对对外开放的作用机制

一个地区的自我发展能力强弱对本区域的对外开放水平也会产生很大的影响。一般来说，区域自我发展能力强的地区也会促进对外开放的深入发展，反之则不利于对外开放的深入开展。下面我们将具体分析区域自我发展能力是如何影响本区域的对外开放能力的。

（一）提高"引进来"能力

首先，区域自我发展能力增强后可以通过外部性突破来吸引要素的流入。简单来说，外部性是指一个经济主体的经济活动对另一个经济主体所产生的有利或有害的影响，但并不为此获得收益或支付补偿。它分为正外部性和负外部性，但都是私人的收益或成本不等于社会的收益或成本。区域外部性是指区域整体的环境对区域内所有主体的影响以及他们之间的相互影响关系，外在表现就是区域内经济主体之间形成的集聚效应。至今外部性评价指标体系有吴玉鸣、陈佚丽等提出的投资环境评价指标等几种，他们都包含了政策环境、自然条件、基础设施、社会环境、经济环境。区域自我发展能力提高，政府发展经济能力增强，财政收入会不断提高，从而为改善基础设施、自然环境、社会环境等提供坚实的物质基础；区域自我发展能力提高，政府会转变经济发展、管理的理念，改善政策环境、经济环境等，这些都会促使资金、技术、人才的不断流入，从而形成企业的集聚。因此，自我发展能力提高后，通过外部性突破，可以大大提高"引进来"的水平，从而促使对外开放进一步发展。

其次，区域自我发展能力增强后可以通过提高投资收益来吸引要素流入。区域自我发展能力提高后，区域内的产业结构、空间结构等都会更加优化，从而更符合当地的要素禀赋情况、地理位置情况，从而降低企业的生产成本。并且政府也会有更多的精力和财力投放在科研开发上，走出一条科技含量高、经济效益好、资源消耗低、环境污染少的新型工业化道路。通过降低成本、提高收益，资本回报率就会比较高，从而企业的利润也会不断提高，从而外商直接投资就会增加。并且，即使当期投资收益并不高，但由于区域自我发展能力增强，投资者会预期在此投资的未来收益会增高，从而也会增加投资。伴随着资金的流入先进技术就会被引进，企业集聚需要大量劳动力，劳动力也会不断流入，从而对外开放水平也就进一步扩大了。

(二) 提高"走出去"能力

"引进来"和"走出去"是对外开放的两面，二者都是不可或缺的。区域自我发展能力提高后，不仅会增强"引进来"能力，同样会尽力增强"走出去"的能力，否则企业生产出来的产品就难以被消化，影响企业的规模收益和可持续发展。在"走出去"的内容上，要开展多种形式的"走出去"，不断扩大"走出去"领域，优化"走出去"结构，比如在境外投资，参与国际经济技术合作，继续发展对外承包工程和劳务合作，到境外开发国内短缺资源，在境外设立研究开发机构和设计中心，等等。区域自我发展能力的增强，不仅具有较雄厚的资金实力，而且也都具有较发达的商品经济和较强的对外开放意识,干部素质较高,人们思想开阔、灵活。区域内生产的以市场需求为导向的高附加值产品就会在国际市场中具有较强的竞争力,在较短时间内占领较大的市场份额,获得可观的经济效益;在对外承包工程和劳务合作时,会更有财力和技术把工程做好,赢得信誉,为以后的继续合作和承接新的任务奠定良好的基础;可以很好地包装、推广当地具有特色的旅游资源,让地方的资源走向国际,吸引游客大量拥入,等等。总之,区域自我发展能力提高后,可以通过很多途径扩大"走出去"水平,促使对外开放不断深入开展。

三 总结

通过上面的讨论我们可以看到,区域自我发展能力和对外开放水平是相互影响的。一方面,对外开放可以通过要素流动、分工程度、结构优化以及制度创新影响区域自我发展能力;另一方面,区域自我发展能力的强弱也会通过影响"引进来"和"走出去"的能力来影响区域的对外开放水平。并且实证研究发现,二者呈正相关关系。

第六章 架构西部地区对外开放新格局

对外开放是我国参与世界经济一体化的战略选择，也是推动我国区域经济发展、提升自我发展能力的途径。多年来，我国已经逐步形成了全方位、多层次、宽领域的对外开放格局，但与中东部地区相比，西部十二省份由于历史、自然条件等各方面的原因造成了对外开放程度的明显滞后。"十二五"时期，西部地区处于大有作为的重要战略机遇期：一方面，世界经济格局正在发生深刻变化，全球区域经济一体化深入推进，生产要素在全球范围内加快流动和重组，这有利于西部地区积极参与国际分工，全面提升内陆开放型经济发展和沿边开发开放水平；另一方面，正值我国加快转变经济发展方式，扩大内需战略深入实施，经济结构深刻调整时期，这有利于西部地区充分发挥战略资源丰富、市场潜力巨大的优势，积极承接产业转移，构建现代产业体系，增强自我发展能力。西部地区这个在总体上属于弱势的区域，在新一轮西部大开发的重要机遇时期，根据自身的独特优势，更新思想观念，选择符合具体实情的对外开放战略显得尤为迫切。

西部地区的对外开放主要包含对国内开放和对国外开放，各地区只有充分发挥后发优势、区位优势以及民族特色才能构建具有西部特色的对外开放格局，以此来促进经济、社会各方面协调发展，提升自我发展能力，努力缩小与其他地区的差距。本章根据地理位置把西部十二省份划分为西北和西南两大区域，在以前所实施的对外开放战略的基础上，根据其是属于沿边还是内陆省份来分别探索适合自身特色的对外开放格局。

第一节 对外开放目标任务定位

一 向西开放与向东开放并举

新一轮西部大开发在我国区域发展总体战略中处于优先地位，经过多年的发展，西部地区经济社会取得了全面的进步，但由于种种原因，西部的开放水平仍然落后于东部，沿边的开放水平仍然落后于沿海，自然、地理、资源等优势没有得到充分的利用。我国对外开放总体上仍呈现出东强西弱、"海强边弱"的格局。西部地区应充分利用各方面有利条件积极实施向西开放战略，向俄罗斯、蒙古、中亚五国、印度、巴基斯坦、尼泊尔等国家开放，加强合作与交流，促进经济发展。首先，西部大部分省区如新疆、西藏、内蒙古等都与周边国家接壤，联系十分紧密，具有发展区域经济合作的地缘优势。其次，西部地区是我国少数民族聚集最多的地区，许多少数民族同俄罗斯、中亚五国、蒙古等邻近国家的居民都是同族，他们语言相通、风俗习惯接近、宗教信仰相同，加上生活、文化上的广泛联系，成为经济合作的人缘基础。再次，新亚欧大陆桥的贯通为亚欧国际联运提供了一条较为便捷的国际通道，明显提高了中国西北地区的区域优势度，将有力促进"沿桥"产业走廊的形成并向国际化发展，推动对外经济技术合作。最后，亚欧光缆的贯通对于改善西部地区的投资环境有着十分重要的意义。西部地区沿边开放经过20年的发展已经有了一定基础，国家制定了一系列优惠政策，而且外部条件也发生了根本性变化，尤其是周边国家和地区迫切需要开放和交流，为向西开放提供了极为有利的条件。中国向西开放意在提升沿海开放、向东开放水平的同时，进一步扩大内陆开放、沿边开放，大力实施向西开放，以向西开放引领新一轮的西部大开发，深入推进新一轮西部大开发进而支持向西开放。

二 内陆开放与沿边开放并举

过去我国的对外开放主要是在沿海地区，内陆地区由于缺乏实施对外开放的地缘优势，对外开放一直十分滞后，加快建设内陆开放型经济，全面推进西部地区对内对外开放是新一轮西部大开发的重要内容。如加强综合交通运输通道建设，打造重庆、成都、西安、昆明、南宁、贵阳等内陆开放型经济战略高地。积极推动宁夏形成我国面向阿拉伯、穆斯林国家开放的重要窗口。依托中心城市和城市群，加强对外经贸合作，开拓国际市场，提升外贸规模，扩大外商投资优势产业领域，培育形成一批生产加工基地、服务外包基地、保税物流基地。支持符合条件的地区申请设立海关特殊监管区域，积极推进重庆两路寸滩和西永、四川成都、广西钦州、陕西西安等海关特殊监管区域建设。继续支持办好中国东西部合作与投资贸易洽谈会、中国西部国际博览会、中国—东盟博览会、中国—亚欧博览会，充分发挥其对内对外开放和区域合作平台的载体功能与带动辐射作用。

另外,充分发挥西部地区地缘优势,依托国际大通道,积极开展与周边国家高层次、宽领域、多形式的经济技术合作,拓展优势资源转换战略的实施空间,积极推动沿边地区的开发开放,实施更加积极主动的开放战略,不断拓展新的开放领域和空间,全面提升沿边开发开放水平。抓紧制订实施沿边地区开发开放指导意见和规划,加快推进重点口岸、重点开发开放试验区和外贸转型升级示范基地建设。制定相关政策措施,推动边境(跨境)经济合作区加快发展,推动中国—哈萨克斯坦霍尔果斯国际边境合作中心加快建设。培育一批边境地区中心城市,打造沿边对外开放桥头堡和经济增长极。进一步加强沿边口岸和城镇基础设施建设,构建沿边地区与国内中心城市和周边国家的交通、能源资源大通道。充分利用两个市场、两种资源,把"引进来"与"走出去"结合起来,拓宽优势资源转换的实施空间,依托内地广阔市场、投资能力和制造业体系,发展面向周边的特色外向型产业群和产业基地,加强多双边经贸合作,进一步扩大出口规模。引导、鼓励和支持西部地区企业大力发展服务贸易,积极参与对外投资和承接服务外包。加快实施国家自由贸易区战略,深化与周边国家的务实合作,实现互利和共同发展。充分利用中国与东盟、上海合作组织等区域合作平台,广泛参与大湄公河次区域合作和南亚、中亚区域经济合作,构筑全方位对外开放新格局。

三 全面开放与重点开放并举

为了使对外开放战略具有西部特色,在借鉴东部省份对外开放的先进经验的同时,必须根据自身的独特优势,在坚持重点开放的同时,积极谋求全面开放。全面开放强调开放领域、开放范围的全面性,全面融入国际经济大循环,以建立开放型市场、开放型经济和开放型社会为目标,特别是,在经济建设方面,促进商品、服务和生产要素较为自由地跨越边境流动,按照市场规律实现资源优化配置,实现生产与消费国际化、贸易与投资自由化、经济体制的市场化和国际化。当然这与不违背国际惯例的适度的保护措施,以及加强开放的制度化、法制化监管措施等并不矛盾。如在国家重点支持的对外开放口岸、重点边境口岸开放城市、重点开发开放实验区的基础上可以根据经济发展需要,在基础设施相对完善的地区增设具有特殊功能的各类经济型特区,不断创造扩大开放的新优势和竞争力,充分发挥点、线的示范、引领、辐射、带动功能,从而实现整个省区的对外开放,最终形成点、轴、面的开放格局。

第二节 对外开放重点

一 西北地区

西北地区主要包括新疆、陕西、甘肃、青海和宁夏五省区,其中新疆与印度、巴基斯坦、阿富汗、塔吉克斯坦、吉尔吉斯斯坦、哈萨克斯坦、俄罗斯、蒙古接壤,甘肃与蒙古接壤,陆地边境线长近1万公里,其中新疆与蒙古和俄罗斯交界的边境线超过4000公里,这从地理角度为该地区的对外开放奠定了良好的基础。此外,东起我国连云港,西至新疆阿拉山口的陇海兰新线——世界上第二条亚欧大陆桥的重要组成部分,横穿我国大西北地区(陕西、甘肃、新疆),以此桥为依托,向东加强了西北地区与我国东中部地区以及亚太地区的紧密联系,向西则把西北地区与中亚、西亚国家以及欧洲国家联系在一起,使西北地区的货物可以直达荷兰的鹿特丹港。而且,西北地区是少数民族聚居的地区,这些独特的人文优势促进了与中亚、西亚国家的文化、宗教和贸易往来。2013年以来,随着"丝绸之路"经济带的建设提高到国家战略的高度,西北五省区作为"丝绸之路"经济带建设所辖省份,应与欧亚国家创新合作模式,以点带面,从线到片,逐步形成区域大合作,综合交通通道为展开空间,依托沿线交通基础设施和中心城市,对域内贸易和生产要素进行优化配置,促进区域经济一体化,最终实现区域经济和社会同步发展。

(一)沿边省份区域对外开放重点

新疆作为西北省份中的沿边省份之一,在对外开放模式的选择上,既要吸取东部沿海省份有益的开放经验,同时还要结合自身沿边的地理优势,形成适宜的开放策略,避免产业结构的雷同,从而导致竞争加剧,开放成本的增加。

新疆开放重点:在国家实施沿边开放、新一轮西部大开发战略的指引下,新疆已经成为国家向西开放的前沿。面向国际、国内两种资源、两个市场,坚持全面推进"外引内联、东联西出、西来东去"的开放战略,充分利用沿边沿桥开放的地缘、口岸和丰富的地上地下资源优势,主动吸引和承接东部地区的产业转移，发展面向周边国家的外向型产业，主动加强同周边国家进行以能源资源互补为主的深层次合作，进一步提升向西开放水平。发挥独特的地缘区位优势，建设以开放型口岸为特色的经济，大力发展同中亚、西亚、南亚以及欧洲国家的边境贸易；积极推进以乌鲁木齐为核心的区域性国际商贸中心建设，以喀什、霍尔果斯两大经济区为主的各类特殊经济区和出口商品加工基地的建设，以及内地及周边国家物流大通道建设，打造我国与中亚各国的交通走廊、物流走廊、经济走廊；发展沿亚欧大陆桥我国西部最大的开放前沿桥头堡经济，大力提高新疆物流、资金、技术、信息等服务业在桥头堡中的国际分工与合作地位，实现向西开放的新突破，努力把新疆打造成中国对外开放的重要门户和基地。

（二）内陆省份区域对外开放重点

青海开放重点：由于青海地处我国青藏高原，是中国长江、黄河、澜沧江三大江河的源头和珍稀动物种群的栖息地，面对青海丰富的自然资源，在对外开放中以新疆和西藏的对外开放口岸为重点，积极走向中亚、西亚和南亚；举办各种类型的洽谈会，在不损害当地自然生态环境的情况下积极吸引外来直接投资。

甘肃开放重点：依托亚欧大陆桥，实施东联西出的双向对外开放战略，建设以兰州现代工业和敦煌国际旅游特区为两翼的开放型陆桥经济带。利用新疆陆地口岸特别是霍尔果斯口岸国际大通道，调整经济结构和出口商品结构，建立外向型生产基地，努力开拓中亚、西亚市场。加速园区建设，支持兰州高新技术开发区、经济技术开发区增容扩区，加速推进天水、金昌、酒（泉）嘉（峪关）、张掖经济技术开发区和白银高新技术开发区升级为国家级开发区，支持省级开发区逐步向专业性开发区转变。加快开放口岸建设。发挥中心城市的带动作用，在兰州、嘉峪关、天水等条件成熟的地区建立"无水港"、保税物流中心、保税物流园区，大力发展保税加工和保税物流。积极创造条件，推动基础较好的市州设立海关特殊监管区，完善现有航空、陆路货运口岸的基础设施和功能，扩大辐射范围，提升服务水平。充分发挥黄河经济协作区、关中—天水经济区、陕甘宁青毗邻地区经济合作联合会和陕甘宁革命老区生态能源经济协调发展试验区的作用，促进区域经济协作向纵深发展。巩固发展与东部省市的跨区域合作，建立政府之间、商会之间、园区之间、企业之间的互动机制，实行点对点、城对城联合共建、产业链整体转移等多种形式的产业承接。把兰州新区作为中原地区联系新疆、青海、宁夏和内蒙古的桥梁，利用其区位优势带动周边地区实现合作发展、深化区域经济合作和扩大向西开放。把甘肃努力建设成为连接欧亚大陆桥经济带上的战略通道和沟通西南、西北的交通枢纽。

宁夏开放重点：宁夏是西北省区中既不沿边，也不沿海，又不沿线的省区之一，对外开放只有另辟蹊径。它作为我国唯一的省级回族自治区，与阿拉伯国家和穆斯林地区关联性极强，不仅具有与伊斯兰世界天然联系的独特人文优势，还具备特色农产品优势、资源富集优势，是连接中阿经贸合作的重要桥梁和窗口。首个"内陆向西开放实验区"落户宁夏，宁夏逐渐成为阿拉伯国家"向东看"和我国"向西看"的战略交汇点。依托宁东国家级大型煤炭基地、西电东送火电基地、煤化工产业基地，在深化区域能源开发合作、推进宁东—鄂尔多斯—榆林能源化工"金三角"建设的基础上，通过境外投资、易货贸易等多种方式，加强与中东、中亚等地区在石油、天然气、煤炭和新能源等方面的国际合作，建设国家大型综合能源化工生产基地，以及能源化工、新能源开发区域性研发创新平台。发挥回族自治区独特优势，制定清真食品和穆斯林用品标准，促进国家标准的形成，促进清真食品和穆斯林用品产业发展，打造我国清真食品和穆斯林用品认证、研发设计、生产加工、展示交易和集散中心，形成我国重要的清真食品和穆斯林用品产业集聚区。依托现有各类产业园区，积极承接产业转移，加强基础设施和产业配套能力建设，充分利用国内国外两种资源、两个市场，进一步优化区域产业分工协作，促进生产要素有序流动和集聚，提高区域产业综合竞争力，建设全国承接产业转移示范区。

陕西开放重点：建设西安高新技术、国际旅游产业为特色的西北最大内陆开放型中心城市，实现区域开发与国际经济接轨相结合的开放战略模式。目前陕西省最具开放潜力的外向型经济资源：一是以西安秦始皇兵马俑为代表的旅游资源；二是西安高新技术开发区所聚集的科技资源，而这两类资源都具有世界级品牌优势。建立优势特色产品出口基地，大力发展服务贸易。重点建设西安软件出口基地、西安和宝鸡装备制造业出口基地、渭北鲜果果汁出口基地、陕北煤炭化工及杂粮出口基地、陕南绿色食品出口基地等，重点发展信息管理、数据处理、技术研发、工业设计等国际服务外包，用足用活西安服务外包基地和国家软件出口基地的支持政策。同时大力发展会展经济，加快市场化、规模化、专业化、国际化的步伐。

二 西南地区

西南地区包括西藏、云南、四川、重庆和贵州五省份。西南地区的大部分省区都与东南亚和南亚的一些国家毗邻。例如西藏与印度、尼泊尔、不丹等国毗邻；云南与越南、老挝、缅甸三国接壤；广西是西部省区中唯一一个沿边、沿江、沿海的自治区，它背靠大西南，南部与越南接壤。西南省份的这种地缘优势为该地区与南亚和东南亚国家发展双边、多边经济合作关系，建立和发展国际性区域经济提供了得天独厚的有利条件。

（一）沿边省份区域对外开放重点

西藏对外开放重点：西藏要充分发挥沿边开放的优势，完善交通等基础设施，大力发展特色产业和边境贸易；发挥上连陕甘青宁、下联南亚的优势，积极承接中东部产业转移，加强同我国内陆发达省份的联系，实施对内对外的经济合作；发挥连接川、滇、青的区位优势，积极融入成渝经济圈，加快矿产、水能资源开发；充分利用雪域高原的神奇风采，逐渐建设成为具有国际影响力的精品旅游胜地。

云南对外开放重点：云南与越南、老挝、缅甸等国毗邻，是中华经济圈、东南亚国家联盟和南亚七国经济联盟三大区域经济圈的陆上结合部，同时作为我国向西南开放的重要桥头堡，在构筑国际大通道的同时，要积极利用东南亚、南亚和西亚三大市场，推动云南的跨越发展；积极建设瑞丽重点开发开放实验区，推进跨境经济合作区和边境经济合作区的建设以及各种综合保税区和口岸保税物流区的建设，以此为重点，完善跨境交通、口岸和边境通道等基础设施，形成沿边经济带；推进"孟中印缅"旅游大通道建设，与老挝北部、越南北部、泰国北部的大部分省、府建立起旅游合作机制，扩大"七彩云南，旅游天堂"的品牌影响力和吸引力，增进与国外同行的交流合作。

（二）部内陆省份区域对外开放重点

四川对外开放重点：四川是我国西南地区最大的工业基地，在积极承接产业转移的同时，着眼于自身的产业结构升级，将招商引资的产业方向和目标牢牢地锁定在"高端产业和产业高端"上；推进成昆复线建设，联合重庆，共同推进成渝经济区的发展，加快统筹城乡综合配套改革实验区的建设。

重庆对外开放重点：重庆是西部唯一的直辖市，拥有长江黄金水道，以及世界闻名的长江三峡和三峡工程库区，是西南大工业中心城市，充分发挥现代化的对外开放口岸以及各类开发区的辐射带动功能；积极建设"一江两翼三洋"国际物流大通道；发挥两江新区的功能，积极承接国外产业转移，发展高新技术产业和国际生产性服务外包基地。

贵州对外开放重点：贵州虽然是不沿海、不沿边、不沿江的"三不沿地区"，却有近海、近边和近江的相对区位优势，贵州是大西南的心脏地带和交通枢纽，在对外开放中要充分发挥背靠大西南、走向东南亚，承东接西、连接南北和南下出海通道咽喉的地缘优势；以贵阳为中心，以国家级和省级开发区为平台，加强基础设施建设，改善投资环境。

三 其他地区

内蒙古开放重点：大力发展口岸经济，设立边境经济合作区，发挥满洲里市和二连浩特市两个对外开放城市的辐射带动作用，带动处于内陆的陕西、宁夏的经济向北发展；加强省际交流，主动接受呼包银、陕甘宁经济区和呼包鄂、西陇海—兰新经济带的辐射和带动，推进基础设施、产业、文化等对接，实现合作联动发展；扩大和深化与俄罗斯、蒙古等国贸易、文化和旅游等人文领域的交流合作，积极实施向北开放；以曹妃甸为依托，建设"内蒙古临港产业园区"，向东开放。

广西对外开放重点：充分发挥沿江、沿边、沿海的区位优势，继续推进中国—东盟自贸区建设和大湄公河次区域合作、中越"两廊一圈"合作，以及泛北部湾经济合作和南宁—新加坡经济走廊建设，加快打造国际区域经济合作新高地。广西现已成为中国—东盟开放合作的前沿和窗口，搭建了对外开放合作的重要平台；将东兴试验区建设成为深化我国与东盟战略合作的重要平台、沿边地区重要的经济增长极、通往东南亚国际通道重要枢纽和睦邻安邻富邻示范区；作为西南出海的最便捷的通道，充分发挥该区位优势，完善贸易口岸的设立。

湖北恩施对外开放重点：借助国家的政策、外地帮扶的外力来进行对外开放。恩施州是湖北省唯一享受国家新一轮西部大开发政策的地区，具有参与东西互动、共赢发展的得天独厚的优势和机遇。首先，由于该地区生物资源、农副产品资源以及矿产资源都非常丰富，在对外开放过程中应充分分析当地的资源情况、开发利用条件以及市场发展前景等，找准切入点，有重点地把那些在生产要素方面具有差异性、互补性、切实能使东西部企业互利共赢的产业和项目向外推介，同时坚持市场运作，靠本州的政策优势、资源优势、劳动力优势吸引有一定规模和实力的投资者到恩施州开发建设。其次，从目前实际情况来看，企业总体规模不大，靠自己单打独斗地开展东西互动、招商引资还比较困难。应本着"政府搭台、企业唱戏"的原则，搭建平台，除自己组织专场活动外，还要积极参与全国、全省的相关活动，借船出海，推动恩施州企业加强与东部企业的沟通、联系，为它们创造好的招商引资条件。虽然目前恩施州具有巨大的优势资源开发潜力，但却是唯一没有实行对口支援的少数民族地区，国家、湖北省或者是州政府等应为促进该地区的发展而共同致力于创造更多的对口支援与合作机会，组织东部有实力并与恩施州经济具有差异性和资源互补性的副省级城市或省会城市，与恩施结成对子，开展对口支援与合作互动，同时组织其他东部省份和国家有关部门开展定点合作，加强东部与中部、西部地区的合作与交流。

吉林延边对外开放重点：首先，发挥特殊地理优势。吉林省延边地处中、俄、朝三国交界处，东与俄罗斯滨海边疆区接壤，南隔图们江与朝鲜咸镜北道、两江道相望，是中国东北沟通内外的重要部位，是连接欧亚大陆的重要枢纽地区，是中国同朝鲜、俄罗斯、韩国、日本等国家往来最近的地区，正成为东北亚区域发展与和平的新典范，为区域国际经贸合作提供了良好经济合作平台；打通延边与东北核心城市的联系，努力为东北亚开放开发提供足够的市场，继续承担吉林省对外开放的"窗口"和"前沿"重任，促进延边州与内陆腹地联动发展；并在探索跨境经济合作模式等方面先行先试，引领图们江区域合作开发向纵深发展，为全国沿边开放开发提供经验和示范。考虑到延边的特殊地理位置，联合国开发计划署启动了中、俄、朝、韩、蒙五国参加的图们江区域合作开发项目——大图们江动议，成为东北亚地区唯一的政府间合作平台。其次，政策机遇。中国政府在2009年和2012年连续出台了两大国家级开放战略：《长吉图开发开放先导区纲要》和《图们江区域（珲春）国际合作示范区》，以把延边打造成东北亚合作的平台和对外开放的新高地；依托延边和丹东附近的罗京先锋经济区和黄金坪经济区，大力发展中朝经贸合作。

第三节 对外开放格局

西部十二省份由于经济发展水平、地理位置、对外开放历程、资源类型、思想观念等各方面的不同，造成了该区域的开放只能采取以不平衡的发展过程来求得平衡的发展目标。区域不平衡的开放方式主要有极点开放、点轴开放和网络开放三种形式，三种形式依次更替，实现由单点开放到面的全面开放，分层次提高对外开放水平，从而实现对外开放的最终平衡。西部地区的沿边省份在对外开放中要充分发挥区位优势，利用对外开放口岸以及各类边境贸易特区的便利性，发展边境贸易来提高对外开放能力；内陆省份在充分利用特色资源的基础上，通过对外开放口岸等实施向西开放和向东开放，同时，面对区位的相对劣势，为了更好地实施对外开放，提升自我发展能力，必须着力改善基础设施，优化投资环境，不断吸引外资。

一 极点开放

西部对外开放应选择交通便利，基础设施较为完善，自然、经济资源丰富，发展潜力较大，区域条件优越的地区作为对外开放的重点区域，以开放促进城市化发展，通过极化效应和扩散效应带动整个区域的对外开放，形成辐射力强的城市（群）。

对外开放口岸及重点边境口岸城镇建设：对外开放口岸的职能主要是为边境两侧邻国客货运提供通道，为两国或多国边境贸易提供场所，这样的场所和通道越顺畅越有利于对外开放的开展。如目前新疆和内蒙古分别拥有一类口岸17个和12个，对于曾经的一些老口岸，如新疆的别迭里、伊尔克什坦、卡拉苏和布尔津等应恢复开放；对于一些二类开放口岸，如内蒙古的策克、额布都格等可以视情况升为一类开放口岸。上述口岸的开放或者升格，一方面，可扩大沿边开放程度；另一方面，也可增大沿边省份的口岸密度，改善一类口岸的空间布局，从而更方便对外贸易的开展。如新疆通过对外开放口岸可以积极发展与中亚和西亚的对外交流，而内蒙古的口岸的设立则为我国向北开放提供了便利，云南、广西的对外口岸也为我国向西南开放创造了条件。同时支持广西龙州、靖西，云南勐腊、河口，西藏吉隆，新疆阿拉山口、塔城，内蒙古策克、甘其毛都等一批边境城镇口岸设施和市政基础设施建设，建设边民互市贸易区、出口产品加工区等园区，提高通关能力，畅通边境口岸城镇与周边国家沿边地区经贸合作和技术交流。

中心城市区建设：大力发展如乌鲁木齐、西安、兰州、西宁、银川、重庆、贵州、南宁和呼和浩特等省会中心城市，因为此类省会城市在资金、技术、基础设施等方面往往比其他城市有更优越的基础，更容易吸引外资，以此为对外交流中心能对省内其他地区产生辐射带动作用。

优势资源开发重点区建设：如青海的柴达木盆地有"聚宝盆"之称，祁连山有"万宝山"之称，盐湖资源、天然气资源、有色金属和高原动植物资源均较为丰富；西藏、云南等地拥有独特的旅游资源；陕西、宁夏拥有独特的文化资源。针对不同类型的丰富资源建立资源开发区或旅游经济开发实验区，合理开发利用当地资源，形成特色产业，在吸引世界眼球的同时积极地实施"走出去"，使资源优势逐渐转化为经济优势。

少数民族经济开发开放实验区建设：由于我国西部地区主要是少数民族聚居地，有着自己独特的风俗习惯，但往往贫困问题比较突出，为了使各地经济、社会发展相对较为平衡，可以在少数民族人口众多的地区选择几个有可能成为当地经济增长中心的地区，根据产业政策和区域政策相结合的原则，对该类地区实施政策上的大力支持，以及特别的对外开放优惠措施。如加快建设广西东兴、云南瑞丽、内蒙古满洲里等重点开发开放试验区，增强参与国际经济合作和竞争的能力。研究建立二连浩特等重点开发开放试验区。

特殊经济区建设：加快新疆喀什、霍尔果斯经济开发区建设，实施特殊经济政策，促进产业集聚，提升自我发展能力。加快建设边境（跨境）经济合作区，扩大与周边国家的经贸往来。

二 点轴开放

西部地区可以根据主要城市间的空间联系来确定对外开放格局中的重点发展经济带，重点经济带一般可以选择以水陆交通干线为依托，利用交通的便利条件来实现沿线省份的产业布局；或是把基础条件优越，发展潜力巨大的城镇结合起来，形成新的经济带；或是根据广大腹地的发展需要，开发新的经济带，此条经济带的开发对相关省份乃至全国都将产生巨大的带动作用。西部地区主要有三条点轴经济开放带。

"丝绸之路"经济带："丝绸之路"经济带是中国与中西亚各国形成的经济合作区域，大致在古"丝绸之路"范围内。新"丝绸之路经济带"，东连亚太经济圈，西接发达的欧洲经济体，被誉为"世界上最长、最具有发展潜力的经济大走廊"。2013年12月14日，国家发改委和外交部举行的推进"丝绸之路"经济带建设座谈会上，陕西、甘肃、青海、宁夏、新疆西北五省和重庆、四川、云南、广西西南四省市参加座谈，"丝绸之路"经济带的范围，已初步确定。这条经济带把我国同欧洲、西亚以及中东国家联系起来，使我国的对外开放逐渐转向了东西双向开放的新格局。借助亚欧大陆桥，应形成以边境口岸为基础，以主要交通干线为纽带，以经济技术比较发达的中心城市为重点的叶脉状的开放战略。在沿桥地带实行沿海地区的开放政策，根据需要可继续设立各种开发区和保税区、建立资源和资源加工型新型企业，促进沿线地区工业化和城市化；利用外资，试办中国西部农业合作开发区，营造亚欧农产品批发交易中心；根据交通枢纽、资源状况、地理位置，以中心城市为依托，在沿桥地区建立若干个经济发展区，如以连云港为中心的国际经济贸易合作区，以徐州为中心的淮海经济区，以郑州为中心的中原经济区，连接陕西、甘肃两省的关中—天水经济区等；并把乌鲁木齐建成中国西部的国际金融、商贸、工农业经济中心，促进中国西部和中亚市场的发育和繁荣。

长江上游沿江经济带：它是中国承接沿海和内陆，并实施对外开放大陆战略的重要依托。长江上游沿江经济带被分为三部分，第一部分是相对比较发达的渝蓉经济区，也是长江上游沿江经济带的核心部分和重点优化开发地区；第二部分是三峡库区；第三部分是贵州遵义、云南昭通、四川攀枝花沿线。该经济带的水电、天然气、煤炭等能源资源丰富，并且依托重庆和成都两个特大城市形成了高科技、电子信息产业，并且劳动力资源丰富，有助于形成劳动密集型产业。

南贵昆城市经济带：建立了以西南出海大通道为主干，以铁路、公路、河道为辅的西南大交通体系，形成多层次的合作机制，促进了西南地区的开放、开发。南贵昆城市经济带绝不只是南宁、贵阳、昆明三个中心城市的合作，而是以其为核心的城市集群的发展，依托中心城市，带动周边的开放开发，从而带动整个西南地区的发展；南宁、贵阳、昆明有着特色的少数民族旅游和特色农业，均属于我国特色优势产业发展区，三市应加强优势资源的整合，做强相关产业；该经济带有着大西南的出海通道，与越南、泰国联系紧密,是国家重要的对外开放窗口和通道,从而推动西南地区的发展。

三 网络开放

西部开放是全方位、多层次的开放,网络开放能进一步发挥极点、点轴开发的功能,来带动地区经济全面发展。政府投资职能的转变和交通运输网络的形成,为实行网络开放战略创造了有利条件,随着"西气东输"、"西电东送"、"西油东送"工程的实施,西部网络开放将融入中国整个网络开放之中。另外,由于点、轴的开放,形成了一些具有发展潜力的城市中心以及经济区,加强各城市、经济带以及西部各省份之间的相互联系是至关重要的,要继续把基础设施建设作为新一轮西部大开发的重大任务,抓好在建重点工程建设,重点抓好通道建设,构建联通东西、纵贯南北、对接城乡的大通道、大网络。在公路建设方面,实行网络开放,逐步缩小地区差距,促进地区经济协调发展。

第七章 实例分析：提升区域自我发展能力模式选择

第一节 西北地区提升自我发展能力模式选择——以新疆为例

一 新疆基本情况

新疆位于亚欧大陆中部，是古"丝绸之路"的重要通道和通向中亚、西亚、南亚、欧洲的捷径通道。东西长1900公里，南北宽1500多公里，总面积166.04万平方公里，占全国陆地总面积的1/6。国内与西藏、青海、甘肃等省区相邻，周边依次与蒙古、俄罗斯、哈萨克斯坦、吉尔吉斯斯坦、塔吉克斯坦、阿富汗、巴基斯坦、印度等8个国家接壤；陆地边境线长达5600多公里，占全国陆地边境线的1/4，是中国交界邻国最多、陆地边境线最长的省区。

新疆生物资源种类繁多，得天独厚的自然条件造就了新疆品种独特而丰富的生物资源。其中野生植物达4000多种，麻黄、罗布麻、甘草、贝母、党参、肉苁蓉、雪莲等珍贵植物分布广泛，品质优良。果树资源丰富，其中优良品种300余个，自古以来就有"瓜果之乡"的美誉。野生动物近700余种，占全国的11%，其中新疆北鲵、塔里木兔、四爪陆龟等是仅分布在新疆的特有动物。新疆共有国家重点保护的濒危稀有野生动物116种，约占全国保护动物种数的1/3。

新疆地域辽阔，自然景观神奇独特，旅游资源丰富。境内著名的自然景观有高山湖泊—天山天池、人间仙境—喀纳斯、世界第二高峰—乔戈里峰、中国最大的雅丹地貌群等。在5000多公里古"丝绸之路"的南、北、中三条干线上，分布着数以百计的古文化遗址、古墓群、千佛洞等人文景观。其中，交河故城、楼兰遗址、克孜尔千佛洞等蜚声中外。截至2011年底，共有国家A级旅游景区285个，其中5A级景区5个，4A级景区53个，3A级景区94个。新疆民族风情浓郁，各民族在文化艺术、体育、服饰、居住、饮食习俗等方面各具特色。新疆素有"歌舞之乡"的美称，维吾尔族的赛乃姆舞、刀郎舞，塔吉克族的鹰舞，蒙古族的沙吾尔登舞等民族舞蹈绚丽多姿，构成了新疆丰富的旅游资源。

二　新疆对外开放历程回顾

新疆是我国陆地面积最大，边境线最长，拥有口岸最多的自治区，是我国连接中亚、西亚、南亚的重要通道和亚欧大陆桥的必经之地。新疆在我国对外开放中具有特殊重要的战略地位，是我国开拓中亚、西亚、南亚以及辐射欧洲市场和向西开放的桥头堡，是我国对外开放的重要门户。回顾改革开放以来新疆对外开放的发展进程，新疆对外开放主要经历了三个发展阶段。

（一）新疆对外开放的起步阶段（1978—1991）

1978年，我国实施了改革开放的政策，同时拉开了新疆对外开放的序幕。1979年初，经国家批准，新疆乌鲁木齐、石河子、吐鲁番等14个市、县先后对外开放。1980年新疆第一个中外合资企业天山毛纺织有限责任公司成立。1981年国家准许新疆直接进入国际市场，对进出口业务全面自营。1982年8月，我国政府与巴基斯坦签订协议，决定1983年5月起对中巴两国人民开放红其拉甫口岸，同年11月，我国政府又与苏联政府达成协议，重新开放了霍尔果斯口岸和吐尔尕特口岸。1986年1月，中苏两国双方同意恢复和发展中国新疆同苏联中亚五个加盟共和国以及俄罗斯共和国2个边疆区（克拉斯若雅尔边疆区、阿勒泰边疆区）、1个州（克麦罗沃州）开展边境贸易，并批准红其拉甫口岸正式对第三国开放。1988年国务院以《讨论新疆开放工作纪要》的形式，对于新疆在北疆的铁路建设、乌鲁木齐国际机场扩建，以及乌鲁木齐、石河子、喀什、吐鲁番、哈密等城市的外商投资企业进出口物资实行免征关税等9项优惠政策。同年，国家外经贸部授权新疆维吾尔自治区先后批准伊犁、塔城、阿勒泰、昌吉、喀什5个地州的外贸公司享受对苏蒙边境的易货贸易经营权。批准霍尔果斯口岸对第三国人员开放。1989年新疆维吾尔自治区政府确定了"全方位开放，向西倾斜，内引外联，东联西出"的对外开放方针。分别与哈萨克斯坦、巴基斯坦、塔吉克斯坦、乌兹别克斯坦等国家开展了对外工程承包与劳务合作。同年，国务院又批准了新疆11个城市对外国人开放，使新疆对外开放的城市增加到25个。1990年9月，兰新铁路西段铺轨到新疆阿拉山口，中国与苏联铁路接轨，举世瞩目的第二座亚欧大陆桥全线贯通。

（二）新疆对外开放的发展阶段（1992—2000）

1992年，新疆维吾尔自治区政府决定加快改革开放步伐，加速新疆经济的发展。1992年4月，新疆维吾尔自治区提出了"两线"开放的总体设想，即以边境沿线开放为前沿，以铁路沿线开放为后盾，以"两线"城市开放为重点，形成点线结合、以点带面、辐射全疆的全方位对外开放格局，并向国务院提交了《关于新疆维吾尔自治区进一步扩大对外开放问题的请示》，同年6月，国务院同意了新疆进一步扩大开放的总体设想，并赋予新疆包括扩大地边贸易权、下放外资项目审批权等8条优惠政策。同月，国务院又下发了《关于进一步积极发展与原苏联各国经贸关系的通知》，经国务院批准，建立了国家级乌鲁木齐经济技术开发区、高新技术开发区、石河子经济技术开发区，建立了伊宁、博乐、塔城边境经济合作区。同年，国务院批准新疆每年举办一届"乌鲁木齐对外经济贸易洽谈会"。1993年陕、甘、宁、青、新五省提出五省共建西北国际大通道，联合起来走西口。1996年和1997年，国家继续赋予新疆边境贸易优惠政策。1999年9月，我国提出和实施了"新一轮西部大开发"战略，给予新疆对外开放新的发展机遇。2000年4月，新疆维吾尔自治区明确提出要实施大开发，就必须进一步扩大对外开放，以大开放促进大开发。至此，新疆努力开拓中亚、南亚、西亚和东欧等国际市场，成为我国向西开放的前沿阵地，使新疆的对外开放开始走上了规范化、快速化发展的轨道，基本形成了全方位对外开放的格局。

（三）新疆对外开放的新阶段（2001—2011）

2001年12月中国加入世界贸易组织（WTO）以后，新疆的对外开放进入了一个崭新的阶段。2001年，中国与俄罗斯、中亚四国共同成立了"上海合作组织"，确定在政治、经济、科技、文化、教育、能源、交通等领域进行有效合作。2002年由新疆维吾尔自治区代表中国参与中亚区域合作，制订了全面推进中国与中亚国家进行经济技术合作的计划。同年，新疆维吾尔自治区政府又制定了《新疆维吾尔自治区鼓励外商投资若干政策规定》的实施细则，以及关于税收优惠、投资软环境的改善、土地使用和矿产开发等一系列法规来促进新疆对外开放。2003年12月，新疆维吾尔自治区政府对新疆对外开放提出了更高的要求，指出新疆必须扩大发展空间，提高向西开放水平，充分利用国际国内两种市场，两种资源，实行"引进来、走出去"相结合，积极开拓中亚及周边国家市场，开发利用周边国家优势资源，努力把新疆建成依托内地、面向中亚和东欧国家的出口加工基地和国家商贸中心。2006年3月，国务院批复了中国和哈萨克斯坦霍尔果斯国际边境合作中心的有关问题，明确了中哈合作中心中国区域及配套区域的功能定位、开发建设、管理模式和优惠政策等。2007年9月，国务院下发了《关于进一步促进新疆经济社会全面发展的若干意见》，明确地提出要重点面向中亚扩大对外开放，大力发展面向中亚的外向型产业，加快口岸基础设施建设，完善边境贸易政策。目前，新疆已经与世界上160多个国家和地区建立了贸易关系，初步形成了沿边、沿桥（第二座亚欧大陆桥）和沿交通干线向国际、国内拓展的全方位、多层次、宽领域对外开放的新格局。

三　新疆对外开放发展现状

十一届三中全会实行改革开放政策以来，伴随着国内政策和外部机遇的变化，新疆的对外开放历程也在不断演进和发展。改革开放30年来，新疆对外开放有了巨大的发展，成就显著。

（一）对外贸易不断增长

1981年国家允许新疆出口业务全面经营，新疆的进出口贸易不断发展。特别是随着国家在新一轮西部大开发的战略实施中对新疆的大力支持，贸易形式发展多样化，使新疆的进出口贸易水平有了极大的提高（见图7-1），形成了多渠道、多层次的对外贸易格局。

据相关数据统计分析，1978年新疆进出口贸易总额为2347万美元，到2011年新疆进出口贸易总额达到228.22亿美元，比1978年增长971倍，与2000年相比增长910倍，其中出口168.29亿美元，进口59.93亿美元，分别比2000年增长13倍和增长4.65倍。2011年新疆进出口总额在全国各省、直辖市、自治区排名第20位，在西部地区排名第4位。

经过多年发展，新疆进出口商品结构不断优化，出口商品中初级产品和工业制成品的比重由1978年的88.9∶11.1调整到2011年的5.5∶94.5，这标志着新疆基本完成了出口商品结构由初级产品向工业制成品的转变。

随着对外贸易水平的不断提高，新疆贸易形式呈现出多样化，形成了

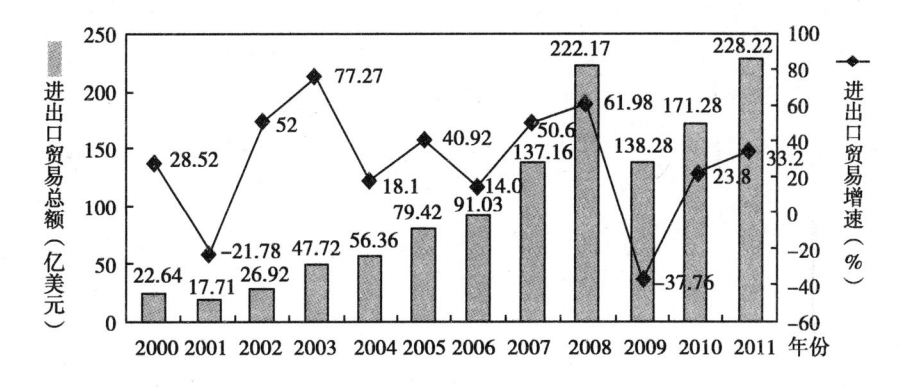

图 7-1　新疆进出口贸易总额与增速

资料来源：新疆维吾尔自治区统计局：《新疆统计年鉴（2002—2012）》，中国统计出版社 2002—2012 年版。

以一般贸易、加工贸易、边境小额贸易为主的贸易形式，其中边境贸易已成为新疆对外贸易的支柱。1990 年新疆边境贸易进出口总额 6922 万美元，只占新疆进出口贸易总额的 16.9%，2011 年新疆边境贸易进出口总额达到 128.37 亿美元，占新疆外贸进出口总额的 56.25%，从 1993 年到 2011 年新疆边境贸易进出口额所占份额已经连续 19 年超过新疆对外贸易进出口总额的 50%，边境贸易在新疆对外开放中发挥着独特的作用。

（二）利用外资成效显著

新疆利用外资起步于 20 世纪 80 年代初，1980—2010 年新疆累积批准外商投资企业 1814 家，合同金额 41.63 亿美元，实际利用外商直接投资 17.54 亿美元。截至 2010 年底，新疆实有外资企业 499 家，其中独资经营企业 227 家，合资经营企业 227 家，合作经营企业 36 家，外商投资股份制企业 9 家。随着新疆投资环境的进一步改善，外商投资的规模明显扩大。同时，新疆也利用外资加大对高生产率、高技术含量的技术密集型产业投资，利用外资引进国外先进技术和管理经验，促进新疆开放型经济的发展。

（三）口岸建设粗具规模

新疆地处祖国西部边陲，是古"丝绸之路"连接中原与中亚、欧洲的必经通道、重要的枢纽，自古以来就与中亚、西亚、南亚及欧洲的国家有着密切而频繁的经济往来。

而新疆作为我国向西开放的桥头堡，是西北五省口岸最多的省区，其具有独特的地缘、区位、人文、历史、资源优势。新疆近年来重点加强口岸建设，利用口岸优势加强新疆对外开放水平，促进新疆经济的发展。经过多年的建设，新疆已经形成沿边开放大口岸格局，各类口岸以对外贸易为中心，大力发展进出口加工产业和旅游产业，口岸朝着多元化的方向发展。截至2011年底，新疆已有经国务院和自治区政府批准对外开放的一类口岸17个，二类口岸12个（见表7-1）。这些口岸连接着国内沿海地区和亚欧国际大市场，带动了新疆加工业、旅游业、运输业等第二、第三产业的繁荣，有效地发挥了新疆"东联西出，西来动去"的作用。

表7-1　　　　新疆维吾尔自治区一、二类口岸

级别	类型	接壤国	口岸名称	所在新疆地区
一类口岸	陆路口岸	蒙古	老爷庙口岸	哈密地区
			乌拉斯台口岸	昌吉回族自治州
			塔克什肯口岸	阿勒泰地区
			红嘴山口岸	阿勒泰地区
		哈萨克斯坦	阿黑土别克口岸	阿勒泰地区
			吉木乃口岸	阿勒泰地区
			巴克图口岸	塔城地区
			阿拉山口口岸	博尔塔拉蒙古自治州
			霍尔果斯口岸	伊犁地区
			都拉塔口岸	伊犁地区
			木扎尔特口岸	伊犁地区
		吉尔吉斯斯坦	吐尔尕特口岸	克孜勒苏柯尔克孜自治州
			伊尔克什坦口岸	克孜勒苏柯尔克孜自治州
		巴基斯坦	红其拉甫口岸	喀什地区
		塔吉克斯坦	卡拉苏口岸	喀什地区
	航空口岸		乌鲁木齐航空口岸	乌鲁木齐
			喀什航空口岸	喀什地区
二类口岸	陆路口岸		乌鲁木齐碾子沟客运站口岸	乌鲁木齐
			乌鲁木齐经济技术开发区口岸	乌鲁木齐
			乌鲁木齐商贸城口岸	乌鲁木齐
			昌吉亚中商贸城综合批发市场口岸	昌吉回族自治州
			喀什市中亚国际贸易市场口岸	喀什地区
			塔城国家边贸城口岸	塔城地区

续表

级别	类型	接壤国	口岸名称	所在新疆地区
二类口岸	陆路口岸		边疆宾馆口岸	乌鲁木齐市
			华凌市场口岸	乌鲁木齐市
			伊宁二类口岸	伊犁哈萨克自治州
			伊犁巴音岱口岸	伊犁哈萨克自治州
			火车头国家口岸	乌鲁木齐市
			奎屯火车站口岸	伊犁哈萨克自治州

随着新疆口岸建设的不断发展，规模口岸的优势也逐渐呈现出来，促进了对外贸易的发展。据统计数据显示，新疆各口岸进出口货物量由1985年的19.4万吨增加到2011年3468万吨，增长了178倍。其中位于新疆博尔塔拉蒙古自治州的阿拉山口口岸，是举世瞩目的新亚欧大陆桥中国段的西桥头堡，是中国唯一兼具铁路、公路、管道三种运输方式的国家一类口岸。近年来，阿拉山口口岸的出口货运量和进出口贸易额均排在全国陆路口岸前列，极大地促进了新疆对外开放的进程。

（四）"乌洽会"推动对外经济合作

为了推进新疆"全方位开放，向西倾斜，内引外联，东联西出"对外开放方针，从1992年至2011年，新疆已成功地举办了第19届乌鲁木齐对外经济贸易洽谈会（简称"乌洽会"），举办乌洽会，有利于发挥新疆东引西出、向西开放的地缘优势，使其成为区域性的国际交流平台，加强我国与中亚、西亚、南亚以及俄罗斯、东欧国家全方位、多领域的经贸合作，使新疆作为我国向西开放的"桥头堡"和"枢纽站"作用得到进一步发挥。从1992年举办首届乌洽会至2011年，已有近100多个国家和地区、国内30多个省区市的上万家企业的客商参会参展，累计对外经贸总成交额396.52亿美元，国内经贸成交总额11015.42亿元人民币。

经过20年的实践与发展，乌洽会已形成了自己的特色：以开拓中亚市场为主，与放眼全球市场相结合；以扩大内地省、自治区、直辖市的经济合作吸引内资为主，与国内商品贸易相结合；以边境贸易为主，与现汇贸易相结合；以出口贸易为主，与鼓励外国进口相结合；以吸引外国地区投资为主，与走出去拓展境外投资相结合，从而使内外贸、内外资在乌洽会上有机结合起来，打破了长期以来行业、地区、部门分割的传统。

表7-2　　1992—2011年乌洽会对外经贸成交额与内贸内联成交额

年份	对外经贸成交额（亿美元）	内贸内联成交额（亿元）
1992	18.66	
1993	20.03	
1994	18.32	35.90
1995	11.67	52.59
1996	10.64	52.80
1997	11.84	74.80
1998	12.87	76.21
1999	12.12	135.02
2000	15.82	122.45
2001	13.29	282.90
2002	12.89	311.76
2003	16.74	512.51
2004	26.08	507.47
2005	26.70	535.23
2006	28.20	790.00
2007	19.80	1490.97
2008	35.33	1816.00
2009	43.10	2341.80
2010	36.13	1260.68
2011	55.06	7930.26

资料来源：历届乌洽会签约情况，2010年9月1日，中国新疆网（http://www.chinaxinjiang.cn/）。

从历届乌洽会签约情况来看（见表7-2），新疆"内引外联，东联西出"的对外开放方针是正确而成功的。从1992年到2011年，新疆对外经贸成交额和内贸内联成交额快速增长，极大地带动了新疆经济与社会的发展。作为我国国内四大进出口贸易展会之一，乌洽会已成为新疆对外开放的重要名片，不断地增进了我国东部、中部、西部地区的全方位合作，加强了新疆与周边国家经贸合作力度，促进了新疆外经贸的发展，成为我国以向西开放为主的整个对外开放的重要载体。

（五）国家级产业聚集园区建设成果显著

国家级产业聚集园区是我国对外开放地区的重要组成部分，在招商引资、对外开放中起着重要作用,是我国对外开放的窗口。改革开放以来,为了加快新疆经济发展,进一步扩大我国对外贸易,我国先后在新疆建立了一批不同类型、不同层次的国家级产业聚集园区,整体上提高了新疆的对外开放水平,提升了新疆在区域分工中的地位。目前,新疆经国家和自治区批准的产业聚集园区共72个,其中国家级产业园区17个,包括8个经济技术开发区,高新技术产业开发区3个,边境经济合作区3个,出口加工区、跨境经济合作区、综合保税区各1个(见表7-3)。

表7-3　　　　　　　　新疆维吾尔自治区国家级产业园区

类型	名称	批准时间
经济技术开发区	乌鲁木齐经济技术开发区	1994.08
	石河子经济技术开发区	2004.04
	库尔勒经济技术开发区	2011.04
	奎屯—独山子经济技术开发区	2011.08
	乌鲁木齐甘泉堡经济技术开发区	2012.09
	准东经济技术开发区	2012.10
	五家渠经济技术开发区	2012.09
	阿拉尔经济技术开发区	2012.09
高新技术产业开发区	乌鲁木齐高新技术产业开发区	1992.12
	伊宁市边境经济合作区	1992.12
	昌吉高新技术产业开发区	2000.06
边境经济合作区	博乐市边境经济合作区	1992.12
	塔城市边境经济合作区	1992.12
	吉木乃边境经济合作区	2011.09
出口加工区	乌鲁木齐出口加工区	2003.03
跨境经济合作区	中哈霍尔果斯国际边境合作中心	2006.03
综合保税区	阿拉山口综合保税区	2011.05

目前,新疆各类国家级产业聚集园区依托各地资源优势和区位优势,形成了自己的特色产业和发展重点。发展产业涵盖了煤炭、石油、钢铁、有色、纺织、化工、电力、汽车、装备制造和农副食品加工业等,初步形成了全方位、多层次、有重点的发展格局,在对外开放中发挥出示范、窗口、辐射和带动作用,推进了新疆向西开放水平的提高。

四 新疆对外开放度测算与分析

改革开放30多年以来,我国各个地区的开放型经济都得到不同程度的发展。与沿海地区相比,西部地区自我发展能力发展速度较慢,这与地区对外开放度较低有密切联系。对外开放度的提升在促进地区自我能力发展的过程中起了重要作用。

(一) 新疆对外开放度测算

对外开放度的测算应结合一国或地区的具体情况,选取适当的指标。指标的选取应采用具有可比性、连续性,数据易于收集和量化等原则,本书结合新疆经济发展的现状和实际情况,选择进出口贸易总额、实际利用外商直接投资总额、对外承包工程和劳务合作营业总额、国际旅游外汇收入总额与地区生产总值建立对外开放度指标来衡量区域自我发展能力。对外开放度是外贸依存度、外资依存度、对外工程与劳务依存度、国际旅游依存度的加权平均值。其中:

$$外贸依存度 = \frac{进出口贸易总额}{国内生产总值}$$

$$外资依存度 = \frac{实际利用外商直接投资总额}{国内生产总值}$$

$$对外工程与劳务依存度 = \frac{对外承包工程和劳务合作营业总额}{国内生产总值}$$

$$国际旅游依存度 = \frac{国际旅游外汇收入总额}{国内生产总值}$$

本文采用客观赋权法直接利用各项指标包含的信息来测算各指标的权重,权重的确定采用变异系数法。

变异系数的计算公式为:$v_i = \frac{S_i}{Y_i}$

其中:S_i为标准差,Y_i为平均值。

则各指标权重的计算公式为:$w_i = \frac{v_i}{\sum_{i=1}^{n} v_i}$ ($n = 1, 2, 3, 4$)

为了更好地分析新疆的区域发展能力,本文选取西部和全国的对外开放度来比较分析新疆对外开放水平,西部和全国的对外开放度指标采用相同的指标项。计算新疆1999—2011年13年对外开放度的数据如表7-4所示,为使数据计算数据更加准确,GDP(支出法)按各年人民币年平均汇率换算成美元。使用 SPSS19.0 对各指标的标准差和平均值进行计算，计算所得新疆对外开放指标的权重如表 7-5 所示，得到的新疆对外开放度的各项数据如表 7-6 所示。

表 7-4　　　　　1999—2011 年新疆涉外经济与 GDP　　　　　单位：万美元

年份	进出口贸易总额	实际利用外商直接投资总额	对外承包工程和劳务合作营业总额	国际旅游外汇收入总额	GDP（支出法）
1999	176534	2400	815	8582	1404880
2000	226399	1932	873	9494	1647150
2001	177148	2035	2122	9856	1802168
2002	269186	4334	3959	9942	1948304
2003	477198	4017	6742	4858	2279054
2004	563563	4600	8600	9108	2668950
2005	794189	4749	10840	10009	3226859
2006	910327	10400	13039	12800	3899830
2007	1371623	12484	36639	16190	4769277
2008	2221680	18984	63070	13578	6223861
2009	1382771	21526	44890	13663	6261236
2010	1712834	23742	62945	18500	7965005
2011	2282225	33485	97167	46519	9682643

资料来源：历年《新疆统计年鉴》。

表 7-5　　　　　　　新疆对外开放度各指标的权重

指标	标准差	平均值	变异系数	权重
外贸依存度	7.58	20.76	0.37	0.19
外资依存度	0.08	0.22	0.36	0.19
对外工程与劳务依存度	0.33	0.42	0.79	0.41
国际旅游依存度	0.15	0.37	0.41	0.21

表 7-6　　　　1999—2011 年新疆对外开放度及相关指标　　　　单位：%

年份	外贸依存度	外资依存度	对外工程与劳务依存度	国际旅游依存度	对外开放度
1999	12.57	0.17	0.06	0.61	2.57
2000	13.74	0.12	0.05	0.58	2.78
2001	9.83	0.11	0.12	0.55	2.05
2002	13.82	0.22	0.20	0.51	2.86

续表

年份	外贸依存度	外资依存度	对外工程与劳务依存度	国际旅游依存度	对外开放度
2003	20.94	0.18	0.30	0.21	4.18
2004	21.12	0.17	0.32	0.34	4.25
2005	24.61	0.15	0.34	0.31	4.91
2006	23.34	0.27	0.33	0.33	4.70
2007	28.76	0.26	0.77	0.34	5.91
2008	36.88	0.32	1.05	0.23	7.55
2009	22.08	0.34	0.72	0.22	4.60
2010	21.50	0.30	0.79	0.23	4.52
2011	23.57	0.34	1.00	0.48	5.06

(二) 新疆对外开放度分析

1. 新疆外贸依存度的分析与比较

如表7-7所示，1999—2008年，新疆对外贸易逐年增长，外贸依存度总体上呈上升趋势，外贸依存度从1999年的12.57%提高到了2008年的36.88%，提高了193%。但由于世界金融危机的影响，2009年新疆对外贸易额大幅下降，新疆的外贸依存度也呈下降趋势。2011年新疆外贸依存度为23.57%，比2008年下降了36.1%。与西部地区和全国相比，新疆外贸依存度水平高于西部地区，低于全国。

与全国相比，新疆的对外贸易始终低于全国水平，全国对外贸易依存度与新疆之比从2001年最大值3.9下降到2008年的1.5，但新疆外贸依存度提升速度却明显高于全国，1999—2011年，新疆外贸依存度提升87.5%，高于全国24.6%。

与西部地区相比，新疆的外贸依存度从1999年的1.7倍扩大为2008年的3.02倍继而下降为2011年的1.85倍。其中，2001年新疆外贸依存度与西部地区差距最小，仅为西部地区外贸依存度的1.3倍。

表7-7　　　　1999—2011年新疆外贸依存度及其比较　　　　单位:%

年份	1999	2000	2001	2002	2003	2004	2005	2006	2007	2008	2009	2010	2011
新疆	12.57	13.74	9.83	13.82	20.94	21.12	24.61	23.34	28.76	36.88	22.08	21.50	23.57
西部	7.39	8.54	7.63	8.45	10.03	10.98	11.01	11.61	12.49	12.22	9.35	10.77	12.70
全国	32.77	39.76	38.69	42.65	51.55	59.43	61.32	61.86	60.48	56.53	43.54	51.49	53.38

2. 新疆外资依存度的分析与比较

1999—2011年新疆实际利用外商直接投资不断增加，但规模小，金额低，2009年新疆实际利用外商直接投资额所占全国实际利用外商直接投资额比重最高，仅为0.34%。13年间全国外资依存度大体上呈下降趋势，而自1999年实施新一轮西部大开发以来新疆外资依存度没有明显变化，略微增长，但总体水平非常低（见表7-5）。

新疆的外资依存度与西部地区及全国的差距是所有指标中差距最大的。1999—2011年，新疆外资依存度均低于全国和西部地区，全国平均外资依存度为新疆的12.7倍，西部地区为新疆的5.3倍。其中，最大值出现在2001年，全国实际利用外商直接投资为468.78亿美元，是新疆的2304倍；西部地区实际利用外商直接投资为19.56亿美元，是新疆的96倍；全国的外资依存度为新疆的31.5倍，西部地区的外资依存度为新疆的7.8倍。2009年，外资依存度的差距逐渐缩小为5.2倍和4.4倍（见表7-8）。由此可见，新疆的外商直接投资严重影响新疆对外开放水平，需要大力加强对外商直接投资的利用。

表7-8　　　　1999—2011年新疆外资依存度及其比较　　　　单位:%

年份	1999	2000	2001	2002	2003	2004	2005	2006	2007	2008	2009	2010	2011
新疆	0.17	0.12	0.11	0.22	0.18	0.17	0.15	0.27	0.26	0.32	0.34	0.30	0.34
西部	1.06	0.95	0.89	0.97	0.97	0.94	1.04	1.18	1.23	1.41	1.51	1.75	1.92
全国	3.66	3.41	3.56	3.62	3.24	3.12	2.60	2.21	2.08	2.04	1.78	1.83	1.73

3. 新疆对外工程与劳务依存度的分析与比较

在对外承包工程及劳务合作方面，新疆与西部地区以及全国的差距非常显著，也是所有指标中差距最小的。1999—2011年西部地区和全国平均对外工程与劳务依存度分别为新疆的1.1倍和2.9倍。

与全国相比，1999—2006年，全国对外工程与劳务依存度与新疆之比，由1999年的17.6倍下降到2006年的3.8倍。2007年为了加快实施"走出去"战略，新疆不断扩展对外承包工程与劳务合作，2008年新疆实际对外承包工程与劳务合作营业额达到最大值63070万美元，是1999年的45倍，当年对外工程与劳务依存度达到最大值1.05%，新疆对外工程与劳务依存度与全国差距快速缩小，2008年全国对外工程与劳务依存度与新疆之比下降为1.4倍。

如表7-9所示,与西部地区相比,新疆与西部地区的对外工程与劳务依存度差距也不断减小,1999—2006年,新疆对外工程与劳务依存度低于西部地区,2001年西部地区对外工程与劳务依存度为新疆的3.5倍,此后不断下降。2007年,新疆对外工程与劳务依存度超过西部地区,新疆对外承包与劳务依存度是西部地区的1.75倍。2008年新疆对外工程与劳务依存度增长达到顶峰,达到1.05%,是1999年的18倍,这说明新疆在对外承包与劳务合作方面有自身的优势和潜力,对提升新疆的对外开放水平有着积极的作用。

表7-9　　　1999—2010年新疆对外工程与劳务依存度及其比较　　　单位:%

年份	1999	2000	2001	2002	2003	2004	2005	2006	2007	2008	2009	2010	2011
新疆	0.06	0.05	0.12	0.20	0.30	0.32	0.34	0.33	0.77	1.05	0.72	0.79	1.00
西部	0.30	0.41	0.42	0.39	0.40	0.39	0.43	0.44	0.44	0.63	0.68	0.67	0.71
全国	1.02	0.95	0.92	0.99	1.04	1.10	1.15	1.25	1.33	1.44	1.71	1.75	1.52

4. 新疆国际旅游依存度的分析与比较

在国际旅游依存度方面,新疆也低于西部地区和全国平均水平,但总体与西部地区和全国变化趋势相同。其中,差距最大值出现在2003年,西部地区与全国的国际旅游依存度分别为新疆的2.1倍和5倍;之后差距不断缩小,至2007年,西部地区与全国的国际旅游依存度分别为新疆的1.9倍和3.4倍(见表7-10)。2008年,新疆国际旅游外汇收入从2007年的16190万美元下降为13578万美元,下降了16.1%,严重影响了2008年新疆国际旅游依存度。

表7-10　　　1999—2011年新疆国际旅游依存度及其比较　　　单位:%

年份	1999	2000	2001	2002	2003	2004	2005	2006	2007	2008	2009	2010	2011
新疆	0.61	0.58	0.55	0.51	0.21	0.34	0.31	0.33	0.34	0.23	0.22	0.23	0.48
西部	0.73	0.79	0.78	0.80	0.44	0.62	0.63	0.62	0.64	0.43	0.44	0.44	0.48
全国	1.28	1.36	1.35	1.40	1.05	1.32	1.26	1.19	1.16	0.90	0.78	0.79	0.71

5. 新疆对外开放度的分析与比较

从总体水平来看,新疆历年的对外开放水平均低于全国平均水平,而高于西部地区。但1999—2008年新疆对外开放度呈现逐渐上升趋势,从1999年的2.57%上升为2008年的7.55%,增长了192%,此后,由于受

2008 年金融危机的影响，2009 年起新疆的对外开放度出现下滑，2011 年新疆对外开放度下降到 5.06%（见表 7-11）。

与全国相比，1999—2011 年，全国平均对外开放度是新疆的 3 倍。由于受国际环境的影响，2001 年新疆和全国的对外开放度都有所下降，全国对外开放度下降 2%，而新疆对外开放度下降幅度更大，比 2000 年下降了 26%。此后，新疆对外开放度稳步增加，2008 年新疆对外开放度达到最大值 7.55%，2008 年，全国对外开放度是新疆的 1.9 倍，2009 年以后，全国对外开放度有所增长，而新疆对外开放度下降，两者差距不断增大。2011 年，全国对外开放度为新疆的 2.63 倍，比 2008 年增长了 38%（见表 7-11）。

与西部地区相比，新疆的对外开放度高于西部地区对外开放度平均水平。2001 年，两者差距最小，新疆对外开放度为西部地区的 1 倍，此后两者差距不断增大，2008 年两者差距达到最大值，新疆对外开放度 7.55% 为西部地区 3.05% 的 2.5 倍，增长了 150%。2008 年以后新疆对外开放度趋于下降，2010 年新疆对外开放度为 4.52%，比 2008 年最大值下降了 40%，而西部地区对外开放度始终维持在较低的水平上缓慢增长，两者差距趋于减小（见表 7-11）。

表 7-11　　　　　1999—2011 年新疆对外开放度及其比较　　　　　单位：%

年份	1999	2000	2001	2002	2003	2004	2005	2006	2007	2008	2009	2010	2011
新疆	2.57	2.78	2.05	2.86	4.18	4.25	4.91	4.70	5.91	7.55	4.60	4.52	5.06
西部	2.00	2.24	2.04	2.23	2.44	2.66	2.71	2.86	3.05	3.05	2.53	2.87	3.26
全国	9.10	10.62	10.41	11.36	13.21	15.04	15.31	15.32	14.98	14.04	11.05	12.89	13.33

五　提升新疆自我发展能力模式选择

新疆是我国重要的能源资源战略基地，是我国西部地区经济增长的重要支点，是我国向西开放的重要门户，是我国西北边疆的战略屏障。新疆在全国发展和稳定格局中具有特殊重要的战略地位。不断提高新疆对外开放水平，提升新疆自我发展能力，有利于促进新疆经济协调发展。

（一）扩大对内对外开放，发展开放型经济

扩大对外贸易。抓住我国加入 WTO 的机遇，充分利用上海合作组织、中亚区域经济合作机制等区域和双边合作机制，发挥新疆地缘优势，积极开展同中亚等周边国家的经贸合作。加快发展一般贸易、加工贸易、边境小额贸易等多种贸易方式，培育出口优势产业和优势产品、特色产品产业，加大新疆优质特色农副产品、机电产品、轻工、供电成套技术设备、石化、纺织、建材等技术含量高、附加值大的产品出口。加强同周边国家的深层次合作，加大进口国家急需的原料及资源性产品、先进技术和关键设备。在巩固中亚、欧洲等传统市场同时，开拓与中东海湾地区、俄罗斯、非洲等地区经贸往来。

合理有效地利用外资。积极利用国外优惠的贷款和国际商业贷款，重点发展农业、水利、能源、交通等领域，加快新疆基础设施和产业发展。加大招商引资力度，促使外商直接投资项目向各类产业园区集聚，扩大利用外资领域，引导外商投资石油化工、农牧产品深加工、环保再生能源等领域。同时，加大经济技术合作力度，将新疆资源、市场、劳动力与国外资金、技术、人才优势相结合，实现共同发展。

实施"走出去"战略。充分利用国内外"两种资源、两个市场"，鼓励新疆实力强的企业参与国际竞争。通过开展境外投资、对外工程承包以及劳务合作，扩大国际经济技术合作规模。同时制定和完善财政、税收、金融、保险、海关等政策保障措施，促进新疆"走出去"战略的实施。

（二）加快对外开放平台建设，提升向西开放水平

加强口岸通道功能建设。重点完善国家一类口岸功能，对有条件的口岸建立进出口加工区，强化口岸转口贸易、进出口加工制造、物流和商业服务等功能。加快改造陈旧落后的口岸基础设施和生活设施，提高新疆口岸通关能力。大力发展口岸经济，依托口岸加大边境贸易、旅游购物和边民互市贸易。

加快产业园区建设。充分发挥产业园区的产业集聚、资源整合、经济拉动、技术创新和辐射带动作用，完善产业园区基础设施配套建设，优化投资环境，引进创新人才，培育和发展一批特色鲜明、产业关联度高、竞争力强的产业园区，形成发展高地。重点建设喀什和霍尔果斯特殊经济开发区，着力推进与中亚、南亚、西亚以及国内其他省份经贸合作，把产业园区打造成带动经济社会发展的重要增长极和对外开放的窗口。

积极发挥区域经济合作机制作用。充分利用上海合作组织经济合作机制、中亚区域经济合作机制、中俄哈蒙阿尔泰区域经济合作机制等机制，加快发展与周边国家的投资与贸易，推进双边或区域贸易自由化的进程。

此外，充分发挥中国—亚欧博览会、中国新疆喀什—中亚南亚商品交易会、中国新疆伊宁—中亚国际进出口商品交易会、新疆塔城进出口商品交易会的作用，扩大展会在中亚、南亚、西亚、欧洲以及全世界的影响力，提升沿边区域中心城市的国际竞争力，提高新疆区域自我能力的发展。

（三）立足资源优势，培育重要支柱产业

做大做强特色优势产业。充分利用矿产和农牧产品资源优势和现有工业基础，不断优化产业结构，加快发展石油石化工业、煤炭和现代煤化工产业、优势矿产资源勘探开发、特色农副产品精深加工业、高新技术产业、战略性新兴产业，着力培育形成一批科技创新能力强、经济效益好、具有竞争优势的品牌产业。同时，加强农业基础设施建设，提高农业综合生产能力，大力推进棉花、粮食、特色林果和畜产品四大基地建设，实现优势产业跨越式发展，全面提升新疆区域自我发展能力。

培育壮大旅游产业。充分利用新疆独特的自然风光、民族风情和历史文化，深度开发新疆具有地域特色和民族特点的旅游品牌，重点建设喀纳斯、喀什、天池、吐鲁番等国际级旅游景点和景区。加快文化和自然遗产地、国家风景名胜区、森林公园等重点旅游建设，完善旅游景区基础设施建设，改善旅游交通条件，不断提升新疆旅游产业发展层次和水平。加强与省、区际及周边国家的旅游合作，积极开展冬季冰雪旅游、商务会展旅游、边境旅游等多种形式旅游，拓展旅游业发展空间和领域，把旅游业培育成重要支柱产业。

第二节　西南地区提升自我发展能力模式选择——以云南为例

一　云南基本情况

云南省地处我国西南边陲，陆地边境线长达4061公里，东与广西壮族自治区和贵州省毗邻，北以金沙江为界与四川省隔江相望，西北部紧靠西藏自治区，西部与缅甸接壤，南部与老挝、越南相邻。

云南省矿产资源、土壤资源极为丰富，而且云南能源资源得天独厚，水能、煤炭资源储量大。云南煤炭资源储量居全国第九位，全省已探明储量240亿吨。此外，云南地热能、太阳能、风能、生物能开发前景广阔。

云南省地热资源较为集中，全省有天然温热泉近700处，居全国之首；全省多数地区年日照时数2100—2300小时，太阳能资源丰富。

云南省民族风情绚丽多姿，文化历史悠久，具有独特的旅游资源。不仅有广袤的热带雨林和珍稀动植物，还有蜿蜒奔腾的"三江并流"奇观和壮观的喀斯特岩溶地貌，更有昆明、大理、景洪、瑞丽、丽江、香格里拉、腾冲、威信等旅游名城。截至2012年，联合国教科文组织在云南确定的世界遗产有五处，分别为丽江古城（世界文化遗产，1997）、三江并流（世界自然遗产，2003）、纳西东坝古籍文献（世界记忆遗产，2005）、石林（世界自然遗产，2008）和澄江化石地（世界自然遗产，2012）。此外云南还有众多特色文化资源，如云南印象、滇剧、花灯、东巴文、十八怪、茶马古道等。云南已成为中国和亚洲地区重要的国际旅游胜地和目的地。

二 云南对外开放历程回顾

云南省是我国重要的边疆省份和多民族聚居区，全省有8个州市、25个县市与越南、老挝、缅甸接壤，具有向西南开放的独特地缘优势，是我国通往东南亚和南亚的重要陆上通道，具有十分重要的战略地位。1978年十一届三中全会以来，云南对外开放不断迈出新的步伐。云南对外开放的历程，以沿边开放为起步，立足东南亚，面向南亚，经过三十多年的不懈努力，不断提升了对外、对内的开放水平。回顾改革开放以来云南对外开放的发展进程，云南的对外开放主要经历了三个发展阶段。

（一）云南对外开放的起步阶段（1978—1989）

改革开放初期，云南依托地缘优势，积极探索对外开放，发展边境贸易。1978年12月，瑞丽经国务院批准对外开放，1985年经德宏州政府批准为边境贸易区。1990年12月，云南瑞丽正式建立口岸，与缅甸木姐口岸对接。该口岸是我国一类陆路口岸和向第三国旅游开放口岸，是云南省第一个经国家批准的经贸、旅游型经济开发实验区。1980年，云南省政府决定在中缅边境恢复小额交易。1985年3月公布《云南省关于边境贸易的暂行规定》，进一步放宽边境贸易政策，取消边民互市在边境沿线20公里内进行的限制。为了加快发展边境贸易，云南省积极向国家争取边境贸易的有利政策，1985年6月，经国务院批准，玉溪市、通海县、楚雄市、曲靖市、景洪县、勐海县和丽江县被列为对外国人开放的地区。1988

年，国家决定云南省与老挝北部地区进行地方贸易。经过多年的发展，云南已初步形成了地方政府间贸易、边境民间贸易、边民互市等多层次、多形式、多渠道的边境贸易发展格局。

(二) 云南对外开放的发展阶段 (1990—1998)

20世纪90年代以后，云南立足东南亚、面向南亚，加强对外经济交流与合作。1990年，云南提出对外开放要以东南亚为重点的方针。1991年又提出"打开南门，走向亚太"的战略口号。1992年，云南省委、省政府制定了全省对外开放的基本方针，即在继续巩固、扩大同欧、美、日、澳等国家和地区友好交往和经济技术、贸易合作的同时，要充分发挥云南的区位优势，把对外开放工作的重点转移到东南亚方面来，使云南逐步成为祖国西南对外开放的前沿。同年6月，国务院批准云南省中缅边境的畹町、瑞丽和中越边境的河口为对外开放城市，享受11项优惠政策。7月，西南五省区第九次经济协调会在昆明召开，共同确定了大西南联合起来走向东南亚，扩大对外开放的总体发展战略。1992年，在亚洲开发银行的倡议下，澜沧江—湄公河流域内的六个国家（中国、柬埔寨、老挝、缅甸、泰国、越南）共同发起大湄公河次区域经济合作机制，加强各国之间的经济联系，促进了云南与东南亚各国的区域经济合作。同年，国务院又批准畹町市、河口县开办边境经济合作区。1993年5月，中缅腾冲—密支那公路正式通车，同月，中国云南河口—越南老街省老街口岸恢复开通。同年12月，国务院批准设立的磨憨陆运口岸正式开放，这是中国历史上中老边境组建的第一个国家级口岸，也是云南省继昆明、畹町、瑞丽、河口之后对邻国和第三国人员开放的第五个国家一类口岸。

(三) 云南对开放开的新阶段 (1999—至今)

1999年，云南省紧抓国家实施新一轮西部大开发的发展机遇，提出要建设绿色经济强省、民族文化大省和中国连接东南亚和南亚的国际大通道。5月，中国首届专业类世博会（昆明世界园艺博览会）成功举办，先后有5位外国国家元首和政府首脑、115个外国使节团和国家组织代表团前来参观。同年11月，云南省政府作出《关于进一步扩大对内开放的决定》，进一步建立和完善对内开放的法规政策，以及服务和监督保障体系，积极推进云南与其他省份的经济、技术、教育、文化等合作。同年，第一次孟中印缅地区经济合作论坛在昆明举行，四国代表共同签署了《昆明倡议》，促进经济合作。2000年，《国家计委办公厅关于解决云南边境贸易发展有关问题的复函》中继续给予云南边境贸易税收等优惠政策。2002年11月，中国与东盟签署了《中国与东盟全面经济合作框架协议》，加强和增进中国与东盟在经济、贸易和投资方面的合作，为云南对外开放提供了新的机遇。同月，云南省发布《云南省对外开放"十五"规划》，提出对策措施，对云南对外开放具有很强的指导意义。2011年5月，国务院批准并出台了《国务院关于支持云南省加快建设面向西南开放重要桥头堡的意见》，正式明确提出了云南省在我国区域发展和对外开放大格局中的特色和应发挥的作用，云南的对外开放进入加速发展阶段。

三 云南对外开放发展现状

云南地处我国西南边疆，具有突出的地缘优势和资源特色。改革开放30年以来，云南全面贯彻落实中央的对外开放方针，努力营造良好的对外开放环境和条件，面向东南亚、南亚，积极参加区域经济合作，在"走出去"和"请进来"中不断开拓对外开放领域。近年来，云南对外贸易增长幅度大，外向型经济日益繁荣，国际经济合作趋于完善，对外开放取得了巨大成就。

（一）对外贸易发展良好

自改革开放以来，云南充分利用其优越的区位条件及国家的优惠政策，使对外贸易逐渐发展成云南的经济支柱产业。特别是1999年国家实施新一轮西部大开发以后，云南的对外贸易进入突飞猛进的发展阶段（见图7-2）。云南外贸进出口产品数量不断增多，产品结构不断优化，产品质量不断提升，对外贸易取得了重大发展。

据统计数据显示，2011年云南外贸进出口总额在西部地区低于四川、重庆、广西、新疆这四个省份，排名第五。1999—2011年，云南外贸进出口以平均每年净增12亿美元的速度快速增长，2004—2007年云南进出口总额连续四年增幅超过了全国外贸进出口额的平均增幅。2011年云南进出口总额跨上新的台阶，达到160.53亿美元，为1999年的9.7倍。

随着云南进出口贸易额的不断增加，云南紧抓"调结构、转方式"的主线，进出口商品结构进一步优化。在出口方面，云南出口商品结构由资源型产品出口调整为劳动密集型和技术密集型产品。"十一五"末期，机电产品、农产品和纺织品成为云南第一、第二、第四大出口商品，分别为17.2亿美元、13.5亿美元和7亿美元，约占全省总出口的50%，打破

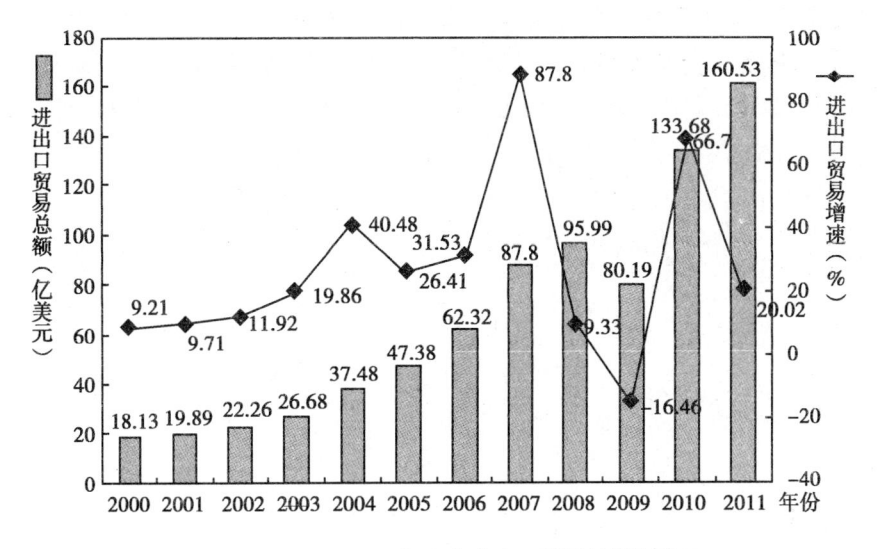

图 7-2 2000—2011 年云南进出口贸易总额与增速

了云南长期以来以有色金属和磷化工产品出口为主的格局。此外，云南大力进行特色产品出口，如花卉、松茸、咖啡等。在进口方面，进口商品结构也得到进一步优化，金属、非金属等原材料和生产型设备在进口中的比重进一步提高，2010 年原材料和生产型设备合计占进口额的比重达到62%，为云南省经济的发展和技术进步乃至产业升级发挥了重要的作用。

（二）利用外资规模不断扩大

云南利用外商直接投资起步较晚，1984 年第一家外资企业才进入云南。近年来，云南省吸引外资的总量不断增加，投资领域不断扩大。截至2010 年底，云南累积签订利用外资项目 2291 个，合同利用外资 106.45亿美元，实际利用外资金额 62.64 亿美元。外资的利用，对云南扩大对外开放，促进经济社会发展，提升云南区域自我发展能力作出了积极的贡献。

随着利用外资金额的不断增加，云南不断拓宽利用外资的领域。近年来，外商直接投资逐步从制造业、采矿业、电力、煤气及水生产和供应业为主，向农林牧渔业、房地产业、社会服务业、科学研究和综合技术服务业、新能源开发等行业扩展。同时云南利用外资改造提升云南传统产业，扩大高效生态农业，使得利用外资质量逐渐提高。

（三）口岸建设成效显著

在推进新一轮西部大开发的进程中，云南省也加快推进口岸建设，加快边境口岸经济发展，做大做强口岸经济，全面提高了对外开放水平。截至 2011 年底，云南省共有 23 个口岸，其中，由国务院批准开放的国家一类口岸 16 个，二类口岸 7 个（见表 7-12）。作为全国口岸大省和对东南亚开放的前沿，云南省已经形成了公路、铁路、水路、航空齐全，全方位开放的口岸格局。

表 7-12 云南省一、二类口岸

级别	类型	接壤国	口岸名称	所在云南地区
一类口岸	航空口岸		昆明航空口岸	昆明市
			西双版纳航空口岸	景洪市
			丽江机场航空口岸	丽江市
	水运口岸		景洪港口岸	景洪市
			思茅港口岸	普洱市
	铁路口岸	越南	河口陆运口岸	红河哈尼族、彝族自治州
	公路口岸	缅甸	瑞丽陆运口岸	德宏傣族景颇族自治州
		越南	河口陆运口岸	红河哈尼族、彝族自治州
		越南	金水河陆运口岸	金平苗族瑶族傣族自治县
		越南	天保陆运口岸	文山壮族苗族自治州麻栗坡县
		老挝	磨憨陆运口岸	西双版纳傣族自治州勐腊县
		老挝	勐康陆运口岸	普洱市江城县
		缅甸	畹町陆运口岸	德宏傣族景颇族自治州
		缅甸	猴桥陆运口岸	保山市腾冲县
		缅甸	孟定清水河陆运口岸	耿马傣族佤族自治县
		缅甸	打洛陆运口岸	西双版纳傣族自治州勐海县
二类口岸	公路口岸	越南	田蓬陆运口岸	文山壮族苗族自治州富宁县
		缅甸	孟连陆运口岸	孟连傣族拉祜族佤族自治县
		缅甸	沧源陆运口岸	临沧市沧源县
		缅甸	南伞陆运口岸	临沧市镇康县
		缅甸	章凤陆运口岸	德宏傣族景颇族自治州陇川县
		缅甸	盈江陆运口岸	德宏傣族景颇族自治州盈江县
		缅甸	片马陆运口岸	怒江傈僳族自治州泸水县

据统计资料显示（云南省商务厅口岸办），2011 年，云南全省口岸进出口总额 63.3 亿美元，同比增长 18.6%。其中出口 44.7 亿美元，进口

18.6亿美元,分别比2010年增长24.5%和6.6%。进出口货运量1008.3万吨,同比增长11.9%,其中出口272.1万吨,同比增长8.1%,进口736.2万吨,同比增长13.5%。2011年,云南出入境人数突破2000万人次,达到2243.9万人次,同比增长16.5%,其中出境1118万人次,同比增长16.4%,入境1125.9万人次,同比增长16.5%。出入境交通工具400.2万辆(艘、架、列)次,同比增长23.9%,其中出境200.6万辆(艘、架、列)次,入境199.6万辆(艘、架、列)次,分别增长24.7%和23.1%。

(四) 国际大通道建设进程不断加快

云南地处中国与东南亚、南亚三大区域的结合区,作为中国通往东南亚、南亚的门户,是我国唯一能够通过公路、铁路和水路进入环太平洋和环印度洋地区的省份。云南的对外开放不同于东部的沿海开放,主要是通过陆上通道进行的沿边开放。云南对外开放水平的提高,很大程度上取决于陆上通道的建设。

自1999年云南提出"建设连接东南亚、南亚国际大通道"的目标以来,云南省加快国际大通道建设以促进云南对外开放的发展,特别是在加快建设面向西南开放的重要"桥头堡"的新形势下,云南公路、铁路、航空和水运网络日趋完善,经过不断的建设与发展,云南铁路"八出省四出境"、公路"七出省四出境"、水运"两出省三出境"和航空"中国第四大门户枢纽机场"的交通格局已初步形成,初步形成通往东南亚、南亚国家的三条便捷的国际大通道:沿滇缅(昆畹)公路、中印(史迪威)公路和昆明至大理铁路西进到达缅甸、印度、孟加拉国等国的西路通道;由澜沧江至湄公河航运、昆明至打洛公路、昆明至曼谷公路和西双版纳机场构成的通往老挝、缅甸、泰国并延伸至马来西亚和新加坡的中路通道;由滇越铁路、昆河公路以及待开发的红河水运组成的通往越南的东路通道。同时在航空方面,云南已建设12个机场,开通了昆明、景洪等城市通往曼谷、清迈、河内、胡志明市、仰光、万象、琅勃拉邦、金边等24个国际城市的27条国际航线。国际大通道的建设,提高了云南对外开放的水平,对提升云南自我能力的发展具有积极的作用。

(五) 区域性国际合作稳步推进

20世纪90年代以来,中国深化与周边国家的经济合作,以大开放促进大开发，加快提升云南对外开放水平。近年来，在中国—东盟自由贸易区和大湄公河次区域合作框架下，云南先后与老挝、泰国、越南分别合作构建了"云南—老北"、"云南—泰北"、"中国云南—越南北部五省市经济协商会议"等合作机制，还积极推进孟中印缅（BCIM）地区经济合作机制。同时云南省加快实施"走出去"战略，培育"走出去"企业，给予"走出去"企业资金支持，完善"走出去"的优惠政策等，提升云南省参与国际经济分工合作的能力和水平。截至2011年底，云南省境外投资企业334家，对外实际投资累计达18.1亿美元。

1999—2011年，云南与东南亚和南亚的双边贸易规模不断扩大，增速明显加快（见表7-13）。其中，云南与东盟贸易由1999年的4.09亿美元增长到2011年的59.51亿美元，增长了13.5倍；与南亚贸易由1999年的0.33亿美元增长到2011年的10.82亿美元，增长了31.8倍。同期，云南与东南亚、南亚的贸易占云南省外贸总额的比重也不断增加，云南省区域性国际合作的地位和作用日益明显。

表7-13　　　　1999—2011年云南与东南亚和南亚贸易统计　　单位：亿美元、%

年份	东盟	南亚	东盟占全省比重	南亚占全省比重
1999	4.09	0.33	24.6	2.0
2000	4.61	0.57	25.4	3.1
2001	5.42	0.78	27.3	3.9
2002	6.39	0.87	28.7	3.9
2003	7.70	0.96	28.9	3.6
2004	10.09	1.91	26.9	5.1
2005	15.47	2.16	32.7	4.6
2006	21.75	2.16	34.9	3.5
2007	29.98	5.48	34.2	6.2
2008	27.64	8.98	28.8	9.4
2009	31.51	5.41	39.3	6.7
2010	45.75	9.31	34.2	7.0
2011	59.51	10.82	37.1	6.7

资料来源：云南省商务厅。

（六）旅游业发展势头良好

改革开放以来，云南旅游业一直呈现出快速发展的良好势头，经过多年的发展，旅游业已经成为云南支柱产业之一，带动云南经济快速发展，促进云南对外开放与合作。特别是 2005 年以来，云南开始实施旅游"二次创业"战略，推动旅游产业跨越发展，提升旅游产业国际化水平，努力把云南打造成国内一流、国际知名的旅游目的地。

近年来，云南旅游业紧抓新一轮西部大开发、建设面向西南开放的重要桥头堡等机遇，云南旅游业进入发展速度快、效益最好的时期。1999—2011 年，云南省接待海内外游客的规模迅速扩大。其中，接待海外游客从 104 万人次增加到 395.4 万人次，接待国内游客从 3674 万人次增加到 16300 万人次，分别增长了 2.8 倍和 3.44 倍。年均增长率分别达到了 14.6% 和 14.7%。同时，云南旅游总收入也快速增长。2011 年，云南全省旅游总收入为 1300.29 亿元，比 1999 年增长了 5.37 倍，年均增长率为 19.4%。其中，旅游外汇收入从 3.5 亿美元增加到 14.01 亿美元，年均增长率达到 14.7%；国内旅游收入从 175.08 亿元增加到 1195.73 亿元，年均增长率为 20.2%。

四 云南对外开放度测算与分析

云南是我国西南开放的桥头堡，改革开放以来，云南充分发挥其作为我国东南亚、南亚重要陆上通道优势，深化同东南亚、南亚的区域经济合作，不断提升沿边开放质量和水平。30 多年来云南的对外开放取得明显进展。

（一）云南对外开放度测算

根据云南经济发展的现状和实际情况，云南对外开放度的测算仍然选择外贸依存度、外资依存度、对外工程与劳务依存度、国际旅游依存度来建立对外开放度指标，以衡量区域自我发展能力。

本文依旧选取西部和全国的对外开放度来比较分析云南对外开放水平，西部和全国的对外开放度指标采用相同的指标项。计算云南 1999—2011 年 13 年对外开放度的数据如表 7-14 所示，为使数据计算更加准确，GDP（支出法）按各年人民币年平均汇率换算成美元。使用 SPSS19.0 对各指标的标准差和平均值进行计算，计算所得云南对外开放指标的权重如表 7-15 所示，得到的云南对外开放度的各项数据如表 7-

16 所示。

表 7-14 1999—2011 年云南涉外经济与 GDP 单位：万美元

年份	进出口贸易总额	实际利用外商直接投资总额	对外承包工程和劳务合作营业总额	国际旅游外汇收入总额	GDP（支出法）
1999	165967	15385	12756	35033	2294607
2000	181283	12812	15471	33902	2429472
2001	198906	6457	14559	36701	2583530
2002	222635	11166	22577	41930	2794206
2003	266767	16752	24424	34014	3088137
2004	374777	14152	33648	42245	3723463
2005	473822	17352	38766	52801	4289522
2006	623174	30234	43371	65844	5107303
2007	877975	39453	50028	85958	6460526
2008	959936	77688	62033	100755	8196705
2009	801912	91010	74195	117221	9031987
2010	1336795	132902	99002	132365	10582243
2011	1602877	173800	114468	160861	88931000

资料来源：历年《云南统计年鉴》。

表 7-15 云南对外开放度各指标的权重

指标	标准差	平均值	变异系数	权重
外贸依存度	2.24	9.93	0.23	0.23
外资依存度	0.30	0.63	0.48	0.49
对外工程与劳务依存度	0.13	0.77	0.17	0.17
国际旅游依存度	0.13	1.31	0.10	0.10

表 7-16 1999—2011 年云南对外开放度及相关指标 单位：%

年份	外贸依存度	外资依存度	对外工程与劳务依存度	国际旅游依存度	对外开放度
1999	7.23	0.67	0.56	1.53	2.26
2000	7.46	0.53	0.64	1.40	2.25
2001	7.70	0.25	0.56	1.42	2.16
2002	7.97	0.40	0.81	1.50	2.34

续表

年份	外贸依存度	外资依存度	对外工程与劳务依存度	国际旅游依存度	对外开放度
2003	8.64	0.54	0.79	1.10	2.53
2004	10.07	0.38	0.90	1.13	2.80
2005	11.05	0.40	0.90	1.23	3.05
2006	12.20	0.59	0.85	1.29	3.41
2007	13.59	0.61	0.77	1.33	3.73
2008	11.71	0.95	0.76	1.23	3.45
2009	8.88	1.01	0.82	1.30	2.84
2010	12.63	1.26	0.94	1.25	3.85
2011	12.25	1.33	0.87	1.23	3.74

(二) 云南对外开放度分析

1. 云南外贸依存度的分析与比较

在对外贸易方面，1999—2008 年，云南对外贸易发展良好，对外贸易总额由 1999 年的 16.6 亿美元不断增加到 2008 年的 96 亿美元，增长了 4.8 倍。云南外贸依存度整体呈上升趋势，其中 2007 年外贸依存度达到 13.59%，为统计年份内外贸依存度的最大值。2008 年受全球性金融危机的影响，云南对外贸易总额出现回落，云南外贸依存度也有所降低，2009 年云南外贸依存度下降为 8.88%，比 2008 年下降了 24.1%。2010 年云南采取一系列政策刺激对外贸易的发展，2011 年，云南对外贸易额在 2009 年出现下降后回升，对外贸易总额达到 160.2877 亿美元，比 2009 年增长了 99.8%，是 1999 年的 9.66 倍（见表 7-17）。

与全国相比，云南的平均外贸依存度 10.11% 远低于全国平均水平 50.26%，但云南外贸依存度增长速度却明显高于全国。1999 年，全国对外贸易依存度为 32.77%，是云南的 4.5 倍（见表 7-17），此后全国对外贸易依存度与云南之比波动起伏，两者之比从 2003 年最大值 5.97 下降到 2011 年的 4.35。

与西部地区相比，云南的外贸依存度与西部地区外贸依存度差距不大。2003 年西部地区外贸依存度与云南之比最大，仅为 1.16，而 2011 年两者之比最小，也仅为 1.03。云南外贸依存度变化趋势与西部地区大致相同。

表7-17　　1999—2010年云南外贸依存度及其比较　　单位:%

年份	1999	2000	2001	2002	2003	2004	2005	2006	2007	2008	2009	2010	2011
云南	7.23	7.46	7.70	7.97	8.64	10.07	11.05	12.20	13.59	11.71	8.88	12.63	12.25
西部	7.39	8.54	7.63	8.45	10.03	10.98	11.01	11.61	12.49	12.22	9.35	10.77	12.70
全国	32.77	39.76	38.69	42.65	51.55	59.43	61.32	61.86	60.48	56.53	43.54	51.49	53.38

2. 云南外资依存度的分析与比较

在外商直接投资方面，云南实际利用外商直接投资从1999年的15385万美元增长到2011年的173800万美元，增长了11.3倍。其中，2001年云南实际利用外商直接投资最小为6457万美元，比2000年下降了49.6%；2008年云南实际利用外商直接投资增长幅度最大，达到96.9%。1999年至2001年云南外资依存度连续下降，此后有所回升，2004年至2011年云南外资依存度不断增长，2011年云南外资依存度为1.33%，比1999年增长了88.1%（见表7-18）。

与全国相比，云南外资依存度低于全国，全国平均外资依存度为2.76%，是云南的4.4倍。其中，2001年全国外资依存度与云南的差距最大，达到14.2倍。2002—2010年，全国外资依存度不断减小，而云南外资依存度稳步上升，两者差距逐渐变小，2010年，全国外资依存度与云南外资依存度差距最小，仅为1.46倍，比2001年缩小了98.5%（见表7-18）。

与西部地区相比，云南外资依存度与西部地区外资依存度都呈上升趋势，云南外资依存度低于西部地区，但云南外资依存度上升速度却快于西部地区。西部地区与云南外资依存度的差距由2001年的最大3.6倍逐年下降到2011年的1.3倍，下降比例达到63.9%（见表7-18）。

表7-18　　1999—2010年云南外资依存度及其比较　　单位:%

年份	1999	2000	2001	2002	2003	2004	2005	2006	2007	2008	2009	2010	2011
云南	0.67	0.53	0.25	0.40	0.54	0.38	0.40	0.59	0.61	0.95	1.01	1.26	1.33
西部	1.06	0.95	0.89	0.97	0.97	0.94	1.04	1.18	1.23	1.41	1.51	1.75	1.92
全国	3.66	3.41	3.56	3.62	3.24	3.12	2.60	2.21	2.08	2.04	1.78	1.83	1.73

3. 云南对外工程与劳务依存度的分析与比较

1999—2011年，云南对外承包工程和劳务合作额不断增加，由1999

年的12756万美元增长到2011年的114468万美元，增加了8.97倍；云南对外工程与劳务依存度上下起伏，但总体呈上升趋势。2010年对外工程与劳务依存度达到最大0.94%，为1999年最小的1.7倍。其中，2004年和2005年两年，云南对外工程与劳务依存度趋于稳定，连续两年对外工程与劳务依存度为0.90%（见表7-19）。

与全国相比，全国平均对外工程与劳务依存度为云南的1.59倍。2002年，全国对外工程与劳务依存度与云南差距最小，全国对外工程与劳务依存度为0.99%，是云南的1.2倍；2004—2009年两者差距不断增大，2009年两者差距达到最大值，全国对外工程与劳务依存度为云南的2.1倍，差距增大了75%。

与西部地区相比，1999—2001年云南对外工程与劳务依存度高于西部地区，与西部地区的差距不断减小，云南对外工程与劳务依存度与西部地区之比由1999年的1.87倍下降到2001年的1.33倍。2002年回升达到2.1倍，此后六年，云南对外工程与劳务依存度与西部地区差距不断减小，2008年云南对外工程与劳务依存度是0.76%仅为西部地区的1.2倍，差距最小（见表7-19）。

表7-19　　1999—2010年云南对外工程与劳务依存度及其比较　　单位：%

年份	1999	2000	2001	2002	2003	2004	2005	2006	2007	2008	2009	2010	2011
云南	0.56	0.64	0.56	0.81	0.79	0.90	0.90	0.85	0.77	0.76	0.82	0.94	0.87
西部	0.30	0.41	0.42	0.39	0.40	0.39	0.43	0.44	0.44	0.63	0.68	0.67	0.71
全国	1.02	0.95	0.92	0.99	1.04	1.10	1.15	1.25	1.33	1.44	1.71	1.75	1.52

4. 云南国际旅游依存度的分析与比较

在国际旅游依存度方面，云南旅游资源丰富，旅游业是云南的战略性支柱产业。1999—2011年，云南国际旅游外汇收入由35033万美元增长到160861万美元，增长幅度达359%。然而云南国际旅游依存度却从1999年的1.53%下降到2011年是1.23%（见表7-20）。

与全国相比，云南国际旅游依存度总体上高于全国平均水平。1999—2003年，两者差距不大，2000年云南国际旅游依存度仅为全国的1.03倍；2004年，全国国际旅游依存度达1.32%，比2003年增长25.7%，超过云南；2005—2011年全国国际旅游依存度不断下降，而云南国际旅游依存度变化不大，从整体上看，2005年以后，云南国际旅游依存度又高于全国，且差距拉大，2009年，云南国际旅游依存度与全国差距最大，为全国的1.66倍（见表7-20）。

与西部地区相比，云南国际旅游依存度高于西部地区平均水平，但云南国际旅游依存度变化趋势与西部地区基本相同。1999—2003年，云南国际旅游依存度与西部地区差距上下起伏波动，总体呈下降趋势，2000年两者差距最小，云南国际旅游外汇依存度是1.40%，为西部0.79%的1.77倍。2004—2009年，云南与西部地区国际旅游依存度差距不断增大，由2004年的1.8倍增加到2009年的2.94倍，达到最大（见表7-20）。

表7-20　　　　1999—2010年云南国际旅游依存度及其比较　　　单位:%

年份	1999	2000	2001	2002	2003	2004	2005	2006	2007	2008	2009	2010	2011
云南	1.53	1.40	1.42	1.50	1.10	1.13	1.23	1.29	1.33	1.23	1.30	1.25	1.23
西部	0.73	0.79	0.78	0.80	0.44	0.62	0.63	0.62	0.64	0.43	0.44	0.44	0.48
全国	1.28	1.36	1.35	1.40	1.05	1.32	1.26	1.19	1.16	0.90	0.78	0.79	0.71

5. 云南对外开放度的分析与比较

如表7-21所示，从总体水平来看，云南历年的对外开放水平低于全国平均水平，略高于西部地区。1999—2011年，云南对外开放度整体呈上升趋势，但增长缓慢，2010年云南对外开放度为3.85%，是近12年来的最大值，比1999年实施新一轮西部大开发以来提升了70.4%。其中，由于受2008年全球金融危机的影响，2009年云南对外开放度仅为2.84%，比2008年下降了17.7%。

与全国相比，全国平均对外开放度是云南的4.4倍。1999—2004年，云南对外开放度与全国水平差距不断增大，全国对外开放度与云南之比由1999年的4.02倍增大到2004年的5.37倍，此后，全国对外开放度有所下降，云南对外开放度总体提升，两者差距不断减小，2010年两者差距最小，全国对外开放度为云南的3.35倍。

与西部地区相比，云南对外开放度与西部地区对外开放度相差不大，云南平均对外开放度仅为西部地区的1.61倍。2000年两者差距最小，云南对外开放度与西部地区对外开放度趋于相等；2010年两者差距最大，云南对外开放度是西部地区的1.34倍，增长了34%。

表7-21　　　　1999—2010年云南对外开放度及其比较　　　　　单位:%

年份	1999	2000	2001	2002	2003	2004	2005	2006	2007	2008	2009	2010	2011
云南	2.26	2.25	2.16	2.34	2.53	2.80	3.05	3.41	3.73	3.45	2.84	3.85	3.74
西部	2.00	2.24	2.04	2.23	2.44	2.66	2.71	2.86	3.05	3.05	2.53	2.87	3.26
全国	9.10	10.62	10.41	11.36	13.21	15.04	15.31	15.32	14.98	14.04	11.05	12.89	13.33

五 提升云南自我发展能力模式选择

通过对云南与全国和西部对外开放水平的分析和比较，可以看出，无论是各项指标还是综合对外开放度，云南均低于全国水平。云南地处我国西部地区，由于起步晚、基础差，与沿海先进省份相比，在对外开放的领域、层次和水平上都有很大差距，限制了云南自我发展能力的提升。在经济全球化曲折发展、国际区域经济合作不断深化和国家进一步深入实施新一轮西部大开发战略的新形势下，把云南省建设成为面向西南开放的重要桥头堡，有利于提升云南沿边开放质量和水平，进一步形成全方位对外开放新格局，同时推动云南经济社会又好又快的发展，促进云南自我发展能力的提升。按照立足当前、着眼长远的原则，提出如下提升云南自我发展能力的对策建议。

（一）加强基础设施建设，提高支撑保障能力

围绕我国面向西南开放的重要桥头堡战略，建设连接川渝黔贵藏，走向东南亚、南亚，通边达海、内通外畅的综合交通大通道。加快推进中缅、中越、中老泰等国际铁路通道和云贵铁路、沪昆铁路、广大铁路、成昆铁路、渝昆铁路等境内铁路通道的规划和建设。实施中缅、中越、中老泰等国际公路云南境内路段的高速化改造。重点推进昆明至重庆、昆明至汕头、瑞丽至杭州、昆明至广州等国家高速公路云南段建设，加快省内州市间高速通道、滇中城市经济圈城际快速交通、兴边富民沿边干线公路、重要旅游区快速通道的建设。推进三条出境水运通道（澜沧江—湄公河国际航运、中越红河水运通道、中缅陆水联运）和两条出省水运通道（金沙江—长江、右江—珠江）的建设，以及水富港、景洪港、富宁港等港口的改造扩建。加快推进以国家门户枢纽机场（昆明新机场）为核心，以丽江、西双版纳、香格里拉、腾冲等干、支线为基础的机场体系建设，形成直飞东南亚、南亚、中东、欧美等主要国家和国内重要城市的空中经

济走廊。

(二) 加强经贸交流合作，全面提升开放水平

拓展国际区域经济合作。应充分利用中国—东盟自由贸易区平台，进一步加强大湄公河次区域合作机制、中国—南亚合作机制，充分发挥云南与东南亚、南亚相邻的区位优势，积极推进与缅甸、老挝、越南的边境特色贸易，提升云南国际区域合作水平。在继续巩固东南亚、南亚市场的同时，努力开拓欧洲、非洲、独联体和中东市场，扩大自主性高技术含量、高附加值产品和特色优势产品出口，扩大先进技术、关键设备和能源、原材料进口，进一步优化进出口结构。同时积极利用中国—东盟投资合作基金，扩大云南对外经济技术合作，支持云南同国外开展交通、城市建设、基础设施、资源开发等方面合作，带动云南技术和劳务输出。

加强对内区域经济合作。吸引中央企业和其他省份的企业来云南投资发展，加强经济合作，积极吸引省外资金、人才、技术。同时充分发挥比较优势，加快云南承接产业转移步伐，加大承接劳动密集型产业和资金、技术密集型产业。另外，云南要全方位拓展与泛珠江三角经济区、长江三角经济带、北部湾经济区等区域的横向经济联系与合作，利用各自资源和区位优势，开发优势产业，促进区域内生产要素流动、产业集聚，形成集聚优势，加强云南区域竞争力，提升云南自我发展能力。

加强对外开放平台建设。不断健全与东南亚、南亚的多层次、多领域的合作协调机制，提升孟中印缅地区经济合作层次和水平。提高昆交会，中国—南亚国家商品展、中缅、中老、中越边交会，以及中国—南亚商务论坛、中国东盟华商会、亚太华商论坛的影响力。争取国家将南亚国家商品展升级为中国—南亚博览会，加快形成集商品展览、招商引资、经济合作于一体的对外经贸平台。此外，积极推进昆明、红河等综合保税区和水富、富宁、景洪水运港口物流保税区建设，促进边境地区的区位优势向经济优势转化。同时，加快口岸建设，完善口岸功能，推进与周边国家通关便利合作，发挥口岸经济，拉动地方经济发展。

加快实施"走出去"战略。积极支持有条件的企业"走出去"，扩大对外直接投资。通过利用境外资源和市场，鼓励云南企业与周边国家进行资源开发、工程承包和劳务合作，加快形成一批跨国公司和国际知名品牌。加大对"走出去"企业的资金支持力度，以对其鼓励和支持。同时进一步放宽投资领域限制，适度下放境外投资审批权限，进一步推进投资

便利化。

（三）立足资源和区位优势，建立外向型特色产业基地

加强特色优势产业发展。发挥云南区域资源、资本、技术等综合生产要素的禀赋优势，大力发展特色优势产业，增强区域经济综合竞争力，把滇中、滇东北、滇东南、滇西和滇西北、滇西南地区分别建设成特色鲜明、分工有序、协调发展的特色优势产业基地。在农业方面，做大做强"云系"、"滇牌"等特色农产品品牌，重点扶持烟草、茶叶、花卉、咖啡、中药材等特色优势农业，发展外向型农业，扩大优势农产品出口。在工业方面，充分利用国内外优势资源，对传统工业进行改造升级，重点改造石油化工、装备制造、有色金属、钢铁等产业。同时，培育壮大战略性新兴产业，大力发展生物、新材料、高端装备制造、新能源等产业。构建以现代农业为基础、新能源为支撑、战略性新兴产业为先导的特色优势产业发展格局。

推动旅游业跨越式发展。充分发挥云南特色民族文化、历史文化、地域文化资源和自然资源优势，加强国内和省内旅游合作，加大旅游对外交流与合作，把云南建设成面向东南亚、南亚国际区域旅游圈和国内一流的旅游目的地。同时，优化旅游产业布局，形成滇中、滇西北、滇西南、滇西、滇东南和滇东北六个功能完善、特色突出的品牌旅游区。推进云南旅游业综合改革，简化游客出入境手续，推进相关出入境便利措施。此外，积极引入世界品牌连锁酒店，提升云南旅游服务水平，加快云南旅游业跨越式发展。

加快商贸物流业发展。建设以滇中城市经济圈，滇西、滇东南、滇西北、滇西南、滇东北城市群为次中心的国际商贸枢纽，建设对内连接中西部各省、长江三角洲地区、珠江三角洲地区，对外连接东南亚、南亚的商贸物流通道。重点建设昆明国际性物流中心，曲靖、大理、红河等区域性物流中心，推进景洪、富宁等港口以及河口、磨憨、腾冲等口岸保税物流园区的建设，形成效率高、辐射广、开放度强的综合商贸流通体系。

加快金融服务业发展。积极吸引国内外银行机构在云南发展，扩大融资规模，提升云南金融业总体实力，把昆明建设成面向东南亚、南亚的区域性金融中心。扩大金融开放，推进金融创新，建设完善的金融产品市场。同时完善中小企业信用担保机制，设立投资基金，为云南经济社会全面协调可持续发展提供有力的金融支持。

（四）发挥区域比较优势，促进区域协调发展

发挥沿边开放经济带窗口作用。重点建设边境经济合作区和跨境经济合作区，完善跨境交通和口岸等基础设施建设，积极发展沿边特色产业和边境贸易，加快形成沿边经济带。加快瑞丽沿边重点开发开放实验区，中越河口—老街、中缅瑞丽—木姐和中老磨憨—磨丁跨境经济合作区，麻栗坡（天保）、耿马（孟定）、腾冲（猴桥）、孟连（勐阿）、泸水（片马）和勐腊（磨憨）边境经济合作区建设，完善沿边交通等基础设施建设，促进资金、人才、技术向边境地区聚集。积极发展边民互市贸易、保税物流、跨境旅游，加强跨境和边境经济合作，使边境地区成为重要的外向型特色产品生产、出口加工基地，提高边境地区自我发展能力。

完善对内对外经济走廊作用。依托铁路、公路、航空、水运等交通，充分发挥云南的区位优势，强化对外经济走廊的桥梁作用，加快建设中越昆明—河内经济走廊、中老泰昆明—曼谷经济走廊、中缅昆明—皎漂经济走廊、中缅昆明—密支那经济走廊。推动云南与东南亚、南亚地区在交通、能源、资源、农业、旅游等领域的合作，扩大贸易和相互投资规模。同时增强对内经济走廊的纽带作用，建设昆明—文山—广西北部湾—广东珠三角经济走廊、昆明—昭通—成渝经济走廊、昆明—丽江—香格里拉—西藏昌都经济走廊，加强与国内其他省份的合作，提高合作层次，扩大合作领域，为我国其他省份进入东南亚和南亚发挥纽带作用。

参 考 文 献

[1] [英] 亚当·斯密：《国富论》，唐日松译，华夏出版社2005年版。
[2] [印] 阿玛蒂亚·森：《以自由看待发展》，任颐、于真译，中国人民大学出版社2002年版。
[3] 林毅夫：《自生能力、经济转型与新古典经济学的反思》，《经济研究》2002年第12期。
[4] 田官平、张登巧：《增强民族地区自我发展能力的探讨》，《吉首大学学报》（社会科学版）2001年第2期。
[5] 段舜山、徐建华：《反贫困的战略选择——甘肃两西扶贫开发战略与对策》，甘肃科学技术出版社1996年版。
[6] 王科：《中国贫困地区自我发展能力研究》，博士学位论文，兰州大学，2008年。
[7] 朱彤书：《近代西方经济理论发展史》，华东师范大学出版社1989年版。
[8] 罗晓梅：《论生存方式的变革与西部自我发展能力的提升》，《探索》2007年第4期。
[9] 周彦、吴一丁：《新疆区域自我发展能力分析》，《科技信息》2007年第31期。
[10] 王科：《中国贫困地区自我发展能力解构与培育——基于主体功能区的新视角》，《甘肃社会科学》2008年第3期。
[11] 魏敏、李国平：《区域竞争力的区位差异分析——兼论提高西部地区区域竞争力的途径》，《财贸研究》2003年第5期。
[12] 田官平：《增强民族地区自我发展能力的探讨——兼对湘鄂渝黔边民族地区发展的思考》，《吉首大学学报》2001年第2期。
[13] 李盛刚：《西部民族地区农村自我发展问题研究》，《甘肃社会科学》2006年第6期。
[14] 陈军民：《贫困地区农村自主发展能力研究》，《广西农业科学》2008年第3期。

[15] 徐君：《四川民族地区自我发展能力建设问题》，《西南民族大学学报》2003年第6期。

[16] 郑宝华、张兰英：《中国农村反贫困词汇析义》，中国发展出版社2004年版。

[17] 黄颂文、宋才发：《西部民族地区扶贫开发及其法律保障研究》，中央民族大学出版社2006年版。

[18] 樊怀玉、鲜力群：《农村贫困监测实务与贫困问题研究》，甘肃人民出版社2005年版。

[19] 赵曦：《中国西部农村反贫困战略研究》，人民出版社2009年版。

[20] 陈全功、程蹊：《空间贫困及其政策含义》，《贵州社会科学》2010年第8期。

[21] 尚永正：《对甘肃农村贫困人口生态扶贫的思考》，《甘肃农业》2004年第2期。

[22] 龚晓宽：《中国农村扶贫模式创新研究》，博士学位论文，四川大学，2006年。

[23] 于存海：《西部地区贫困特区的内涵与制度建设》，《内蒙古社会科学》2003年第2期。

[24] 景文宏、黄文秋、周潮：《欠发达地区农村贫困性质的转变和扶贫战略调整》，《西北人口》2009年第4期。

[25] 蔡昉、都阳：《中国农村贫困性质的变化与扶贫战略调整》，《中国农村观察》2005年第5期。

[26] 王明黔、王娜：《西部民族贫困地区反贫困路径选择辨析——基于空间贫困理论视角》，《贵州民族研究》2011年第4期。

[27] 陈凌建：《中国农村反贫困模式与选择》，《湘潭师范学院学报》2009年第11期。

[28] 曲炜、涂勤、牛叔文：《贫困与地理环境关系的相关研究述评》，《甘肃社会科学》2010年第1期。

[29]《努力扭转收入差距扩大趋势》，《人民日报》2010年2月2日。

[30] 曹洪民：《中国农村开发式扶贫模式研究》，博士学位论文，中国农业大学，2003年。

[31] 解恒：《贫困度量问题研究》，硕士学位论文，湘潭大学，2006年。

[32] 马骥：《空间经济学理论体系及其新发展》，《生产力研究》2009年

第 11 期。

[33] 李献中、刘月霞：《农村贫困群体的"六大瓶颈"问题及对策研究》，《农村经济》2005 年第 7 期。

[34] 尚正永：《甘肃省区域贫困的特征、原因与对策》，《兰州学刊》2004 年第 1 期。

[35] 许陵：《关于我国农村扶贫问题的综述》，《经济研究参考》2006 年第 55 期。

[36] 《2010 年甘肃省发展年鉴》，中国统计出版社 2010 年版。

[37] 国家统计局国民经济综合统计司：《新中国六十年统计资料汇编》，2009 年。

[38] 《甘肃省改革开放三十年扶贫资料汇编》，2009 年。

[39] 祝伟：《经济增长、收入分配与农村贫困》，博士学位论文，兰州大学，2011 年。

[40] 世界银行：《1990 年世界发展报告》，中国财政经济出版社 1990 年版。

[41] 世界银行：《1981 年世界发展报告》，中国财政经济出版社 1981 年版。

[42] ［美］奥珊斯基：《如何度量贫困》，中国科学技术出版社 1989 年版。

[43] 冯之浚：《区域经济发展战略研究》，经济科学出版社 2002 年版。

[44] 毛志锋：《人类文明与可持续发展》，新华出版社 2004 年版。

[45] 高孝堂：《对改善西部地区投资环境的理性思考》，《改革与战略》2003 年第 10 期。

[46] 张可云：《中国区域经济政策问题研究》（上），《理论研究》1997 年第 2 期。

[47] 周亚成、兰彩萍：《新疆牧区少数民族自我发展能力浅析》，《新疆大学学报》2003 年第 6 期。

[48] 曾艳华：《农民发展能力的问题与对策》，《改革与战略》2006 年第 6 期。

[49] 王科：《中国贫困地区自我发展能力解构与培育》，《甘肃社会科学》2008 年第 3 期。

[50] 林毅夫：《自生能力、经济转型与新古典经济学的反思》，《经济研

究》2002 年第 12 期。

[51] 赵建古:《基于区域自生能力的胶新铁路经济带构建》,《河南科学》2007 年第 6 期。

[52] 李庆春:《基于区域自生能力的中部崛起战略》,《特区经济》2007 年第 2 期。

[53] 姜安印:《主体功能区:区域发展理论新境界和实践新格局》,《开发研究》2007 年第 2 期。

[54] 康晓光:《中国贫困与反贫困理论》,广西人民出版社 1995 年版。

[55] 朱智文、雷兴长:《西部开发中的"三农"问题研究》,甘肃人民日报出版社 2003 年版。

[56] 周茂春、邓鹏:《西部农村贫困陷阱反思及终结治理》,《云南财经大学学报》2009 年第 2 期。

[57] 贾楠:《西部开发 10 年民族地区农村贫困人口减 2500 万》,《北京日报》2009 年 11 月 22 日。

[58] 国家统计局农村社会经济调查总队:《中国西部农村统计资料》,中国统计出版社 2000 年版。

[59] 罗洪群、田乐蒙等:《西部民族地区产业发展的结构障碍及调整策略》,《软科学》2010 年第 8 期。

[60] 闫磊、姜安印:《区域自我发展能力的内涵和现实基础——空间管制下区域自我发展能力研究》,《甘肃社会科学》2011 年第 2 期。

[61] 汪晓文、何明辉、李玉洁:《基于空间贫困视角下的扶贫模式再选择——以甘肃为例》,《甘肃社会科学》2012 年第 5 期。

[62] 《2011 年甘南藏族自治州国民经济和社会发展统计公报》,http://www.gstj.gov.cn/doc/ShowArticle.asp?ArticleID=13389。

[63] 魏权龄:《数据包络分析》,科学出版社 2004 年版。

[64] 吴晓云:《我国各省区生产性服务业效率测度——基于 DEA 模型的实证分析》,《山西财经大学学报》2010 年第 6 期。

[65] 高亚春:《基于 DEA 的我国各地区经济相对效率评价研究》,《统计教育》2009 年第 1 期。

[66] 王燕超、马晓东、边美婷:《基于 DEA 的苏北与苏南地区经济效率评价》,《经济问题探索》2007 年第 12 期。

[67] 林毅夫:《自生能力与改革的深层次问题》,《经济社会体制比较》

2002年第2期。

[68] 国家计委宏观经济研究院课题组：《我国资源型城市的界定与分类》，《宏观经济研究》2002年第11期。

[69] 刘吕红：《西部资源枯竭型城市转型路径选择及政策设计》，《青海社会科学》2009年第6期。

[70] 周克全：《我国资源枯竭型城市经济转型问题——以甘肃省白银市为例》、《甘肃社会科学》2006年第3期。

[71] 于立等：《资源枯竭型城市产业转型问题研究》，中国社会科学出版社2008年版。

[72] 刘晶：《我国资源枯竭型城市就业问题研究》，学位论文，东北师范大学，2007年。

[73] 张婷婷：《辽宁省资源枯竭型城市转型发展的对策研究》，学位论文，东北财经大学，2011年。

[74] 杨多贵等：《发展观的演进——从经济增长到能力建设》，《上海经济研究》2002年第4期。

[75] 成学真、陈小林：《区域发展自生能力界定与评价指标体系构建》，《内蒙古社会科学》（汉文版）2010年第1期。

[76] 李朝旗等：《基于主成分分析的区域可持续发展能力评价——以江苏省为例》，《区域经济》2009年第1期。

[77] 卢纹岱：《SPSS统计分析》（第4版），电子工业出版社2012年版。

[78] 白银市发展和改革委员会、白银市经济转型办公室：《甘肃省白银市资源枯竭型城市转型规划》，2009年。

[79] 玉门市发展和改革委员会：《甘肃省玉门市资源枯竭型城市转型规划》，2010年。

[80] 张米尔、孔令伟：《资源型城市产业转型的模式选择——以甘肃省金昌市、白银市和玉门市为例》，《西安交通大学学报》（社会科学版）2003年第3期。

[81] 齐建珍：《资源城市转型学》，人民出版社2008年版。

[82] 李建华：《资源型城市可持续发展研究》，社会科学文献出版社2007年版。

[83] 余华银、张焕明：《中国经济开发区投资环境综合评价》，科学出版社2010年版。

[84] 李森:《困境和出路——转型期中国开发区发展研究》,中国财政经济出版社 2008 年版。

[85] 魏家雨、钟婷、吴卓群、蒋慧:《美国区域经济研究》,上海科学技术文献出版社 2011 年版。

[86] 吴德礼:《基于转型经济:区域发展理论研究与规划实务》,中国财政经济出版社 2008 年版。

[87] 林毅夫:《解读中国经济》,北京大学出版社 2012 年版。

[88] 陈国林、淳悦峻:《"走出去"开放战略研究》,《中共云南省委党校学报》2008 年第 1 期。

[89] 祁海:《对外开放会压制民族电影业吗?近三年广州国产片市场面面观》,《电影艺术》1998 年第 3 期。

[90] 曹令军:《中国对外开放:一个政策的国内外动态研究》,《河南社会科学》2010 年第 18 期。

[91] 张秀生:《区域经济学》,武汉大学出版社 2001 年版。

[92] 杜琼:《第三亚欧大陆桥的构建与我国西部地区开放型经济发展的未来趋向》,《理论导刊》2008 年第 12 期。

[93] 王玉清:《构建新一轮西部大开发中的大开放格局》,《开放导报》2012 年第 4 期。

[94] 方创琳:《区域发展战略》,科学出版社 2002 年版。

[95] 谭崇台:《发展经济学概论》,武汉大学出版社 2008 年版。

[96] 王秉安、陈振华:《区域竞争力理论与实证》,航空工业出版社 2000 年版。

[97] 王与君:《中国经济国际竞争力》,江西人民出版社 2000 年版。

[98] 左继宏、胡树华:《区域竞争力的指标体系及评价模型研究》,《商业研究》2005 年第 16 期。

[99] 郭秀云:《灰色关联法在区域竞争力评价中的应用》、《统计与决策》2004 年第 11 期。

[100] 张敦富:《知识经济与区域经济》,中国轻工业出版社 2000 年版。

[101] 黄鲁成:《宏观区域创新体系的理论模式研究》,《中国软科学》2002 年第 1 期。

[102] 梁双陆、程小军:《国际区域经济一体化理论综述》,《经济问题探索》2007 年第 1 期。

［103］魏后凯：《现代区域经济学》，经济管理出版社 2006 年版。

［104］陈秀山、张可云：《区域经济理论》，商务印书馆 2004 年版。

［105］方创琳：《区域发展规划论》，科学出版社 2000 年版。

［106］杨开忠：《迈向空间一体化》，四川人民出版社 1993 年版。

［107］林毅夫、蔡昉、李周：《比较优势与发展战略》，《中国社会科学》1999 年第 5 期。

［108］孙久文、叶裕民：《区域经济学教程》，中国人民大学出版社 2003 年版。

［109］张敦富：《区域经济学原理》，中国轻工业出版社 1999 年版。

［110］李罗力：《略论我国对外开放的理论含义》，《天津社会科学》1984 年第 6 期。

［111］刘易斯：《经济增长理论》，上海三联书店 1994 年版。

［112］曾海英：《欠发达地区开放型经济发展动力研究》，经济管理出版社 2008 年版。

［113］于立新：《西北五省区在西部开发中的对外开放问题研究》，《上海经济研究》2000 年第 9 期。

［114］冯世新：《陇海兰新亚欧大陆桥与我国对外开放新格局》，《经济理论与经济管理》1991 年第 2 期。

［115］鲍克：《中国开发区研究——入世后开发区微观体制设计》，人民出版社 2002 年版。

［116］曹启娥：《关于中国对外开放的回顾和思考》，《河南工业大学学报》2009 年第 1 期。

［117］张贡生：《略论对外开放与新一轮西部大开发》，《石河子大学学报》2002 年第 3 期。

［118］刘灿江：《新形势下加快贵州对外开放研究——兼与广东、内蒙古、重庆比较》，《贵州财经学院学报》2012 年第 4 期。

［119］陈利君：《云南经济发展与对外开放》，《云南民族大学学报》2011 年第 5 期。

［120］汪建敏：《我国对外开放战略格局的新思路——兼论发展内陆开放型经济》，《宁夏党校学报》2009 年第 6 期。

［121］王艳丽：《对外开放对提升我国经济竞争力影响研究》，博士学位论文，湘潭大学，2010 年。

［122］陆善勇:《科学发展观视角下的广西北部湾经济区对外开放新探》,《广西大学学报》2008年第5期。

［123］袁铀升:《中国对外开放新优势研究》,博士学位论文,中国海洋大学,2010年。

［124］傅允生:《对外开放与东部沿海地区经济发展——经验事实与理论分析》,《浙江学刊》2010年第2期。

［125］姚慧琴:《西部各省对外开放竞争力评价》,《江西社会科学》2006年第9期。

［126］邢国均:《推进西部边沿地区对外开放的思路》,《中国科技投资》2006年第12期。

［127］R. Amit, L. Glosten, E. Muller, "Entrepreneurial Ability, Venture Investments, and Risk Sharing", *Management Science*, 1990, (10).

［128］Leslie Lipson, *The Great Issues of Politics——An Introduction to Political Science (Tenth Edition)*, Prentice Hall, 1997.

［129］Sombart. W., "Economic Theory and Economic History", *Economic History Review*, 1929, 8 (1).

［130］Ian. M. D. Little., *Economic Development: Theory, Policy and International Relations*, Basic Books, Inc., Publishers, 1919.

［131］Smith, Adam (1776), *An Inquiry into the Reprint*, edited by Cannan, Chicago: Nature and Causes of the Wealth of Nations, University of Chicago Press, 1976.

［132］Ricardo. D. (1817), *The Principle of Political Economy and Taxation*. London: Gaemsey Press, 1973.

后　记

　　我是土生土长的兰州人，西北的黄土地哺育了我，培养了我，时光荏苒，我在兰州大学从事区域经济的科研工作已经有不少年头，一直想写一本关于西部发展的书，这次完稿出版，我心中有无限的感慨。经过数十年的发展，西部地区发生了翻天覆地的变化，优势产业快速发展，产业结构逐渐优化，基础设施建设与生态环境保护取得明显成效，城市建设日新月异，高楼大厦拔地而起，交通网络纵横交错。站在这片广袤的土地上，感受着历史的厚重感和如今的勃勃生机，不得不说西部迎来了最好的时代。东部产业西移的趋势愈加明显，尤其是在东西互动和向西开放的战略下，西部地区渐渐成为投产和投资的热土。西部大开发渐入佳境，已从原来的基础性开发、粗放型开发转向功能性开发、精细型开发。本书中探讨的"西部问题地区区域发展能力"和"西部自我发展能力与对外开放"两大主题，不仅是对现实情况的分析，也是对未来的一种期待，接下去的几十年属于西部，是西部脱贫致富、迎头赶上的黄金时期，我希望我的这本书可以给有志之士一定的启发，从而推动西部地区经济社会的可持续发展。

　　目前，成渝经济区、关中—天水经济区、环北部湾经济区等重点发展区域，已成为带动和支撑西部大开发的战略高地。这种以线串点、以点带面，依托交通枢纽和中心城市，加快培育和形成区域经济增长极的发展模式，实际上就是要在西部的内部形成先富带动后富的格局，以增强西部地区的自我发展能力。三大经济区在提升西部自我发展能力的战略布局中扮演着不同的角色，成渝经济区是西部地区经济基础最好、制造业最发达的区域，凭借长江黄金水道，打通长三角和珠三角经济区，是西部欠发达地区和东部发达地区密切联系的纽带；关中—天水经济区是我国西部智力资源最密集的区域，工业基础较好，基础设施完备，城市化程度较高，其发展方向是建成为我国重要的高新技术产业带和先进制造业基地，并且是中国向西开放、辐射中亚的门户；环北部湾经济区是三大经济区中唯一拥有出海口的区域，是中国与东盟的结合部，是我国下一个外向型经济发展的焦点。三大经济区不仅要充分发挥自己的区位优势，而且要辐射周边城市，带动西部问题地区的发展，成为提升西部地区自我发展能力的突破口和立足点，同时作为西部地区对外开放的引擎，要积极探索正确的发展道路，积累成功经验，发挥"领头羊"作用。

习近平总书记在十二届全国人大一次会议闭幕会上发表重要讲话表示，中国梦归根到底是人民的梦，必须紧紧依靠人民来实现，必须不断为人民造福。每个人都有自己的梦想，每个民族也都有自己的梦想，实现中华民族的伟大复兴，是中华民族近代最伟大的中国梦，因为这个梦想，它凝聚和寄托了几代中国人的一种夙愿，它体现了中华民族和中国人民的整体利益，它是每一个中华儿女的一种共同的期盼。这本书不仅是严谨的学术研究成果，也是我的一个"中国梦"，更是西部人民的"中国梦"。西部地区不仅是华夏文明的发祥地，也是中华民族的根，中华民族的伟大复兴离不开西部地区的崛起，复兴的焦点在西部，复兴的道路在西部，复兴的蓝图在西部。

谨以此书献给每一个关注西部，情系西部的人。感谢我的家人对我工作的支持和理解，是他们的无私奉献，使我更加坚定了继续做好区域经济学教学和研究工作的决心和信心！再一次感谢为本书最后的完稿和出版做出贡献的所有部门和人员！最后，让我发自内心的道一声：谢谢大家！！